de citer dans ce petit livre tous les mots français issus du grec. Nous avons pris pour corpus le Petit Robert — et quelques autres mots qui n'y figurent pas — mais nous avons dû, pour limiter les dimensions de l'ouvrage, opérer une sélection sur ce matériau. Plus d'un lecteur s'indignera sans doute de ne pas trouver dans ce livre la moindre mention d'un mot qu'il emploie plusieurs fois par jour, en tant que spécialiste de tel ou tel savoir. Nous lui ferons observer, dans l'espoir de l'apaiser, que les spécialités les plus maltraitées dans cet ouvrage ont été la philologie classique et l'histoire ancienne ; en effet, il nous importait surtout de montrer combien la langue grecque est apte à décrire d'autres mondes que celui dans lequel elle s'est épanouie.

Comprendre notre propre langue, en retrouver la saveur, voilà, en définitive, à quoi nous sert de connaître les racines grecques. Il n'est pas exagéré d'y voir un trésor. Les racines grecques donnent au français son assise la plus profonde, et lui confèrent en même temps son plus haut pouvoir d'abstraction. Source lointaine de notre civilisation, la Grèce est vivante dans les mots que nous disons. Elle construit chaque jour notre langue.

Les Auteurs

Nous tenons à exprimer notre vive reconnaissance
à Madame Hubac, qui a bien voulu
nous faire bénéficier de son savoir et de son jugement
tout au long de ce travail.

Préface

« Savez-vous vos racines grecques » ? Plus d'un collégien a dû trembler, jadis, en s'entendant poser cette question. Mais le temps a passé. La question cessa d'être redoutable quand on s'aperçut qu'il n'était pas nécessaire d'y répondre « oui » pour parvenir aux plus hauts niveaux du savoir ou simplement aux diplômes les plus cotés. Le sentiment se répandit qu'après tout, pour réussir dans l'existence ou pour se mettre à l'heure de son siècle, mieux valait savoir ses racines carrées. Et ce fut aux maîtres désormais de se sentir mal à l'aise devant une autre question : « Les racines grecques, à quoi ça sert ? »

S'il faut être à l'heure de son siècle, soyons à l'heure exacte. Il n'est plus temps aujourd'hui de se demander si les racines grecques servent à quelque chose : elles sont là, en foule, autour de nous, imprimées et prononcées dans tout ce qui véhicule la précieuse substance dont se nourrit notre civilisation moderne : l'information.

Astronaute, discothèque, ergothérapie, hypoglycémie, pentathlon, phallocrate, politologue, spéléologue, thermodynamique, etc., sans parler des *analyses*, des *synthèses*, des *aérodromes* et des *métropolitains*, autant de mots tirés du grec, qui émaillent à présent notre langage quotidien. Comparons notre vocabulaire usuel à celui de nos grands-parents, et la constatation s'imposera : nous sommes tous devenus des savants.

Or, le premier devoir du savant est de suivre les progrès que fait la science. De nos jours, ces progrès sont rapides. Les découvertes se succèdent à un rythme accéléré, et à chacune d'entre elles vient correspondre un mot nouveau, le plus souvent tiré du grec. Le langage moderne semble être fait pour les hellénistes, qui en détiennent les clés. Ce privilège doit être partagé. Découvrir les « trésors des racines grecques » aujourd'hui n'est plus un luxe, c'est une nécessité ; aussi ce livre n'a-t-il pas été conçu comme un aide-mémoire pour forts en thème, mais comme un guide du français contemporain.

Donner au lecteur les moyens de s'orienter dans les secteurs les plus récents du français et d'interpréter utilement les mots « savants » qu'il pourra rencontrer, tel est donc un des buts de ce livre. Ce n'est pas le seul. Nous souhaitons aussi faire prendre conscience des liens plus anciens qui unissent notre langue à celle du peuple grec. Ainsi, des mots comme *boîte, chaise, écureuil, église,* etc. nous sont venus du grec. Il est dommage que chacun en use – peut-être quotidiennement – sans en percevoir la valeur, comme l'automobiliste pour qui l'obélisque de la Concorde n'est plus qu'un signal servant à diviser la circulation. Ces mots de tous les jours sont riches d'histoires – souvent divertissantes – parce qu'ils ont été déjà prononcés, il y a trois mille ans, sous un ciel plus bleu que le nôtre et par des hommes plus neufs. Il serait bon d'en retrouver le prix.

On l'a peut-être déjà compris : ce livre n'est pas un dictionnaire. Les pièces du trésor ne sont pas rangées selon le simple ordre alphabétique, mais regroupées par domaines. Il y a, certes, un sens de la visite. Mais l'itinéraire proposé n'est en aucune façon impératif. Grâce à l'index, le lecteur pourra se rendre directement à l'endroit qui l'intéresse. Il aura alors pour guide sa propre curiosité. Celle-ci sera parfois déçue, car il ne pouvait être question

Mode d'emploi

Qu'est-ce qu'une racine ?

Une racine est un élément de mot obtenu après élimination de tous les éléments de formation et signes grammaticaux. Elle constitue un support de signification.
Ainsi, le mot MÉTAMORPHOSER peut se décomposer en quatre éléments détachables et remplaçables : -ER, -OS-, -MORPH- et MÉTA-. L'élément -ER peut être remplacé par -ANT, -AIT, -ABLE, etc. L'élément -OS- peut être remplacé par -IQUE (MÉTAMORPHIQUE). L'élément -MORPH- se retrouve dans d'autres mots : AMORPHE, MORPHOLOGIE etc., et l'élément MÉTA- dans MÉTABOLISME, MÉTACARPE etc. -OS- et -ER sont des pièces indispensables à la formation du mot, mais ne portent par eux-mêmes aucune signification. Au contraire, MÉTA- signifie *le changement, la succession,* et -MORPH- est porteur de l'idée de *forme :* MÉTA- et -MORPH- sont des racines.

Les différentes formes d'une racine

Dans MÉTONYMIE, il y a également deux racines : MÉT- et -ONYM-. MÉT- n'est pas autre chose que MÉTA- amputé de sa voyelle finale : le A de MÉTA- disparaît quand MÉTA- précède un élément commençant par une voyelle. On dira que MÉTA- et MÉT- sont les deux formes d'une même racine.
Dans MORPHOLOGIE, une fois retirés les éléments -IE et -LOG-, il reste MORPHO- : dans cet élément la voyelle finale O est une voyelle de liaison héritée du grec. La voyelle de liaison O joue un rôle essentiel dans l'identification des diverses racines. On identifie mieux OTO-, CARDIO-, OSTÉO-, que OT-, CARDI-, OSTÉ-. Nous dirons que MORPH- et MORPHO- sont les deux formes d'une même racine ; de même pour OT- et OTO-, CARDI- et CARDIO-, etc.
Une même racine peut se présenter sous des formes encore plus différenciées ; par exemple : GRAPH- / GRAMM-, deux formes de la racine qui porte l'idée d'*écrire,* que l'on trouve dans TÉLÉGRAPHE / TÉLÉGRAMME.

L'indo-européen

La plupart des langues de l'Europe et quelques langues d'Asie descendent d'une langue commune qu'on appelle l'indo-européen. Nous faisons quelques allusions à des racines indo-européennes lorsqu'elles permettent des rapprochements pertinents entre des racines grecques et des racines présentes dans d'autres langues : latin, mais aussi allemand ou anglais.

L'indo-européen n'étant plus parlé par personne depuis des millénaires et n'ayant jamais été écrit, ses racines ne nous sont connues que par un travail de reconstitution. Ainsi, on suppose que la racine signifiant *loup* était en indo-européen * *wlkw*. De cette racine peuvent découler l'allemand *wolf* et l'anglais *woolf,* ainsi que le grec **lukos** et le latin **lupus.** Selon cette hypothèse, la racine * *wlkw* est devenue en grec la racine **luk** et en latin la racine **lup.** Il existe en français deux racines signifiant *loup* et issues de la même racine indo-européenne : LOU(P)- / LOUV- par le latin **lupus,** *loup;* **lupa,** *louve* etc., et LYC- par le grec **lukos,** *loup* (LYCANTHROPE, LYCOPERDON, voir p. 143).

Le latin

Le latin découle de l'indo-européen de la même façon que le grec. La langue latine est sœur (et non fille) de la langue grecque. Cependant, les Latins ont emprunté beaucoup de mots à leurs voisins grecs, et de nombreux mots grecs ont été transmis au français par l'intermédiaire du latin (voir p. 16). Nous ne signalons cet intermédiaire que dans le cas où il permet d'expliquer une évolution de forme ou de sens.

Les mots grecs et leur traduction

Les noms grecs se *déclinent :* leur forme change selon leur fonction grammaticale. Chacune des formes de la déclinaison représente un *cas.* Nous présentons en général les noms grecs au cas du sujet, c'est-à-dire au *nominatif.* Mais il arrive que le nominatif ait une forme bien différente de celle des autres cas : en de telles circonstances, les mots français se rattachent souvent à la forme qui apparaît au cas du complément du nom, appelé *génitif :* nous donnons alors deux formes, celle du nominatif et celle du génitif singuliers : par exemple **gunê** (nominatif), **gunaikos** (génitif), *femme*, pour justifier le mot GYNÉCOLOGIE (GYNÉCO-LOGIE). Nous serons parfois amenés à parler aussi du cas du complément d'objet : *l'accusatif*.

Nous citons les verbes grecs à l'infinitif. Il s'agit parfois de l'infinitif présent. Mais les mots français se rattachent bien souvent à la forme que prend le verbe à un temps appelé l'*aoriste*, qui n'a pas d'équivalent en français. Nous citons alors le verbe grec à l'infinitif aoriste, qui, en général, se traduit en français de la même manière que l'infinitif présent.

On notera parfois qu'un même mot grec est traduit ici par un mot, là par un autre : il a en effet paru commode, plutôt que de donner à chaque occurrence l'éventail complet des sens du mot grec, de sélectionner le sens qui explique le mieux celui du composé français. Nous ne donnons pas la traduction d'un mot grec quand il a le même sens que le mot français qui en est tiré.

Définitions

Nous avons cherché à employer une terminologie aussi rigoureuse que possible tout en évitant les termes trop techniques. Les mots connus de tous n'ont pas été systématiquement bannis au profit de termes linguistiquement mieux adaptés. Si, par exemple, *lexique* et *vocabulaire* apparaissent dans cet ouvrage comme interchangeables, ce n'est pas par inadvertance : il est bon que le mot *lexique* se fasse connaître, il est bon aussi qu'on voie qu'il possède un des sens donnés traditionnellement au mot *vocabulaire*.

Nous avons vu le sens qu'il fallait donner au mot *racine*. Voici encore quelques vocables dont la signification doit être claire :

Préfixe : élément se fixant devant une racine ou un mot. Un préfixe a un sens qui lui est propre, mais souvent un sens général et abstrait : il ne désigne jamais un objet ni une action. Un préfixe qui se fixe à un verbe s'appelle un préverbe.

Suffixe : élément se fixant après une racine ou un mot ; un suffixe n'a pas de signification mais indique la nature ou la fonction du mot qu'il sert à former.

Désinence : une désinence est un élément se plaçant à la fin d'un mot pour en indiquer la fonction grammaticale : ainsi, en français, la désinence -ONS marque la 1re personne du pluriel, la désinence -ANT le participe présent, etc.

Composition : opération par laquelle deux éléments (soit deux mots, soit un préfixe et un mot) se combinent pour former un mot nouveau.
Dérivation : opération par laquelle, à partir d'une racine ou d'un mot, se créent un ou plusieurs mots nouveaux grâce à des suffixes variés.

Phonétique : qui concerne les sons constituant les mots.
Sémantique : qui concerne la signification des mots.

Mot-valise : mot fabriqué avec des syllabes prises à d'autres mots et dépourvues de sens : ainsi TÉLÉMATIQUE, dans lequel -MATIQUE n'est que la fin du mot INFORMATIQUE.

Signes et abréviations

Le signe → indique qu'un mot d'une langue est la source directe d'un mot d'une autre langue.
Le signe ← indique qu'un mot d'une langue est le résultat direct d'un mot d'une autre langue, soit par transmission naturelle, soit par transcription savante.
Un * devant un mot signifie que ce mot ne se trouve écrit dans aucun texte : on dit qu'il n'est pas attesté.
litt. : littéralement
part. : en particulier
gr. : grec
lat. : latin
a. fr. : ancien français
i. eur. : indo-européen
c.r. : composition récente, mode de formation d'un mot comme ÉLECTROGÈNE, reposant sur un modèle ***êlektrogenês** inexistant, et résultant d'un assemblage postérieur à l'Antiquité d'un élément **êlektro-** et d'un élément **-genês.**
s.r. : suffixation récente, mode de formation d'un mot comme GRAPHISTE, reposant sur un modèle ***graphistês** inexistant et résultant de l'application d'un suffixe -ISTE à l'élément GRAPH-, tiré de **graphein.**

I. Les mots grecs en français

Combien sont-ils ?

Il n'est pas possible de donner un total exact des mots français venus du grec. A cela une bonne raison : il n'y a pas de total exact des mots du vocabulaire français. Chaque année, chaque jour, le français perd des mots et en gagne. Or il en gagne plus qu'il n'en perd. Et le plus grand nombre de ces mots gagnés ne vient pas de l'anglais, comme on pourrait l'imaginer, mais précisément du grec. Le stock des mots venus du grec constitue une masse instable, en évolution permanente. La tendance est à l'accroissement, tempéré par le fait qu'un certain nombre de mots nouvellement introduits ne « prennent » pas et disparaissent. En outre, beaucoup de ces nouvelles formations, transcrites ou fabriquées pour les besoins de la science, ne sont en fait connues et employées que par une poignée de spécialistes.

Si l'on exclut les mots d'une haute technicité et d'une diffusion quasi confidentielle, en ne considérant par exemple que les mots qui figurent dans le Petit Robert, on peut, à défaut d'un pourcentage précis, faire état d'une proportion : les mots d'origine latine sont six fois plus nombreux que les mots d'origine grecque, eux-mêmes une fois et demie plus nombreux que les mots d'origine germanique, lesquels dépassent légèrement en nombre les mots d'origines diverses ou inconnues.

Où sont-ils ?

Le compte est donc relativement honorable pour les mots grecs, auxquels le deuxième rang ne peut être contesté. Il demande cependant à être correctement interprété. Les mots grecs sont nombreux sans doute, mais ils le sont surtout dans le dictionnaire, et d'autant plus que le dictionnaire est plus complet. Si on quitte ce terrain, on a de fortes chances de voir leur proportion tomber. Ainsi, dans un article économique du journal *Le Monde*, le pourcentage des mots d'origine grecque n'est plus que de 6,25 %, contre 90,6 % pour les mots d'origine latine et 2,5 % pour les mots d'origine germanique. Et si l'on prend pour champ d'observation deux pages de Simenon, alors le pourcentage s'effondre : 2 % seulement pour les mots d'origine grecque, largement dépassés par les mots d'origine germanique, qui affichent 4 %, contre 93 % de mots d'origine latine. Encore n'a-t-on pas tenu compte de la fréquence d'emploi des mots : si l'on compte le même mot non pas une fois par texte, mais autant de fois qu'il apparaît dans le texte, le pourcentage des mots d'origine grecque va encore diminuer.

Globalement donc, les mots d'origine grecque sont d'un usage restreint. Sans doute certains font-ils partie de notre vocabulaire le plus quotidien. Mais la plupart d'entre eux sont concentrés dans des zones bien particulières du lexique. Ainsi, on les rencontre en nombre significatif dans le vocabulaire religieux, surtout celui qui a trait à la religion chrétienne et à ses institutions. Mais, bien plus que la religion, c'est la science, sous toutes ses formes, qui fait appel aux inépuisables ressources du vocabulaire grec. Qu'elles soient anciennes ou nouvelles, exactes ou humaines, les sciences ont puisé, puisent et puiseront dans cette réserve. Les noms mêmes qui servent à les désigner sont presque exclusivement grecs. Les exceptions notables sont l'algèbre (nom d'origine arabe), l'informatique (nom d'origine latine), et la médecine ; cette science (dont le nom vient du latin) est pourtant la plus grande consommatrice de mots grecs, avant tout pour désigner ses différentes spécialités : à part l'obstétrique (du latin **obstetrix,** *sage-femme*), on n'en voit guère dont le nom ne soit pas emprunté au grec.

Deux raisons expliquent cette affinité particulière entre la science et la langue grecque. D'abord, quand les Latins ont connu le monde grec et ont voulu participer à son savoir, la science n'existait pas chez eux. Ils durent tout importer : connaissances, modèles d'enseignement, terminologie. Par la suite, les Latins ne furent que de bons élèves, rarement des maîtres. Les progrès et les découvertes continuèrent à se faire en pays grec. Les bases et l'armature du vocabulaire scientifique sont donc venues de Grèce dès l'Antiquité. Mais les emprunts au grec ont continué, même après la mort de la science grecque, et pas seulement par un phénomène d'habitude. Ils ont continué parce que la langue grecque se prête admirablement, bien mieux que la langue latine, à la création de mots nouveaux selon les besoins. Le latin et les langues romanes qui en dérivent ont de grandes possibilités de création lexicale par le jeu des préfixes et des suffixes. Mais ils ont beaucoup plus de mal à inventer des mots composés réunissant en un concept nouveau deux concepts différents. La douce aurore de l'*Iliade* et de l'*Odyssée* est dite en français *aux doigts de rose,* ce qui fait quatre mots pour traduire l'adjectif **rhododaktulos,** formé du nom **rhodon,** *rose,* et du nom **daktulos,** *doigt.* Le traducteur d'Homère et le poète peuvent bien se passer d'un mot * *rhododactyle,* mais le savant qui doit parler d'un animal *dont les doigts sont des ailes* est bien heureux de pouvoir fabriquer, sur le même modèle et avec le nom **pteron,** *aile,* le mot PTÉRODACTYLE. La science découvre sans cesse des objets ou des concepts nouveaux. Il faut qu'elle les nomme. Le trésor des racines grecques est là : il suffit d'y puiser ; il serait bien étrange qu'on n'y trouve pas celles dont on a besoin.

Comment sont-ils venus ?

Du grec au français, il y a d'autres voies de passage que le panier du savant allant à la récolte des racines. On peut distinguer six formes de transmission : trois anciennes, c'est-à-dire amorcées dès l'Antiquité et passant donc nécessairement par le latin, et trois récentes, c'est-à-dire opérées après la disparition du latin en tant que langue parlée.

1. Transmission ancienne populaire

Elle concerne des mots empruntés par le latin, langue vivante, au grec, autre langue vivante, suivant le même processus que certains emprunts du français à l'anglais. Ces mots sont passés d'une langue à l'autre d'une manière pour ainsi dire spontanée. Ils sont entrés dans le vocabulaire courant des Latins. Le résultat est qu'ils ont été particulièrement exposés aux évolutions phonétiques; ils ont généralement subi deux séries d'accidents : une première à leur arrivée sur le sol latin, et une seconde au moment du passage du latin aux langues romanes. Ainsi, du mot grec **puxida** les Latins ont d'abord fait **buxta.** Puis, **buxta** est devenu en français BOÎTE.

2. Transmission ancienne vulgarisée

Elle concerne des mots qui furent introduits en latin par des lettrés, avec la volonté d'en déformer le moins possible l'aspect phonétique, ce qui les préserva du premier accident. Mais ces mots furent ensuite accueillis par le vocabulaire courant et subirent, dans leur passage au français, des modifications importantes. Ainsi **ekklêsia, episkopos** furent bien préservés dans leur adaptation au latin sous les formes **ecclesia, episcopus,** mais devinrent plus tard ÉGLISE, ÉVÊQUE.

3. Transmission ancienne savante

Elle concerne des mots qui sont d'abord passés du grec au latin de la même façon que les précédents, mais qui n'ont pas été adoptés par le langage courant. La langue parlée n'en a pas assuré la transmission. Leur présence en français n'est due qu'à l'effort des milieux lettrés qui, du Moyen Age à la Renaissance, ont importé en français un grand nombre de mots qu'ils trouvaient dans les textes latins écrits. Dans ce cas, les mots n'ont subi d'autre modification qu'une francisation le plus souvent limitée à la désinence. Un bon nombre d'entre eux est passé ensuite dans l'usage commun, mais l'époque des grandes modifications phonétiques était achevée, et jusqu'à nos jours, ces mots ont peu varié en prononciation et en orthographe. A cette catégorie appartiennent des mots comme PHILOSOPHE ← lat. **philosophus** ← gr. **philosophos;** CATHOLIQUE ← lat. **catholicus** ← gr. **katholikos.** La transmission savante explique leur limpidité étymologique. Si la transmission de **catholicus** avait été prise en charge par la langue parlée, il en serait probablement résulté quelque chose qui se serait écrit * *chouc* ou * *choux*.

4. Réemplois récents

Dès la fin du Moyen Age, les philosophes et savants européens se sont trouvés dans l'embarras d'avoir à exprimer des notions qui n'avaient pas de nom dans leurs langues, et pas davantage en latin. Ils se tournèrent alors vers le grec et y trouvèrent soit des mots que les anciens Grecs avaient employés dans le sens voulu, soit d'autres qui n'avaient jamais eu ce sens, mais qui avaient eu un sens voisin et pouvaient donc faire l'affaire. Le français MISOGYNE, directement tiré du grec **misogunês** sans l'intermédiaire du latin, a le même sens que son modèle ancien. Il n'en est pas tout à fait de même pour TÉLESCOPE. Après avoir inventé l'objet, on l'a nommé d'après le grec **têleskopos,** qui ne désigne évidemment pas la même chose, mais qui est un adjectif signifiant *qui voit loin.*

5. Composition récente

Cependant, pour un nombre croissant de concepts nouveaux, la langue grecque, telle qu'elle fut parlée et écrite dans l'Antiquité, n'offrait pas de vocables adéquats. L'idée consista alors à user des procédés dont les Grecs s'étaient servis pour accroître leur vocabulaire. La structure de leur langue leur avait permis de composer des mots d'une manière simple et efficace : on les imita. On imagina ce que les Grecs auraient fait s'ils avaient eu à nommer le concept ou l'objet nouveaux : on fabriqua un nouveau mot grec, que l'on transcrivit en français (ou en anglais, ou en allemand, ou en italien, car les Français n'ont pas toujours été les premiers à faire ce travail). L'imitation fut la plupart du temps réussie, car les fabricants de mots grecs sont en général d'excellents hellénistes. COSMONAUTE ou ASTRONAUTE reposent sur d'hypothétiques ***kosmonautês** et ***astronautês** *(navigateur de l'univers, navigateur des astres :* **kosmos,** *univers,* **astron,** *astre* + **nautês,** *navigateur)* parfaitement conformes au mode de composition des mots grecs. Le spécialiste des maladies de la *peau,* en grec **derma,** ne s'est pas appelé *DERMOLOGUE, bien qu'un mot grec ***dermologos** ne soit pas tout à fait impossible, mais DERMATOLOGUE, parce que la formation la plus probable en grec aurait été le mot ***dermatologos.**

6. Dérivation

Le dernier mode de transmission n'est pas un phénomène de passage d'une langue à une autre, mais un phénomène intérieur au français. Ainsi se constituent, à partir de POLITIQUE ← **politikos,** *qui concerne le citoyen :* POLITICIEN, POLITISER, APOLITIQUE, etc. ; à partir de MÈTRE ← **metron,** *mesure :* MÉTREUR, MÉTRER, MÉTRAGE, CENTIMÈTRE, TENSIOMÈTRE, etc. Comme on prend les éléments de ces mots dans le français, on ne se soucie pas de savoir s'ils sont dérivés du grec, du latin, ou d'une autre langue, d'où les nombreux hybrides gréco-latins : POLYVALENT, de POLY- ← **polu,** *beaucoup* et -VALENT ← lat. **valens,** *qui vaut ;* AUTOMOBILE, de AUTO- ← **autos,** *soi-même* + lat. **mobilis,** *qui se meut ;* BUREAUCRATIE, de BUREAU, dérivé du latin **burra,** *bure* + l'élément -CRATIE, sur le modèle de mots comme DÉMOCRATIE ← **dêmokratia,** *gouvernement du peuple* (**dêmos,** *peuple* + **kratos,** *pouvoir*).

Certains éléments transplantés du grec sont devenus en français remarquablement féconds. Par exemple, l'élément ANTI- ← **anti,** *contre, opposé à,* est depuis longtemps intégré au vocabulaire français et permet à tout locuteur de composer des mots à la demande : ANTIHITLÉRIEN, ANTINUCLÉAIRE, ANTITABAC, etc. L'élément HYPER- ← **huper,** *au-dessus, trop,* connaît aujourd'hui la même fortune : HYPERNERVEUX, HYPERMARCHÉ, plus les innombrables formations qui restent à la lisière du lexique constitué et qui ont souvent un caractère familier ou argotique. Le cas de l'élément -RAMA est également exemplaire. C'est en Angleterre que fut d'abord fabriqué le mot PANORAMA, d'après **pan,** *tout* et **orama,** *spectacle,* pour désigner un vaste tableau circulaire entourant le spectateur placé au centre. La chose et le mot furent importés en France au siècle dernier, et Balzac, dans *Le Père Goriot,* nous a conservé le souvenir de l'enthousiasme des premiers spectateurs parisiens. Il nous montre aussi à quelle interprétation morphologique et sémantique ce mot nouveau donna lieu dans le public : il semble qu'on ait plus ou moins consciemment posé une étymologie **panneaurama.* Toujours est-il que l'on conféra à -RAMA le pouvoir de signifier la totalité et la grande dimension. Avec le récent CINÉRAMA et quelques enseignes commerciales, c'est la même interprétation de l'élément -RAMA qui se maintient.

II. L'alphabet grec et son traitement en français

Majuscule	Minuscule	Nom de la lettre	Prononciation ancienne	Transcription	Donne en français
Α	α	alpha	a	**a**	*a*
Β	β	bêta	b	**b**	*b*
Γ	γ	gamma	- g comme dans *gare*. - devant les consonnes Γ **(g)**, Κ **(k)**, Χ **(kh)**, Ξ **(x)**, Γ se prononçait *ng* comme dans l'anglais *sing* ou dans l'allemand *Engel*.	**g** **n**	*g* *n*
Δ	δ	delta	d	**d**	*d*
Ε	ε	epsilon	e fermé comme dans *thé*.	**e**	*e, é, è*
Ζ	ζ	dzêta	zd	**z**	*z*
Η	η	êta	e ouvert long comme dans *fête*.	**ê**	*e, é, è, ê*
Θ	θ	thêta	t suivi d'un souffle comme dans anglais *at home*.	**th**	*th*
Ι	ι	iota	i	**i**	*i*
Κ	κ	kappa	k	**k**	*k, c, qu*
Λ	λ	lambda	l	**l**	*l*
Μ	μ	mu	m	**m**	*m*
Ν	ν	nu	n	**n**	*n*

Majuscule	Minuscule	Nom de la lettre	Prononciation ancienne	Transcription	Donne en français
Ξ	ξ	xi	ks	**x**	*x*
Ο	ο	omicron	o fermé comme dans *beau*.	**o**	*o*
Π	π	pi	p	**p**	*p*
Ρ	ρ	rho	r roulé et non grasseyé ; en début de mot, il était prononcé sourd, ce qui entraînait l'émission d'un souffle.	**r** ou **rh**	*r*, *rh*
Σ	σ ou ς	sigma	s	**s**	*s*
Τ	τ	tau	t	**t**	*t*
Υ	υ	upsilon	u comme dans *dur*.	**u**	*y*, parfois *u*
Φ	φ	phi	p suivi d'un souffle comme dans l'anglais *uphill*.	**ph**	*ph*
Χ	χ	chi	k suivi d'un souffle comme dans l'anglais *look here*.	**kh**	*kh*, *ch*, *qu*, parfois *k*
Ψ	ψ	psi	ps	**ps**	*ps*, *bs*
Ω	ω	oméga	o ouvert long, comme dans *mort*.	**ô**	*o*, *ô*

Les esprits

Dans l'écriture grecque, toute voyelle à l'initiale d'un mot est accompagnée d'un signe appelé *esprit*. Il y a deux sortes d'esprits. L'esprit doux : **'** ne dénote rien d'autre que l'émission vocalique; il n'est pas transcrit dans notre écriture. L'esprit rude : ‘ note une aspiration; il est transcrit par la lettre **h.** Les mots grecs commençant par une voyelle affectée d'un esprit rude donnent en français des mots commençant par H.
La voyelle *upsilon* à l'initiale est toujours accompagnée d'un esprit rude. C'est pourquoi un mot français issu du grec ne commence jamais par Y, mais toujours par HY.
Le **r** grec (consonne *rho*) à l'initiale d'un mot est toujours pourvu d'un esprit rude. Ainsi s'explique que, dans les mots issus du grec, le R initial soit presque toujours suivi d'un H.

Les diphtongues

La phonétique du grec ancien comporte des diphtongues, c'est-à-dire des successions de deux voyelles non confondues mais prononcées d'une manière continue. Les diphtongues grecques subissent en français les traitements suivants :

αι	transcrit	**ai**	donne	*é* ou *è*
αυ	transcrit	**au**	donne	*au*
ει	transcrit	**ei**	donne	*i*
ευ	transcrit	**eu**	donne	*eu,* parfois *u,* parfois *ev*
οι	transcrit	**oi**	donne	*é, è* ou *œ*
ου	transcrit	**ou**	donne	*u,* parfois *ou*

ωι (souvent écrit ῳ) transcrit **ôi** donne *o* ou *é*.

L'alphabet grec en français

Quelques lettres grecques ont pris en français valeur de mots. Dans le nom ALPHABET lui-même, on reconnaît le nom des deux premières lettres, **alpha** et **bêta,** qui ont servi à composer le nom **alphabêtos.**
ANALPHABÈTE ← **analphabêtos,** *qui ignore son B-A, BA.*
ALPHABÉTISER est une suffixation récente.
ALPHA, BÊTA et GAMMA servent à désigner des radiations.
Dans une des notations musicales antiques, la lettre **gamma** désignait la première note, d'où le mot GAMME. Une croix GAMMÉE a des branches en forme de Γ.

Pour désigner les bouches d'un fleuve en forme de Δ le grec employait déjà le mot **delta.**
DELTOÏDE ← **deltoeidês,** *en forme de delta* (+ **eidos,** *forme,* voir p. 33) est le nom d'un muscle.
Ne pas varier d'un IOTA, c'est faire comme ces évêques du IVe siècle qui continuèrent à professer que le Fils était **homoousios** au Père, c'est-à-dire de même substance (**homos,** *même* + **ousia,** *substance*) et refusèrent de le dire seulement **homoiousios,** c'est-à-dire *de substance semblable* (**homoios,** *semblable*).

PI, comme chacun sait, est égal à 3,141 592 635...

SIGMOÏDE ← **sigmoeidês,** *en forme de sigma,* c'est-à-dire non pas en forme de Σ, mais de C, forme primitive de la lettre. L'adjectif s'applique à plusieurs organes du corps humain.

III. Comprendre le français savant

Il existe une langue parallèle, cachée à l'intérieur même du français, une langue dans laquelle *nez* se dit RHIN, *lune* se dit SÉLÉN, *bien* se dit EU, *à côté* se dit PARA, etc. Les éléments de cette langue s'assemblent entre eux dans des combinaisons d'une infinie variété, et constituent les vocabulaires techniques des sciences exactes ou humaines.
Des raisons historiques ont fait que le grec s'est imposé comme fournisseur de mots scientifiques (voir p. 14), et il serait absurde de reprocher aux savants, comme on le fait parfois, de se complaire à jargonner : une science est paralysée si elle ne peut nommer de façon rigoureuse chacun des phénomènes qu'elle distingue. Ces mots que, pour comble, on ose parfois traiter de barbares (voir ce mot p. 158) sont la preuve de l'ancienneté et de la vigueur de notre civilisation.

Le vocabulaire scientifique est construit selon des règles simples et rationnelles qui en ouvrent l'accès à tous, ce qui n'est pas le cas de certains vocabulaires sans doute plus savoureux et moins « barbares », mais rigoureusement hermétiques ; dans le vocabulaire de la menuiserie, par exemple, figurent trente ou quarante mots sentant bon le terroir français, mais dont on ne saurait trouver le sens sans consulter un dictionnaire spécialisé ou un homme de l'art. Les termes scientifiques, au contraire, sont faits pour être compris sans dictionnaire : il suffit de connaître le sens de quelque cent cinquante éléments comme RHIN, SÉLÉN, EU, etc. pour être en mesure d'interpréter une infinité de termes savants. Le dictionnaire reste naturellement utile : il peut seul donner l'assurance d'une interprétation correcte; il est indispensable dans les cas où plusieurs interprétations sont possibles. Mais la principale caractéristique de la langue savante est de se prêter à la création de mots nouveaux. Pour les mots tout récents, le dictionnaire n'offre aucun secours; c'est à chacun d'en faire l'analyse et l'interprétation. Et l'on n'échappera pas à cette nécessité en évitant d'ouvrir les publications scientifiques. Les médias utilisent quotidiennement, y compris dans des rubriques dépourvues de toute prétention scientifique, des mots tirés du grec et ne figurant encore dans aucun dictionnaire.

Voici, regroupés par thème, les principaux éléments du lexique savant. Deux points de méthode sont à préciser :

— Dans l'ordre de présentation des éléments, nous avons jugé préférable de ne pas tout sacrifier à l'ordre alphabétique. Celui-ci est enfreint chaque fois que des rapprochements intéressants peuvent être faits entre deux éléments, ou encore pour respecter l'ordre naturel dans lequel se présentent les réalités signifiées par les éléments.

— Il était impossible de citer, pour chaque élément, la totalité des mots qu'il compose, même dans un corpus restreint comme celui que nous avons choisi. On considérera donc les mots inscrits sous chaque élément comme des exemples. On ne s'étonnera pas de trouver parfois des éléments non suivis d'exemples. Le cas se produira pour des séries régulières d'éléments qui entrent dans des compositions identiques : ainsi, il est inutile de faire figurer PENTAGONE, HEXAGONE, OCTOGONE, ENNÉAGONE, DÉCAGONE, etc., ainsi que PENTAÈDRE, HEXAÈDRE, OCTAÈDRE, DÉCAÈDRE, etc. sous tous les éléments qui signifient les nombres.

Les modalités

1. L'absence, le bien, le mal

A- / AN- = *absence, privation* ← **a-** ou **an-,** préfixe indiquant l'absence, la privation.
Ce préfixe se présente sous la forme A-(grec **a-**) ou AN-(grec **an-**) selon que l'élément principal du mot commence par une consonne ou par une voyelle.
ACÉPHALE ← **akephalos,** *sans tête* (+ **kephalê,** *tête*).
ANARCHIE ← **anarkhia,** *absence de pouvoir* (+ **arkhê,** *pouvoir*).
Le préfixe s'ajoute librement à des noms ou adjectifs français, qu'ils soient ou non d'origine grecque : APOLITIQUE, AMORAL, ASEXUÉ, etc.

EU- = *bien, bon* ← **eu,** *bien.*
EUPHORIE ← **euphoria,** *action de bien supporter, bien-être* (+ **phorein,** *supporter*).
EUTHANASIE ← **euthanasia,** *mort agréable* (+ **thanatos,** *mort*).

Ne pas confondre : le mot EUNUQUE n'a rien à voir avec le préfixe EU-. Il vient du grec **eunoukhos,** *gardien du lit* (**eunê,** *lit* + **ekhein,** *garder*). Les Grecs ont découvert dans les cours orientales ces esclaves châtrés chargés de surveiller les femmes du seigneur.

ORTHO- = *correct, normal, régulier* ← **orthos,** *droit, correct.*
ORTHODOXE ← **orthodoxos,** *dont l'opinion est conforme* (+ **doxa,** *opinion*).
ORTHOGRAPHE ← **orthographia,** *art d'écrire correctement* (+ **graphein,** *écrire*).
ORTHOGÉNIE, c.r. (+ **genesthai,** *naître*) : régulation des naissances.
Attention : l'élément ORTHO- peut également signifier la ligne droite ou l'angle droit : voir p. 103.

CACO- = *mal, mauvais* ← **kakos,** *mauvais.*
CACOCHYME ← **kakokhumos.** Cet adjectif est presque toujours épithète du nom *vieillard.* Dans son acception courante, l'adjectif évoque un vieillard souffreteux, et même, à cause de la sonorité du mot, enclin à tousser et cracher. Dans son acception médicale première, CACOCHYME se dit d'un malade dont les humeurs organiques sont mal constituées ou mal équilibrées (+ **khumos,** *humeur*).
CACOPHONIE ← **kakophônia,** *voix ou son désagréable* (+ **phônê,** *voix, son*).

DYS- = *mal, mauvais* ← **dus-,** préfixe signifiant *mal.*
DYSENTERIE ← **dusenteria,** *maladie de l'intestin* (+ **enteron,** *intestin*).
DYSPNÉE ← **duspnoia,** *respiration difficile* (+ **pnoia,** *respiration*).
DYSLEXIE, c.r. (+ **lexis,** *mot*) : difficulté à reconnaître et à reproduire les mots écrits.
Devenu préfixe français à part entière, DYS- peut être associé à des mots d'origine non grecque, comme dans DYSFONCTIONNEMENT, et même former des monstres étymologiques comme DYSORTHOGRAPHIE, qui littéralement signifie *mauvaise bonne manière d'écrire.*

Ne pas confondre DYS- avec DIS-, préfixe venu du latin, qui parfois semble avoir un sens analogue *(semblable / dissemblable ; joindre / disjoindre).*

Le système d'opposition qui régit les éléments indiquant les modalités s'observe par exemple dans les séries suivantes :
EUPHONIE / CACOPHONIE : son agréable / son désagréable ;
APHONIE / ORTHOPHONIE / DYSPHONIE : absence d'émission vocale / bonne émission vocale / difficultés d'émission vocale ;
ATROPHIE / EUTROPHISATION / DYSTROPHIE : décroissance / croissance forte (et même trop forte) / croissance anormale.

2. Le même et l'autre

AUT- / AUTO- = *soi-même* ← **autos,** *soi-même.*
AUTARCIE ← **autarkeia** (+ **arkein,** *suffire*) : état où l'on se suffit à soi-même.
AUTOCHTONE ← **autokhthôn,** *né de la terre même* (+ **khthôn,** *terre*) : né dans le pays même.
AUTOGRAPHE ← **autographos** (+ **graphein,** *écrire*) : écrit de la propre main de quelqu'un.
AUTOCRATE ← **autokratês** (+ **kratein,** *commander*) : qui commande par lui-même.
AUTONOME ← **autonomos** (+ **nomos,** *loi*) : qui se donne lui-même ses lois.
AUTOPSIE ← **autopsia** (+ **opsis,** *vue*); le mot a d'abord signifié le fait de voir de ses propres yeux, avant que son sens ne se restreigne à celui d'examen de cadavre.
Sont également composés ou dérivés de **autos :**
AUTHENTIQUE ← **authentikos,** *fait de la propre main de quelqu'un.*

AUTOMATE ← **automatos,** *qui agit de lui-même.*
AUTOMATISME ← **automatismos,** *ce qui se fait de soi-même.*
TAUTOLOGIE ← **tautologia,** *action de dire la même chose* (**tauto,** de **to auto,** *la même chose,* + **logos,** *parole*). Une tautologie consiste à dire à propos d'un sujet ce que le nom de ce sujet dit déjà tout seul. Exemple : « La mort se caractérise par la perte de la vie. »
AUTISME, s.r. avec -ISME, voir p. 205 : repliement pathologique sur soi-même ; AUTISTE : malade qui souffre de cette affection.
En français, AUTO- est devenu un préfixe très largement employé : AUTOCUISEUR, AUTODÉFENSE, AUTOGÉRÉ. Une AUTOMOBILE (+ MOBILE ← lat. **mobilis,** *qui se meut*) est littéralement un véhicule qui se meut de lui-même.
Par apocope (chute des syllabes finales), ce dernier mot a donné le nom AUTO. A son tour, ce nom AUTO entre dans des mots composés où l'élément AUTO- ne signifie pas « de soi-même », mais indique le rapport aux véhicules automobiles : AUTOBUS, AUTOROUTE, AUTORADIO, AUTORAIL.

HOM- / HOMO- = *même, identique* ← **homos,** *seul et même.*
HOMOLOGUE ← **homologos,** *qui dit la même chose, en accord, en correspondance* (+ **logos,** *parole*). HOMOLOGUER ← lat. **homologare,** *reconnaître, avouer* ← gr. **homologein,** *dire la même chose, tomber d'accord.*
HOMONYME ← **homônumos,** *qui porte le même nom* (+ **onoma,** *nom*).
HOMOPHONE ← **homophônos,** *qui a le même son* (+ **phônê,** *son*).
HOMO- est utilisé comme préfixe français dans quelques mots. Dans HOMOSEXUEL, le second élément vient du latin : il est donc tentant de croire qu'il en est de même pour le premier, interprété alors comme signifiant *homme,* et l'on a pu entendre des gens se proclamer * féminosexuels, alors que l'opposé d'HOMOSEXUEL, -ELLE est HÉTÉROSEXUEL, -ELLE (voir p. 32).
Le mot est aujourd'hui concurrencé par HOMOPHILE (+ **philein,** *aimer*) formé de deux éléments issus du grec, et donc étymologiquement plus HOMOGÈNE ← **homogenês,** *du même genre* (+ **genos,** *race, genre*).
Citons aussi HOMOFOCAL, en géométrie : dont le ou les

foyers sont communs; HOMOGREFFE, en chirurgie : greffe pour laquelle le greffon provient d'un sujet de même espèce que le receveur.
A la même racine se rattache ANOMALIE ← **anômalia,** *irrégularité* (**an-** privatif + **homalos,** *qui est d'aspect partout identique*).

HOMÉO- = *semblable* ← **homoios,** *semblable.*
L'adjectif grec **homoios** est lui-même un dérivé de **homos.** On le trouvait dans un grand nombre de composés grecs. L'un de ces mots, **homoiopatheia** (+ **pathein,** *éprouver, subir*), signifiait *similitude d'émotions ou de conditions.* Il fut réemployé en Allemagne au début du XIXe siècle dans le mot *Homöopathie,* qui a donné le français HOMÉOPATHIE. Le mot a aujourd'hui un sens différent du sens grec : il désigne une méthode qui consiste à traiter un patient par des substances capables de provoquer des symptômes *semblables* à ceux de sa maladie.
HOMÉOTHERME, c.r. (+ **thermos,** *chaud*): se dit d'un animal dont la température reste toujours semblable à elle-même.

ALL- / ALLO- = *autre* ← **allos,** *autre.*
ALLOPATHIE : les homéopathes ont donné ce nom à la médecine classique. Le mot a été formé par simple analogie avec HOMÉOPATHIE.
ALLERGIE : toujours en médecine, les Allemands ont créé ce mot au début du XXe siècle. Formé au moyen de **allos** + **ergon,** *action,* ce mot réfère, dans la pensée de son inventeur, le pédiatre C. von Pirquet, à « l'autre » réaction que manifeste l'organisme lorsqu'il est remis en contact avec la substance qui est cause de trouble. Cette substance est dite ALLERGÈNE, mot-valise pour * ALLER (GO) GÈNE.
ALLÉGORIE : aujourd'hui, ce mot s'emploie surtout pour désigner un procédé d'expression artistique : peindre, sculpter une chose pour en représenter une autre, par exemple, un squelette armé d'une faux pour représenter la Mort.
A l'origine, le mot désignait le même procédé, mais seulement dans le discours. Le mot grec **allêgoria,** où l'élément

La liste des mots français en -OÏDE est fort longue. Certains ne sont interprétables qu'à partir du grec, le premier élément n'ayant donné aucun mot en français.
CHOROÏDE ← **khoroeidês,** *en forme de membrane* (+ **khorion,** *membrane*) : nom d'une membrane de l'œil.
HYALOÏDE ← **hualoeidês,** *semblable à du verre* (+ **hualos,** *verre*) : nom d'une autre membrane de l'œil, ou qualificatif d'une humeur dite aussi humeur vitrée.
SPHÉROÏDE ← **sphairoeidês,** *en forme de sphère* (+ **sphaira,** *sphère*).
XIPHOÏDE ← **xiphoeidês,** *en forme d'épée* (+ **xiphos,** *épée*), terme d'anatomie et de botanique.
-OÏDE est devenu un suffixe indépendant capable de se joindre à n'importe quel mot. Ainsi, à côté d'ANTHROPOÏDE ← **anthrôpoeidês,** *à l'aspect d'homme* (+ **anthrôpos,** *homme*), qui désigne des singes, on a créé, dès le XVIIe siècle, le mot ANDROÏDE (+ **anêr, andros,** *mâle humain*) pour désigner un automate — aujourd'hui un robot — d'apparence humaine. Enfin, on voit apparaître le terme HUMANOÏDE (+ latin **humanus,** *humain*), qui sert à désigner des extra-terrestres d'apparence humaine. Le suffixe -OÏDE peut également entrer dans des formations humoristiques, comme BIZARROÏDE.
L'élément **-eidês,** modèle de l'élément -OÏDE, se rattache à une racine **eid** / **id** qui exprime l'idée de vision[1]. Les mots grecs qui en dépendent peuvent dénoter non seulement la forme visible, mais aussi la structure abstraite : IDÉE (d'où IDÉAL, IDÉALISME, etc.) ← **idea,** *forme visible ou abstraite.*
KALÉIDOSCOPE : mot fabriqué en Angleterre (ce qui explique le maintien du K initial) à partir de **kalos,** *beau,* **eidos,** et **skopein,** *observer :* c'est un appareil dans lequel on observe de belles images.
IDOLE ← **eidôlon,** *image, reflet sans réalité,* et, chez les juifs et les chrétiens, *image des faux dieux.*
IDYLLE ← **eidullion,** *petit genre,* diminutif de **eidos** (qui peut signifier *genre littéraire*) : l'idylle est à l'origine un genre littéraire mineur, un poème dont le thème est généralement l'amour heureux vécu dans une nature douce et paisible.

1. Elle repose elle-même sur une racine indo-européenne * *weid* / **wid* qui a donné en latin **videre** →VOIR.

PSEUD- / PSEUDO- = *faux* ← **pseudês,** *faux, mensonger.*
PSEUDONYME ← **pseudônumos,** *qui se donne un faux nom* (+ **onoma,** *nom*).
PSEUDOPODE, c.r. (+ **pous, podos,** *pied*) : prolongement émis par une cellule ou un être unicellulaire et lui servant à se déplacer (litt. « faux pied »).

Comme pour ANTI- (voir p. 51), NÉO- (voir p. 74), etc., la liste des noms composés avec PSEUDO- reste ouverte puisque ce préfixe, de sens clair et invariable, est susceptible d'être accolé à n'importe quel nom : PSEUDO-LIBERTÉ, PSEUDO-NOURRITURE, etc. Le trait d'union est de rigueur dans l'orthographe de ces formations libres.
PSEUDO- peut également précéder un nom propre : il fournit le moyen de désigner un personnage qui se fait passer pour un autre, en particulier un auteur inconnu qui a signé son œuvre d'un nom célèbre : par exemple, le pseudo-Plutarque est un auteur de nom inconnu, qui a signé son œuvre du nom de Plutarque, mais dont la supercherie a été découverte. Son œuvre est un PSEUDÉPIGRAPHE (= APOCRYPHE, voir p. 86, contraire d'AUTHENTIQUE, voir p. 29). Le mot vient de **pseudepigraphos,** *qui porte une fausse suscription* (+ **epi,** *sur* et **graphein,** *écrire*). Signalons ici un autre faussaire : le PLAGIAIRE ← lat. **plagiarius,** *voleur d'esclaves* (de **plagium,** *escroquerie, vol* ← gr. **plagios,** *oblique,* d'où *fourbe*), qui copie autrui mais signe de son propre nom.

Les quantités

1. Quantités non chiffrées

OLIG- / OLIGO- = *peu* ← **oligos,** *peu abondant.*
OLIGARCHIE ← **oligarkhia,** *gouvernement d'un petit nombre* (+ **arkhein,** *commander*). Le partisan ou le dirigeant d'un tel régime est un OLIGARQUE ← **oligarkhês.**
OLIGOCÈNE, c.r. (+ -CÈNE, suffixe tiré de **kainos,** *récent*). Dans la série des couches géologiques récentes, désignées par des noms en -CÈNE, l'oligocène est une couche peu récente.
OLIGO-ÉLÉMENT : corps chimique présent en très petite quantité dans l'organisme.

POLY- = *plusieurs* ← **polus,** *nombreux, important.*
POLYGAME ← **polugamos,** *plusieurs fois marié* (+ **gamos,** *mariage*).
POLYGONE ← **polugônon,** *figure à plusieurs angles* (+ **gônia,** *angle*). POLYGONE s'interprète communément comme « figure à plusieurs *côtés* », ce qui n'est pas trop fâcheux, puisqu'une figure fermée et non courbe a autant de côtés que d'angles.
POLYPE ← **polupous,** *qui a plusieurs pieds* (+ **pous,** *pied*). C'est là une transcription savante du mot grec **polupous** qui a également donné, par l'intermédiaire du latin **polypus,** deux mots de formation populaire : POULPE et PIEUVRE (d'abord * PEULVE).
Bien plus employé qu'OLIGO-, POLY- est un préfixe sans cesse utilisé pour la fabrication de mots nouveaux : POLYCULTURE, POLYCOPIE, etc. Il s'oppose souvent à MONO- (voir p. 42).
La grande quantité est également exprimée en grec par un élément **plêth- : plêthôrê,** *surabondance ;* **plêthôrikos,** *trop rempli,* ont donné PLÉTHORE, PLÉTHORIQUE.

HYPER- = *au-dessus de la moyenne, trop* ← **huper,** préposition et préverbe : *au-dessus, par-dessus, à l'excès.*
La complète réussite du préfixe HYPER- en français n'est pas

à démontrer (voir supra p. 18). Le phénomène est d'autant plus remarquable qu'HYPER- doit faire face à la concurrence de SUPER-, issu du latin **super,** forme jumelle et de même sens que le grec **huper.** Il est certain que SUPER- marque des points dans les niveaux les plus populaires de la langue. Mais, à cause de cette extension même, il perd de la force. SUPER-, c'est moins qu'HYPER-, c'est en tout cas ce que suggèrent les règlements de commerce, qui stipulent qu'au-dessous d'une certaine superficie un établissement de vente n'a pas droit au titre d'HYPERMARCHÉ, mais doit se contenter du nom de SUPERMARCHÉ.

HYPO- = *au-dessous, insuffisamment* ← **hupo,** préposition et préverbe signifiant *sous.*

Dans la plupart des mots de transmission ancienne, le sens de HYPO- (HYP- devant voyelle) n'est plus évident. Ainsi, on ne reconnaît dans HYPOTHÈSE aucune valeur propre à HYPO-, à moins qu'on ne s'avise qu'HYPOTHÈSE ← **hupothesis** (**hupo,** *sous* + **thesis,** *action de poser*) dit la même chose que SUPPOSITION (latin **sub,** *sous* + **positio,** *action de poser*). De même, les géomètres n'ont pas nécessairement conscience que l'angle droit d'un triangle est sous-tendu par l'HYPOTÉNUSE ← **hupoteinousa,** participe présent féminin de **hupoteinein,** *sous-tendre.*

En revanche, HYPO- a un sens tout à fait clair dans un grand nombre de compositions récentes. Il forme avec HYPER- un couple de préfixes antagonistes.

Ainsi, à l'HYPERGLYCÉMIE, excès de sucre dans le sang, s'oppose l'HYPOGLYCÉMIE, insuffisance de sucre dans le sang (sur GLYCÉMIE, voir p. 94). A l'HYPERTENSION, tension artérielle excessive, s'oppose l'HYPOTENSION, tension insuffisante.

PAN- / PANTO- = *tout* ← **pan, pantos,** *tout.*

Forme PAN- :

PANACÉE ← **panakeia,** *remède universel* (+ **akos,** *remède*). Une panacée est donc, par définition, toujours universelle.

PANOPLIE ← **panoplia,** *équipement complet d'un guerrier* (+ **hoplon,** *arme*).

PANTHÉON ← **pantheion,** *temple de tous les dieux* (+ **theos,** *dieu*).

PANTHÉISME, c.r. (+ **theos,** *dieu*) : doctrine qui pose que, dans l'univers, tout est Dieu.
PAN- est devenu en français un préfixe disponible. Il sert à former des noms et des adjectifs qui expriment :
– soit l'unification de toutes les parties d'un ensemble géographique ou national : PANAMÉRICAIN, PANARABE, PANARABISME, etc.
– soit l'attitude qui consiste à tout faire dépendre d'une nation, d'une religion, d'une doctrine, etc. : PANGERMANISME, PANSOVIÉTISME, PANÉCONOMISME.
Voir aussi PANORAMA, p. 18.

Forme PANTO-
Elle est plus rare que la précédente et ne donne de mots nouveaux que dans les vocabulaires spécialisés. Dans les mots les plus courants, elle n'a pas un sens très clair.
PANTOGRAPHE, c.r. (+ **graphein,** *écrire*) désigne un instrument permettant de reproduire, réduire ou agrandir un dessin. Il a été fort mal baptisé : l'élément PANTO- ne le caractérise en aucune façon puisque le plus humble crayon suffit à tout dessiner. Quant au pantographe qui surmonte les motrices électriques, il n'écrit ni ne dessine, mais sa forme évoque celle de l'instrument en question.
PANTOMIME ← **pantomimos,** *artiste* ou *spectacle de mime* (+ **mimos,** *mime,* de **mimeisthai,** *imiter*). Dans l'Antiquité, le mime est un genre théâtral comportant un texte ; la pantomime est purement gestuelle. Le sens de ces deux mots s'est donc déplacé. Mais, dès l'Antiquité, le sémantisme de PANTOMIME est surprenant car, loin d'être un mime total, la pantomime se trouve privée, par rapport au mime, de l'expression orale. C'est un des cas où l'étymologie pose plus de problèmes qu'elle n'en résout.

HOLO-, rarement **OLO-** = *tout entier* ← **holos,** *tout entier.*
HOLOCAUSTE ← **holokaustos,** *entièrement brûlé* (+ **kaustos,** *brûlé*). **Holokaustos** qualifie un sacrifice où la victime est entièrement brûlée : dans la plupart des sacrifices grecs, on ne brûlait en l'honneur des dieux que les parties immangeables de la victime, le reste étant consommé par les participants. Par déplacement de sens, HOLOCAUSTE réfère à un sacrifice où l'on immole de nombreuses victimes.

HOLOGRAMME, c.r. (+ **gramma,** *signe écrit* ou *dessin*), désigne une image totale, en trois dimensions.
Sans raison apparente, le H initial a disparu dans OLOGRAPHE (+**graphein,** *écrire*), qualifiant un testament écrit entièrement de la main de son auteur. Il a tendance à disparaître dans (H)OLORIME, c.r. (+ RIME, d'origine germanique), qui s'applique à un couple de vers rimant entièrement l'un avec l'autre[1].
Se rattache également à **holos** le mot CATHOLIQUE ← **katholikos,** *universel,* mot construit avec le préfixe **kata.**

HÉMI- = *moitié* ← **hêmi-** préfixe signifiant *demi.*
HÉMIPLÉGIE ← **hêmiplêgia,** *demi-paralysie,* c'est-à-dire paralysie d'un seul côté du corps (+ **plêgê,** *choc*).
HÉMIPTÈRE, c.r. (+ **pteron,** *aile*) : insecte n'ayant que des moitiés d'élytres.
HÉMI- est en concurrence avec SEMI- ← préfixe latin **semi-,** de même origine indo-européenne[2]. On trouve généralement SEMI- devant un mot d'origine latine et HÉMI- devant un mot d'origine grecque : SEMI-CIRCULAIRE (+ latin **circulus,** *cercle*) en face d'HÉMICYCLE ← **hêmikuklios,** *en demi-cercle* (+ **kuklos,** *cercle*). Il arrive toutefois que SEMI- précède un mot d'origine grecque comme dans SEMI-NOMADE (+ **nomas, nomados,** *nomade*).

-MÈRE = *masse moléculaire, cellule, partie* ← **meros,** *partie.*
En chimie, les mots en -MÈRE désignent des corps définis par certaines données de leur masse moléculaire. Le modèle de ces mots est probablement POLYMÈRE, tiré au XIXe siècle de **polumerês,** *qui a plusieurs parties, multiple* (+ **polus,** *nombreux*) pour désigner une molécule en quelque sorte multiple d'une autre dite MONOMÈRE ← **monomerês,** *simple* (+ **monos,** *unique,* voir p. 42) : un polymère est constitué

---

1. Exemple célèbre — et peu renouvelé vu la difficulté de l'exercice :
Gall, amant de la reine, alla, tour magnanime,
Galamment de l'arène à la tour Magne, à Nîmes.

2. Le *s-* initial indo-européen se maintient en latin, mais il est remplacé en grec par le son **h-.** D'où les couples **huper/super ; hupo/sub ; hêmi/semi ; hex/sex** (= *six*) ; **hepta/septem** (= *sept*) ; **helios/sol** (= *soleil*).

des mêmes atomes qu'un monomère, mais chacun d'eux en nombre *n* fois plus grand. En revanche, deux ISOMÈRES ← **isomerês,** *ayant le même nombre de parties* (+ **isos,** *égal,* voir infra) ont le même nombre d'atomes, mais dans un agencement différent. Tout l'art de l'industrie chimique consiste à inventer et à fabriquer POLYMÈRES et ISOMÈRES. Nous lui devons en particulier les ÉLASTOMÈRES, caoutchoucs synthétiques désignés par un mot-valise réunissant ÉLASTIQUE (voir ce mot p. 228) et POLYMÈRE.

En biologie, les mots en -MÈRE désignent certaines cellules, par exemple des BLASTOMÈRES (+ **blastê,** *germe*) qui sont les premières cellules issues de la division de l'œuf. L'élément -MÈRE réfère aussi aux parties constituant les membres des insectes.

On saura donc qu'un produit chimique est TRIMÈRE ← **trimerês,** *triple,* s'il a les mêmes atomes qu'un autre, en nombre trois fois plus grand, mais qu'un insecte TRIMÈRE a le bout des pattes articulé en trois parties!

ISO- = *égal* ← **isos,** *égal.*

ISOCÈLE ← **isoskelês,** *qui a deux jambes égales ou deux côtés égaux* (+ **skelos,** *jambe*).

ISOMÈRE (voir supra).

ISOTOPES, c.r. (+ **topos,** *place*), corps chimiques de rang égal par leur numéro atomique mais de masses atomiques différentes.

En géographie, les mots commençant par ISO- désignent des lignes joignant des points où règnent des conditions égales : pression atmosphérique égale dans ISOBARE ← **isobarês,** *de poids égal* (+ **baros,** *poids*); profondeur égale dans ISOBATHE ← **isobathês** (+ **bathos,** *profondeur*); quantité de pluie égale dans ISOHYÈTE, c.r. (+ **huetos,** *pluie*); température égale dans ISOTHERME, c.r. (+ **thermos,** *chaud*).

2. Quantités chiffrées

MON- / MONO- = *un seul* ← **monos,** *seul.*
MONARCHIE ← **monarkhia,** *pouvoir d'un seul* (+ **arkhê,** *pouvoir*). S'oppose à OLIGARCHIE (voir p. 37).
MONOGAME ← **monogamos,** *une seule fois marié* (+ **gamos,** *mariage*). S'oppose à POLYGAME (voir p. 37) et à BIGAME (voir p. 44).
MONOGRAMME, tiré de **monogrammatos,** *formé d'une seule lettre* (+ **gramma,** *lettre*). Malgré son étymologie, un monogramme peut être composé de deux lettres.
MONOTHÉISME, c.r. (+ **theos,** *dieu*), s'oppose à POLYTHÉISME et ATHÉISME (voir p. 159).

MONÈME, s.r. (+ suffixe -ÈME, voir p. 205) : unité de sens en linguistique.
MONO- est en concurrence victorieuse avec UNI- ← latin **unus,** *un seul.* Les Latins eux-mêmes préféraient parfois **mono-** à **uni-.** Ils ont ainsi composé **monoculus,** *borgne* (+ **oculus,** *œil*), qui a donné MONOCLE. Le français peut employer MONO- même devant des mots issus du latin comme dans MONONUCLÉAIRE (+ lat. **nucleus,** *noyau*). En fait, il en use comme d'un préfixe et peut l'accoler à un grand nombre de mots courants : MONOMOTEUR, MONORAIL, etc.
MONÔME est un cas particulier. C'est une forme syncopée destinée à éviter une forme * MONONÔME, jugée peu élégante. Elle a été forgée sur le modèle de BINÔME, issu de **binomium,** création des algébristes médiévaux [1].

De **monos,** le grec a dérivé **monakhos,** *solitaire,* qui, à partir du IVe siècle de notre ère, a servi à désigner les chrétiens vivant hors du monde. Le latin en a tiré **monacus,** qui a donné MOINE. Par transmission savante a été créé MONACHISME. D'autre part, **monastêrion,** *habitation de moine* → MONASTÈRE et **monastikos,** *relatif aux moines* → MONASTIQUE.

PROT- / PROTO- = *premier, primitif* ← **prôtos,** *premier.*
PROTOTYPE ← **prôtotupon,** *premier exemplaire* (+ **tupos,** *exemplaire obtenu par impression*). Voir ARCHÉTYPE, p. 73.
PROTOZOAIRE, c.r. (+ **zôion,** *animal* + suffixe -AIRE) : être vivant primitif.
PROTOHISTOIRE, c.r. (+ HISTOIRE, voir p. 186). La protohistoire est la période antérieure à l'invention de l'écriture mais dont les événements peuvent être en partie reconstitués grâce à l'archéologie, la mythologie et la linguistique.

Dans certains mots français issus de **prôtos,** l'idée de primauté n'est plus perceptible :
PROTE, nom du contremaître d'imprimerie, a été directement tiré, au XVIIe siècle, de **prôtos :** c'est le premier ouvrier de l'atelier.

1. Ces derniers ont traduit par l'adjectif néolatin **binomius,** *qui porte deux noms,* un terme arabe qui traduisait lui-même l'expression mathématique grecque **ek duo onomatôn,** littéralement *en deux noms.*

PROTON : particule du noyau atomique, ainsi nommée (de **prôton,** neutre de **prôtos**) dans l'idée qu'elle était la particule primitive.
PROTIDE a été construit à partir de PROTÉINE. On ne sait si les chimistes qui ont créé ce mot au XIXe siècle ont pensé à **prôtos** et ont voulu parler de matières primordiales, ou bien à Protée (voir p. 243) et ont voulu parler de matières instables. Il est en tout cas probable que PROTOPLASME, c.r. (+ **plasma,** *chose façonnée,* voir PLASM- p. 110), substance qui constitue la cellule vivante, a été construit par référence à PROTÉINE ou PROTIDE plutôt qu'à **prôtos.**
PROTOCOLE ← **prôtokollon** (+ **kolla,** *colle*). Le **prôtokollon** était la première enveloppe collée entourant un rouleau de papier écrit. Lorsque ce papier contenait un acte officiel, le **prôtokollon** en portait l'authentification et le sceau. Puis le mot a désigné l'acte officiel lui-même.

DI- = *deux* ← **di-,** préfixe signifiant *deux.*
DIPTÈRE ← **dipteros,** *à deux ailes* (+ **pteron,** *aile*).
DIPTYQUE ← **diptukhos,** *à deux volets* (+ **ptux, ptukhos,** *tablette*). Sur le même modèle existent : TRIPTYQUE, à trois volets (voir TRI-, p. 46); POLYPTYQUE ← **poluptukhos,** *à plusieurs volets* (voir POLY-, p. 37).
DI- subit la concurrence de BI- issu du préfixe latin **bi-,** signifiant *deux.*
On a parfois deux formations jumelles : DIPOLAIRE, employé en électro-magnétique, et BIPOLAIRE, d'emploi plus général (+ **polos,** *pôle*). Mais souvent BI- a évincé DI- : BICYCLETTE (+ **kuklos,** *cercle*), BICÉPHALE (+ **kephalê,** *tête*), BIGAME (+ **gamos,** *mariage*).

Ne pas confondre avec :
DI- issu du préverbe **dia-,** *en séparant :* DIODE, voir p. 194.
DI- issu du préfixe latin **dis-** (**di-** devant certaines consonnes), *en séparant :* DIVERGENCE, DIVISION.

DICHO- = *divisé en deux* ← **dikho-,** élément signifiant *divisé en deux.*
Utilisé dans divers lexiques scientifiques, cet élément est repérable dans DICHOTOMIE ← **dikhotomia,** *action de couper en deux* (+ **tomê,** *coupure*).

DIPL- / DIPLO- = *double* ← **diplous,** *double.*
DIPLOCOQUE, c.r. (+ **kokkos,** *grain*) : bactérie formée de deux éléments.
DIPLODOCUS : voir p. 145.
DIPLOÏDE, s.r. : se dit d'un noyau cellulaire où chaque chromosome est en double exemplaire, ce qui est le cas normal. Dans les noyaux des cellules reproductrices, chaque chromosome est en unique exemplaire : un tel noyau est dit HAPLOÏDE ← **haploeidês,** *de forme simple* (**haplous,** *simple* + **eidos,** *forme*).
DIPLOPIE, c.r. (+ **ôps,** *vue*) : perception de deux images pour un seul objet.
Le grec **diplous** a donné **diploun,** *doubler, plier en deux,* d'où **diplôma, diplômatos,** *papier plié* → DIPLÔME.
Les DIPLOMATES ne sont pas des personnes couvertes de diplômes, mais littéralement des porteurs de lettres soigneusement pliées. Et la DIPLOMATIQUE est la science des chartes, messages et actes officiels.

DEUTÉR- / DEUTÉRO- = *deuxième* ← **deuteros,** *deuxième.*
Le plus connu des dérivés de **deuteros** est DEUTÉRIUM, désignant le deuxième isotope de l'hydrogène.
Le DEUTÉRONOME ← **deuteronomion,** *deuxième loi* (+ **nomos,** *loi*) est, dans l'Ancien Testament, le livre qui contient le second ensemble de lois données par Moïse aux Hébreux. Le Deutéronome ne fait pas partie des livres DEUTÉROCANONIQUES : ceux-ci (par exemple la Sagesse, l'Ecclésiastique, les Macchabées) n'ont été admis comme canoniques que dans un *deuxième* temps (voir CANON, p. 215).

TRI- = *trois* ← **tri-**, préfixe signifiant *trois*.
TRIADE ← **trias, triados,** *groupe de trois.*
TRIGONE ← **trigônon,** *triangle* (+ **gônia,** *angle*).
TRILOBITE c.r. (+ **lobos** → LOBE) : crustacé fossile à trois lobes dorsaux.
Voir aussi TRIGLYPHE, p. 189; TRILOGIE, p. 178; TRISOMIE, p. 115.
Le latin possède également un préfixe **tri-** signifiant *trois :* TRIANGLE ← *lat.* **triangulum** (+ **angulus,** *angle*).
Dans les compositions récentes, il est en toute rigueur impossible de dire si TRI- est tiré du grec ou du latin : par exemple dans TRICYCLE, mot inventé vers 1890. Mieux vaut alors parler de préfixe gréco-latin.

TRIT- / TRITO- = *troisième* ← **tritos,** *troisième.*
Le TRITIUM est le troisième isotope de l'hydrogène.
Un TRITOCHLORURE est la troisième combinaison du CHLORE (voir p. 90) avec un corps simple.

TÉTR- / TÉTRA- = *quatre* ← **tetra-,** préfixe signifiant *quatre.*
TÉTRADACTYLE ← **tetradaktulos,** *à quatre doigts* (+ **daktulos,** *doigt*).
TÉTRAGONE ← **tetragônos,** *quadrangulaire* (+ **gônia,** *angle*) : plante ainsi baptisée à cause de l'aspect de ses graines.
TÉTRALOGIE : voir p. 178.
TÉTRAPLÉGIE, c.r. (+ **plêgê,** *choc*) : paralysie des quatre membres.
TÉTRATOMIQUE, c.r. (+ **atomos,** *atome*) : qui a quatre atomes par molécule.
TÉTRA- est concurrencé par son homologue d'origine latine QUADRI-. Il peut en résulter des doublets : TÉTRAPHONIE et QUADRIPHONIE (+ **phônê,** *son*) coexistent.

PENT- / PENTA- = *cinq* ← préfixe **penta-** ou nom **pente,** *cinq.*
Le PENTATEUQUE ← **pentateukhos,** *ensemble de cinq livres*

(+ **teukhos,** *instrument,* d'où *livre*), est l'ensemble formé par les cinq premiers livres de l'Ancien Testament.
De la même racine, **pentêkostê (hêmera),** *cinquantième (jour)* → latin **Pentecosta** → PENTECÔTE, cinquantième jour après Pâques.

Parmi les éléments suivants, DÉCA-, HECTO- et KILO- s'associent à des noms d'unités de mesure. Les autres s'associent à un nombre restreint d'éléments, essentiellement -ÈDRE, -GONE, -SYLLABE. Les noms en -ÈDRE (voir p. 102) désignent des volumes : l'élément initial indique le nombre de faces. Les noms en -GONE (voir p. 102) désignent des figures planes : l'élément initial indique le nombre de côtés. Les mots en -SYLLABE (voir p. 68) désignent des types de vers, et l'élément initial en indique le nombre de pieds.

HEX- / HEXA- = *six* ← préfixe **hexa-** ou nom **hex,** *six.*

HEPT- / HEPTA- = *sept* ← **hepta,** *sept.*
De l'ordinal **hebdomos,** *septième,* le grec a tiré **hebdomas, hebdomados,** *groupe de sept,* en particulier *groupe de sept jours,* d'où HEBDOMADAIRE.

OCTA- / OCTO- = *huit* ← préfixe **okta-** ou nom **oktô,** *huit.*

ENNÉA- = *neuf* ← **ennea,** *neuf.*

DÉC- / DÉCA- = *dix* ← **deka,** *dix.*

HENDÉCA- = *onze* ← **hendeka,** *onze.*

DODÉCA- = *douze* ← **dôdeka,** *douze.*

ICOSA- = *vingt* ← **eikosa-,** préfixe signifiant *vingt* (**eikosi,** *vingt*).

HECT- / HECTO- = *cent* ← **hekaton,** *cent.*

KILO- = *mille* ← **khilioi,** *mille.*
Les fondateurs du système métrique ont infligé un véritable camouflet à la philologie en créant les préfixes HECTO- et KILO-. Rien ne justifie la disparition du **a** de **hekaton,** qu'on retrouve bien dans HÉCATOMBE ← **hekatombê,** *sacrifice de cent bœufs* (**hekaton** + **bous,** *bœuf*); pour l'évolution du sens, voir HOLOCAUSTE, p. 39. De même au lieu de KILOMÈTRE, c'est * CHILIOMÈTRE qui s'imposait, à la rigueur * CHILOMÈTRE. En revanche, ils ont bien utilisé les possibilités offertes par le grec et le latin en réservant aux préfixes grecs l'indication des multiples, et aux préfixes latins celle des sous-multiples (DÉCI- = *dix;* CENTI- = *cent;* MILLI- = *mille*).

MYRIA- = *dix mille* ou *beaucoup* ← **murioi,** *dix mille.*
Un MYRIAMÈTRE fait bien dix mille mètres. En revanche, un MYRIAPODE, c.r. (+ **pous, podos,** *pied*) n'a sûrement pas dix mille pieds. Il n'en a même pas mille, bien qu'on l'appelle plus communément mille-pattes. Une MYRIADE ← **murias, muriados,** *ensemble de dix mille,* est un nombre très grand, mais imprécis.

MÉGA- = *un million* ← **megas,** *grand.*
MÉGAHERTZ, c.r. : mesure de fréquence d'un million de hertz.
MÉGATONNE, c.r. : puissance destructrice correspondant à un million de tonnes de T.N.T.
Attention : MÉGA- peut également signifier *grand :* voir p.87.

MICRO- = *un millionième de* ← **mikros,** *petit.*
MICROAMPÈRE, c.r. : mesure d'intensité électrique égale à un millionième d'ampère.
Attention : MICRO- signifie également *petit :* voir p. 86.

NANO- = *un milliardième de* ← **nanos,** *nain.*
NANO-SECONDE, c.r. : durée d'un milliardième de seconde.
Par l'intermédiaire du latin **nanus, nanos** a également donné NAIN.

Parmi les noms des unités de mesure, les suivants ont été tirés du grec :

BAR, unité de pression	← **baros,** *poids* (voir p. 88)
BARYE, unité de pression	← **barus,** *lourd* (voir p. 88)
DYNE, unité de force	← **dunamis,** *puissance* (voir p. 161)
ERG, unité de travail	← **ergon,** *travail* (voir p. 162)
GRAMME, unité de poids	← **gramma,** *gramme* (voir p. 177)
LITRE, unité de volume	← **litra,** *livre* (poids)
MÈTRE, unité de longueur	← **metron,** *mesure* (voir p. 181)
PIÈZE, unité de pression	← **piezein,** *presser*
RHÉ, unité de courant fluide	← **rhein,** *couler* (voir p. 133)
STÈRE, unité de volume	← **stereos,** *cubique* (voir p. 103)
STHÈNE, unité de force	← **sthenos,** *force* (voir p. 131)
THERMIE, unité de chaleur	← **thermos,** *chaud* (voir p. 89).

Les relations

1. Pour / contre

ANTI- = *contre* ← **anti,** *en face de, contre.*
ANTI- est un préfixe très employé : voir supra, p. 18. Dans les compositions récentes, ANTI- ne s'élide jamais devant une voyelle : ANTIAÉRIEN, ANTIATOMIQUE, exception faite pour ANTALGIQUE, mot composé en 1808 (+ **algein,** *souffrir*).
Dans les mots transcrits du grec, ANTI- / ANT- peut avoir un sens spatial, *à l'opposé de :*
ANTIPODES ← **antipodes,** *dont les pieds sont à l'opposé des nôtres* (+ **pous, podos,** *pied*).
ANTARCTIQUE ← **antarktikos,** *à l'opposé de l'Arctique :* (+ **arktikos,** *arctique,* de **arktos,** *ours*). L'Arctique est la région de l'Ourse (la constellation et non l'animal polaire).

L'opposé d'ANTI- est PRO- : ANTIAMÉRICAIN / PROAMÉRICAIN, etc. Ce préfixe PRO- vient du latin **pro,** *pour.*
Le grec possède également une forme **pro,** préposition ou préverbe signifiant *avant, devant.*
PROGRAMME ← **programma,** *inscription placée devant ou faite avant* (+ **gramma,** *signe écrit*) ; PRODROME ← **prodromos,** *avant-coureur* (+ **dromos,** *course*).

2. L'amour / la haine

PHIL- / PHILO- / -PHILE = *amour, amitié, goût pour* ← **philein,** *aimer.*
PHILANTHROPE ← **philanthrôpos** (+ **anthrôpos,** *homme*).
PHILOSOPHIE ← **philosophia** (+ **sophia,** *sagesse*).
Dans les compositions récentes, l'élément -PHILE a quatre fonctions sémantiques :
– Il marque l'attirance d'un corps chimique ou d'un être vivant pour une matière ou une énergie :
DROSOPHILE (+ **drosos,** *rosée*).
HYDROPHILE (+ **hudro-,** de **hudôr,** *eau*).

— Il indique l'appartenance à une minorité sexuelle :
PÉDOPHILE (+ **pais, paidos,** *enfant*).
ZOOPHILE (+ **zôion,** *animal*).
NÉCROPHILE (+ **nekros,** *cadavre*).
— Il indique une préférence pour une nationalité étrangère. En ce cas, l'élément initial auquel il s'associe est tiré soit du latin, soit du français : GERMANOPHILE (+ lat. **Germanus**), RUSSOPHILE.
— Il indique enfin une passion qui pousse à collectionner des expériences ou des objets :
CINÉPHILE : le mot est formé avec l'élément CINÉ-, abréviation de CINÉMA, lui-même abréviation de CINÉMATOGRAPHE (voir p. 64).
DISCOPHILE (+ DISQUE ← **diskos** voir p. 190).

PHILATÉLIE (+ **ateleia,** *affranchissement*) : c'est le seul mot de cette catégorie dans lequel on trouve l'élément PHIL- en position initiale.
Dans le nom du collectionneur d'étiquettes de fromages, le TYROSÉMIOPHILE, le début du mot a été recueilli dans le vocabulaire grec, qui a fourni **turos,** *fromage,* et **sêmeion,** *signe.* Avec un nom aussi savant, une innocente manie devient un art respectable. En est-il de même pour la COPOCLÉPHILIE ? Le mot, en tout cas, prouve que l'imagination linguistique est toujours au pouvoir. Les COPOCLÉPHILES, qui sont, comme chacun sait, des collectionneurs de porte-clés, peuvent rendre grâce à l'helléniste authentique qui a su retrouver le mot **kôpê,** *poignée d'instrument,* en particulier *poignée ou anneau de clé,* et qui a eu assez d'humour pour y adjoindre le mot français CLÉ, créant ansi ce monstre sympathique au lieu d'un pédant *CLÉIDOCOPOPHILIE exigé par le conformisme philologique.

MIS- / MISO- = *haine* ← **misein,** *haïr.*
Cet élément est fossilisé et ne sert pas à la composition de mots nouveaux. Il n'apparaît en français que dans quatre mots :
MISANTHROPE ← **misanthrôpos,** *qui hait le genre humain* (+ **anthrôpos,** *homme*) ; MISANTHROPIE.
MISOGYNE ← **misogunês,** *qui hait les femmes* (+ **gunê,** *femme*) ; MISOGYNIE.

-PHOB- = *haine* ou *peur maladive* ← **phobos,** *crainte.*
Cet élément donne des mots terminés en -PHOBE ou -PHOBIE qui se répartissent en trois groupes :

— mots indiquant l'hostilité éprouvée pour un groupe humain :
XÉNOPHOBE, c.r. (+ **xenos,** *étranger*), ANGLOPHOBE, etc.

— mots indiquant l'aversion naturelle d'un être ou d'une matière pour un autre être ou une autre matière :
HYDROPHOBE ← **hudrophobos,** *qui a horreur de l'eau* (+ **hudôr,** *eau*).

— mots indiquant une PHOBIE (suffixation récente à partir de **phobos**), c'est-à-dire une angoisse maladive éprouvée dans certaines situations :

AGORAPHOBIE, c.r. (+ **agora,** *place publique*) : phobie des espaces libres et des lieux publics.
CLAUSTROPHOBIE, c.r. (+ latin **claustra,** *clôture*) : phobie des lieux clos.
Contrairement à MIS- / MISO-, -PHOB- est un élément fécond, souvent antagoniste de -PHIL- :
FRANCOPHILE / FRANCOPHOBE ;
HYDROPHILE / HYDROPHOBE, etc.

ÉROT- / ÉROTO- = *désir sexuel* ← **erôs, erôtos,** *désir amoureux.*
ÉROTIQUE ← **erôtikos,** *relatif au désir amoureux.*
ÉROTOMANE ← **erôtomanês,** *frappé d'une folie amoureuse* (+ **mania,** *folie).*
ÉROGÈNE est une forme syncopée pour *ÉROTOGÈNE, (+ GÈNE, voir p. 107) : susceptible de provoquer le désir sexuel.
A la même racine se rattache PÉDÉRASTE ← **paiderastês,** *amoureux des jeunes garçons* (**pais, paidos,** *garçon* + **erastês,** *amoureux*).

-LÂTR- = *amour excessif* ou *adoration* ← **latreia,** *service,* et en particulier *culte d'un dieu.*
IDOLÂTRIE ← latin médiéval **idolatria,** forme syncopée pour **idololatria** ← grec **eidôlolatreia,** *adoration des idoles* (+ **eidôlon,** *idole,* voir p. 34). Par le même processus, **eidôlolatrês,** *adorateur d'idoles,* aboutit à IDOLÂTRE, d'où IDOLÂTRER.
Sur ce modèle ont été composés des mots indiquant des cultes voués à divers objets. L'ASTROLÂTRIE, c.r., est le culte des astres ; la ZOOLÂTRIE, c.r., le culte des animaux (+ **zôion,** *animal*).
Il existe d'autres racines grecques évoquant l'amour, en particulier celle d'**agapê,** *amour, tendresse,* qui a donné en français AGAPE par l'évolution sémantique suivante : *amour fraternel* → *réunion fraternelle* → *repas amical.*

POLÉM- / POLÉMO- = *guerre* ← **polemos,** *guerre.*
POLÉMIQUE ← **polemikos,** *guerrier,* n'évoque plus qu'une hostilité véhiculée par le discours. La POLÉMOLOGIE, c.r. (+ **logos,** *discours*), est la science de la guerre ; non pas la science du stratège, mais celle du sociologue et de l'historien.

3. La domination

ARCH- / -ARCHI- / -ARQUE = *supériorité, pouvoir* ← **arkhê,** *commandement.*

En début de mot, l'élément ARCH- / ARCHI- indique le rang supérieur :
ARCHANGE ← lat. **archangelus** ← gr. **arkhangelos,** *chef des anges* (+ **angelos,** *ange,* voir p. 212).
ARCHEVÊQUE ← **arkhiepiskopos,** *évêque en chef* (+ **episkopos,** *évêque,* voir p. 214).
ARCHIDUC, c.r. (+ DUC); ARCHIPRÊTRE, c.r. (voir PRÊTRE, p. 215) etc.
Le français utilise ARCHI- comme préfixe pour marquer le superlatif :
ARCHIBANAL, ARCHICONNU, ARCHISEC.
L'élément ARCHI- a perdu sa valeur propre dans ARCHITECTE ← lat. **architectus** ← gr. **arkhitektôn,** *constructeur en chef* (+ **tektôn,** *charpentier*).
Le cas d'ARCHIPEL est particulier. Il provient d'un mot **Arkhipelagos** (+ **pelagos,** *mer*) inconnu du grec ancien et

forgé à Byzance au Moyen Age. Son sens était alors : *la Mer Principale,* c'est-à-dire la mer Égée. En français, « l'Archipel » désigna d'abord la mer Égée. Or cette mer est parsemée d'îles, d'où l'expression « un archipel » pour évoquer une mer semée d'îles. Le mot est devenu un nom commun signifiant « groupe d'îles ».

Les mots en -ARCHIE indiquent des formes de gouvernement ; les mots en -ARQUE ceux qui les exercent.
ANARCHIE ← **anarkhia,** *absence de pouvoir* (+ **an-** privatif, voir p. 27).
MONARCHIE, MONARQUE ; OLIGARCHIE, OLIGARQUE : voir p. 42 et 37.
HIÉRARCHIE ← latin médiéval **hierarchia,** littéralement *gouvernement sacré* (+ **hieros,** *sacré*). Les théologiens médiévaux désignaient ainsi les diverses catégories d'anges classées par ordre de puissance et de dignité. Le mot sert aujourd'hui à désigner une série ascendante de pouvoirs.
Enfin un ÉNARQUE est un ancien élève de l'ENA, École Nationale d'Administration. Le mot est fondé sur l'idée d'ÉNARCHIE, c'est-à-dire d'un pouvoir exercé par les anciens élèves de cette école.

Attention : ARCH- signifie aussi l'ancienneté : voir p. 73.

-CRATE / -CRATIE = *pouvoir* ← **kratein,** *dominer.*

Cet élément supplée -ARCHI- / -ARQUE. Il est productif alors que -ARCHI- / -ARQUE ne l'est plus.
ARISTOCRATIE ← **aristokratia,** *gouvernement des meilleurs* (+ **aristos,** *le meilleur*) ; ARISTOCRATE ← **aristokratês,** *partisan* ou *membre de l'aristocratie.*
AUTOCRATE ← **autokratês,** *qui commande par lui-même* (+ **autos,** *soi-même*).
DÉMOCRATIE ← **dêmokratia,** *gouvernement du peuple* (+ **dêmos,** *peuple*).
GÉRONTOCRATIE, c.r. (+ **gerôn, gerontos,** *vieillard*) : gouvernement des vieillards.
PLOUTOCRATIE ← **ploutokratia,** *gouvernement des riches* (+ **ploutos,** *richesse*).
THÉOCRATIE ← **theokratia,** *gouvernement de Dieu* (+ **theos,** *dieu*). Une théocratie est un régime dans lequel les dirigeants prétendent n'exécuter que les volontés de Dieu.

Parmi les créations récentes, citons :
TECHNOCRATE (+ **tekhnê,** *technique*) : individu qui tend à mettre les administrés au service des techniques d'administration, et non l'inverse; PHALLOCRATE (+ **phallos,** *membre viril*) : individu prétendant exercer un pouvoir en tant que possesseur d'un organe sexuel masculin; BUREAUCRATE (voir p. 18) : l'individu ainsi nommé fait en sorte qu'un maximum de pouvoirs s'exerce à partir des bureaux de l'administration. Moins redouté jusqu'ici parce qu'encore peu puissant, un EUROCRATE est un fonctionnaire des institutions communautaires européennes qui n'est pas, lui non plus, sans revendiquer un accroissement de ses pouvoirs.

4. L'imitation

MIM- = *imiter* ← **mimeisthai,** *imiter.*
MIME et PANTOMIME : voir plus haut, p. 39.
MIMÉTIQUE ← **mimêtikos,** *imitateur.* D'où MIMÉTISME : faculté d'imiter par son aspect d'autres êtres ou choses.
MIMIQUE ← **mimikos,** *relatif à l'art du mime.* Une mimique n'est pas nécessairement imitative. Ce peut être l'expression muette d'un sentiment ou d'une volonté.

LONDRES

L'espace

1. Le lieu

-TOP- / TOPO- = *lieu* ← **topos,** *lieu.*
En début de mot, TOPO- réfère à l'espace géographique.
TOPOGRAPHIE ← **topographia,** *description d'une région* (+ **graphein,** *écrire*); d'où TOPOGRAPHIQUE. Cet adjectif (sous-entendu : croquis? plan? relevé?) a été abrégé en TOPO qui, du sens de « plan », est passé à celui de « discours ».
TOPONYME, c.r. (+-ONYME = *nom,* voir p. 184) : nom propre de lieu.
En fin de mot, dans BIOTOPE, c.r. (+ **bios,** *vie*) : milieu biologique, -TOPE réfère à l'espace naturel; dans ISOTOPE (voir p. 41), à la place dans la classification des éléments.
UTOPIE, mot inventé par Thomas More en 1516 sous la forme latine **utopia,** a pour premier élément le mot grec **ou,** signifiant *non.* Après avoir désigné le pays de nulle part, il désigne aujourd'hui ce qu'on pourrait y faire...

ACRO- = *extrémité* ← **akros,** *à l'extrémité.*
ACROBATE ← **akrobatês,** *qui marche sur la pointe des pieds* (+ **batês,** *marcheur*).
ACROSTICHE ← **akrostikhis** (+ **stikhos,** *vers*) : poème où les initiales de chaque vers forment un mot ou une phrase.
ACROMÉGALIE, c.r. (+ **megas, megalou,** *grand*) : dimension excessive des extrémités (mains et pieds).

ENDO- = *à l'intérieur* ← **endon,** *à l'intérieur.*
ENDOGÈNE ← **endogenês,** *né dans la maison* (+ **genos,** *naissance*) : né à l'intérieur de l'organisme.
ENDOCARDE, c.r. (+ **kardia,** *cœur*) : tunique interne du cœur.
ENDOCRINE, c.r. (+ -CRINE tiré de **ekkrinein,** *excréter*) : se dit d'une glande qui sécrète à l'intérieur du corps, par exemple la thyroïde.
ENDOGAMIE, c.r. (+ **gamos,** *mariage*) : mariage avec un conjoint de même clan ou tribu.
ENDOPARASITE, c.r. (+ PARASITE voir p. 139) : parasite interne, par exemple le ténia.

ECTO- = *à l'extérieur* ← **ektos,** *à l'extérieur.*
ECTOPARASITE, c.r. (+ voir p. 59 ENDOPARASITE) : parasite externe, par exemple le pou.
ECTOPLASME : voir p. 111.

EXO- = *à l'extérieur* ← **exô,** *à l'extérieur.*
EXOCRINE, c.r. (+ -CRINE tiré de **ekkrinein,** *excréter*) : se dit d'une glande qui excrète à l'extérieur du corps, par exemple les glandes sudoripares.
EXOGAMIE, c.r. (+ **gamos,** *mariage*) : mariage avec un conjoint étranger au clan ou à la tribu.
EXOGÈNE, c.r. (+ **genos,** *naissance*) : qui se forme à l'extérieur.

MÉS- / MÉSO- = *milieu* ← **mesos,** *du milieu.*
MÉSOSPHÈRE, c.r. (+ SPHÈRE, voir p. 82) : couche atmosphérique située entre la stratosphère et l'ionosphère.

...au milieu

MÉS- / MÉSO- peut avoir une valeur non spatiale :
MÉSOLITHIQUE, c.r. (+ **lithos,** *pierre,* voir LITH-, p. 94) : période comprise entre le Paléolithique et le Néolithique.
MÉSON (voir le suffixe -ON p. 208) : particule de masse intermédiaire entre celle de l'électron et celle du proton.
Un autre élément français, CENTR-, signifie le *milieu.* Autour du nom CENTRE se déploient des formes suffixées comme CENTRAL, CENTRER, etc., et composées : CONCENTRER, CENTRIFUGE (avec éléments latins), ÉPICENTRE, ORTHOCENTRE (avec éléments grecs). CENTRE vient du latin **centrum,** tiré du grec **kentron,** qui signifie *aiguillon,* puis *pointe de compas,* puis *centre d'un cercle.*

PARA- = *en marge* ← **para,** *à côté.*
PARAPHRASE ← **paraphrasis,** *discours parallèle* (+ **phrasis,** *expression*).
PARANOIA ← **paranoia,** *folie,* nom tiré de **paranoein,** *penser à côté* (de la norme) (+ **noein,** *penser*).
Dans un certain nombre de mots français, PARA- n'a plus de sens autonome :
PARAGRAPHE ← **paragraphê,** *signe en marge* pour indiquer une articulation du texte (+ **graphein,** *écrire*). L'emprunt latin **paragraphus** s'est altéré en **paraphus** → PARAPHE ou PARAFE : d'abord signe à côté ou au-dessous de la signature, puis signature.
PARALYSIE ← **paralusis,** *dislocation* (voir p. 164).
Pourtant, l'élément PARA- s'implante dans le lexique français en conservant son sens grec. Il sert à former des mots évoquant des phénomènes marginaux : PARAFISCAL, PARAMÉDICAL, PARASCOLAIRE, PARAMILITAIRE, etc.
Il ne faut cependant pas exagérer la dette du français envers lui. PARAVENT, PARASOL, PARACHUTE, etc. ne lui doivent rien. PARAVENT et PARASOL sont importés de l'italien qui les a fabriqués à l'aide du verbe *parare,* éviter. Le français en a tiré un préfixe PARA- qui, accolé à un nom, permet de désigner l'objet qui protège de la chose désignée par ce nom.

Le mot PARADIS vient, par le latin **paradisus,** du grec **paradeisos,** mais n'a rien à voir avec **para-,** *à côté :* le mot grec est une transcription du perse *paridaiza* désignant un enclos royal. Aucun mot du vocabulaire grec ne pouvait évoquer la splendeur des parcs entourant les palais des princes perses. Par transmission populaire, **paradisus** → PARVIS.

PÉRI- = *autour* ← **peri,** *autour.*

PÉRIPHÉRIE ← **periphereia,** *circonférence* (+ **pherein,** *porter*).

CIRCONFÉRENCE vient de l'homologue de **periphereia,** le latin **circumferentia** (**circum,** *autour* + **ferre,** *porter*); **pherein** et **ferre** représentent le même verbe indo-européen * *bher* (qui a donné en anglais *to bear*). Les deux mots français se sont réparti les rôles : CIRCONFÉRENCE désigne une ligne, PÉRIPHÉRIE une zone.

PÉRIPHRASE ← **periphrasis,** *discours qui tourne autour* (au lieu de nommer) (+ **phrasis,** *expression*).

PÉRIPLE ← **periplous,** *navigation autour* (+ **plous,** *navigation*). Aujourd'hui un périple se fait toujours plus ou moins en rond, mais peut s'accomplir à pied, à cheval, en chemin de fer...

PÉRICARDE, c.r. (+ **kardia,** *cœur*) : tunique externe du cœur (voir p. 59 ENDOCARDE).

PÉRIMÈTRE ← **perimetros,** *qui mesure tout le tour* (+ **metron,** *mesure*) : longueur de la ligne qui marque le contour d'une figure plane.

L'élément PÉRI- a pris place parmi les préfixes français : il se fixe à des mots qui ne sont pas nécessairement issus du grec. La zone PÉRIURBAINE est celle qui se trouve *autour* de la ville (en latin **urbs**). La période PÉRINATALE est celle qui entoure le moment de la naissance, c'est-à-dire les derniers mois de la grossesse et les premiers mois de la vie du nouveau-né. La spécialité médicale dont elle est l'objet est la PÉRINATALOGIE. Ce mot est une haplologie[1] pour * PÉRINATALOLOGIE.

En astronomie, PÉRI- a un sens tout à fait particulier; il signifie le point d'une orbite qui est le plus proche du foyer, et s'oppose à APO- / APH-.

PÉRIGÉE ← **perigeios,** *qui est autour de la terre* (+ **gê,** *terre*) s'oppose à APOGÉE ← **apogeios,** *qui est loin de la terre.*

PÉRIHÉLIE, c.r. (+ **hêlios,** *soleil*) s'oppose à APHÉLIE.

L'élément PÉRI- n'a plus de sens autonome dans PÉRIODE (voir p. 75); PÉRIPÉTIE ← **peripeteia,** *coup de théâtre.*

---

1. HAPLOLOGIE, c.r. (**haplous,** *simple* + **logos,** *parole*). C'est le fait de prononcer une seule fois deux syllabes identiques qui se suivent.

Des systèmes d'opposition assez souples ordonnent ces différents éléments :

ENDO- / EXO-
C'est l'opposition la plus fréquente : ainsi à ENDOGÈNE s'oppose EXOGÈNE (voir pp. 59 et 60). A ENDOCRINE s'oppose EXOCRINE (voir pp. 59 et 60).

ENDO- / ECTO-
ENDOPARASITE s'oppose à ECTOPARASITE (voir pp. 59 et 60).

ENDO- / PÉRI-
ENDOCARDE / PÉRICARDE : voir pp. 59 et 62. La tunique intermédiaire du cœur, le MYOCARDE, n'est pas désignée par sa place mais par son tissu : **mus, muos,** *muscle.*

ENDO- / MÉSO- / ECTO-
ENDODERME / MÉSODERME / ECTODERME, compositions récentes (+ **derma,** *peau*). Ces trois noms désignent trois feuillets de l'embryon, qui sont à l'origine des différents tissus.
ÉPIDERME ← **epidermis,** *couche superficielle de la peau* (+ **epi,** *sur*) ne fait pas partie de cette série. Il s'oppose à DERME, qui désigne la couche profonde de la peau.

Il existe une opposition **EXO- / ÉSO-** (= *à l'intérieur*) limitée aux mots EXOTÉRIQUE / ÉSOTÉRIQUE ← **exôterikos / esôterikos,** *diffusé à l'extérieur / réservé à l'intérieur.* Un texte ésotérique est d'abord un texte réservé aux membres de l'école ou de la secte, donc peu compréhensible aux non-initiés.

2. Les mouvements

CINÉ-, CINÉM-, -KINES- = *mouvement* ← **kinein,** *mouvoir;* **kinêma** et **kinêsis,** *mouvement.*
CINÉTIQUE ← **kinêtikos,** *moteur* (adj.) : qui a pour principe le mouvement.
CINÉMATIQUE, s.r. sur **kinêma, kinêmatos,** *mouvement :* science du mouvement.
CINÉMOMÈTRE, c.r. (+ **metron,** *mesure*) : appareil mesurant la vitesse d'un objet.
Le **k** grec est transcrit par un K et non par un C dans les mots qui ont été composés d'abord en langue anglaise :
KINÉSITHÉRAPIE, c.r. (+ **therapeia,** *soin*) : traitement et rééducation par la mise en mouvement des muscles.
KINESTHÉSIE, c.r., avec haplologie (voir note p. 62) pour *KINÉSESTHÉSIE (+ **aisthêsis,** *sensation*) : sensation du mouvement de son propre corps.
TÉLÉKINÉSIE, c.r. (**têle,** *loin* + **kinêsis,** *mise en mouvement*) : action de mouvoir des objets à distance.
CINÉMA et CINÉ, deux abréviations successives de CINÉMATOGRAPHE, c.r., littéralement « ce qui peint le mouvement » (+ **graphein,** *peindre*), sont devenus des éléments lexicaux référant au cinéma dans CINÉMATHÈQUE (voir -THÈQUE, p. 169), CINÉASTE, CINÉPHILE (voir p. 52).

-DROME = *terrain de course* ← **dromos,** *course.*
HIPPODROME ← **hippodromos,** *terrain de course pour les chevaux* (+ **hippos,** *cheval*). Ce mot a servi de modèle à une série de compositions récentes, dans lesquelles le premier élément indique l'animal ou l'objet qui circule sur le terrain : CYNODROME (+ **kuôn, kunos,** *chien*), AÉRODROME (+ AÉRO- = *avion,* voir p. 77), VÉLODROME, etc.
L'élément -DROME n'a plus de valeur sensible dans :
PALINDROME ← **palindromos,** *qui revient sur ses pas* (+ **palin,** voir plus loin) : mot ou groupe de mots qui peut se lire dans les deux sens. Par exemple : « Et la marine va, papa, venir à Malte. »
PRODROME : voir p. 51.
SYNDROME ← **sundromê,** *concurrence,* en particulier *concomitance de symptômes* (+ **sun,** *ensemble*).
Enfin DROMADAIRE ← bas latin **dromedarius** ← grec **dromas kamêlos,** *chameau de course.*

-GYR- / GYRO- = *tourner* ← **guros,** *cercle.*
GYROSCOPE, c.r. (+ **skopein,** *observer*) : instrument d'observation dont le principe est la rotation.
DEXTROGYRE, c.r. (+ lat. **dextra,** *droite*) : qui fait tourner à droite, s'oppose à LÉVOGYRE (+ lat. **laeva,** *gauche*).
Les mots GIRATION et GIRATOIRE sont dérivés du latin **gyrare,** *tourner* (de **gyrus,** *cercle* ← gr. **guros**).

PALIN- = *à l'envers* ou *de nouveau* ← **palin,** *en revenant en arrière* ou *en recommençant.*
Le sens est local dans PALINDROME : voir p. 64.
Il est temporel dans :
PALIMPSESTE ← **palimpsêstos,** littéralement *gratté de nouveau* (+ **psên,** *gratter*), c'est-à-dire *gratté pour écrire de nouveau :* se dit d'un manuscrit dont on a gratté le premier texte pour en écrire un autre par-dessus.
PALINGÉNÉSIE, c.r. (+ **genesis,** *naissance*) : renaissance (terme de philosophie).

PALINODIE ← **palinôidia,** *rétractation* (+ **ôidê,** *chant*). Les rétractations d'aujourd'hui se font sans musique, mais la première palinodie fut chantée : le poète Stésichore, ayant entonné un chant injurieux pour Hélène, devint subitement aveugle. Il poursuivit en disant d'Hélène tout le bien qu'il pouvait, et recouvra la vue.

STROBO- = *tourner* ← **strobos,** *tourbillon.*

STROBOSCOPE, c.r. (+ **skopein,** *observer*) : instrument d'observation dont le principe est la rotation. GYROSCOPE et STROBOSCOPE ne sont synonymes que dans leur étymologie. Les objets désignés par ces mots sont bien différents par leur forme et leur fonction. Le gyroscope permet d'observer l'angle d'un plan par rapport à l'horizontale, le stroboscope permet d'observer un mouvement très rapide en donnant l'illusion du ralenti.

STROBO- se rattache à une racine indo-européenne **strebh / *strobh / *strbh,* tourner, qui, par l'intermédiaire du grec, a donné un nombre appréciable de mots français :

streptos, *tordu, tressé* se retrouve dans STREPTOCOQUE c.r. (+ **kokkos,** *grain*), STREPTOMYCINE, c.r. (+ **mukês,** *champignon*).

strophê, *ronde du chœur de théâtre,* d'où *partie de poème* (chantée par le chœur pendant qu'il effectue un tour) → STROPHE.

apostrophê, *détournement,* d'où *appel qui fait se retourner* (+ **apo,** *en écartant*) → APOSTROPHE. Le nom du signe apostrophe vient de **apostrophos,** *retourné,* d'où *signe apostrophe,* ainsi nommé à cause de son dessin dans l'écriture grecque : '.

katastrophê, *retournement sens dessus dessous* (+ **kata,** *de haut en bas*) → CATASTROPHE.

strabos, *louche,* d'où **strabismos** → STRABISME.

Signalons le mot BOUSTROPHÉDON, transcrit de l'adverbe **boustrophêdon** (+ **bous,** *bœuf*), qui signifie *en tournant comme un bœuf,* et qui s'applique aux écritures dont le sens s'inverse à chaque marge, suivant un mouvement identique à celui du bœuf de labour parvenu au bout du sillon.

3. Le rapprochement et l'éloignement

DIA- = *à travers, en séparant* ← **dia,** *à travers, en séparant.*
Non perceptible dans certains mots comme DIABOLIQUE (voir p. 212), DIATRIBE (voir p. 171), la valeur propre de DIA- l'est cependant dans la plupart des cas.

Idée de traversée :
DIAGONALE ← lat. **diagonalis** ← gr. **diagônios,** *qui traverse d'un angle à l'autre* (+ **gônia,** *angle*).
DIAPOSITIVE, c.r. : photographie au positif *à travers* laquelle passe la lumière, qui en projette l'image.

Idée de séparation :
DIALYSE ← **dialusis,** *séparation, tri* (+ **lusis,** *dissolution*) : en chimie, méthode par laquelle on sépare les constituants d'une solution.

SYN- / SYM- / SYL- / SY- = *ensemble* ← **sun,** *avec.*

La plupart des mots français comportant cet élément évoquent une idée d'ensemble, de réunion, de convergence.

SYLLABE ← **sullabê,** *action de prendre en même temps,* en particulier *groupe de lettres prononcées ensemble* (+ **labein,** *prendre*).

SYMBIOSE ← **sumbiôsis,** *vie en commun* (+ **bios,** *vie*).

Voir aussi SYNDROME, p. 64 ; SYZYGIE, p. 70.

DIA- et SYN- forment opposition :

DIACHRONIE, c.r./SYNCHRONIE qui vient de **sunkhronos,** *contemporain* (+ **khronos,** *temps*) : faits successifs / faits contemporains. DIASTOLE / SYSTOLE ← **diastolê** / **sustolê,** *dilatation* / *contraction :* mouvements alternés du cœur.

SCHIZO- = *désunion* ← **skhizein,** *fendre.*

SCHIZOGENÈSE, c.r. (+ **genesis,** *naissance*) : reproduction par scission.

SCHIZOPHRÈNE c.r. (+ **phrên,** *esprit*) : malade dont la personnalité est désagrégée.

Se rattachent également à cette racine :

ESQUILLE ← lat. **schidia,** *copeau* ← gr. **skhiza,** *éclat de bois.*

SCHISME ← **skhisma,** *division* et SCHISMATIQUE ← **skhismatikos,** *relatif à une division d'opinion.*

SCHISTE ← **skhistos,** *qui peut être fendu :* le schiste est une roche qui se délite.

TÉLÉ- = *à distance* ← **têle,** *loin.*

Le grec a fourni directement TÉLESCOPE, suivant le processus décrit p. 17. Tous les autres mots commençant par TÉLÉ- sont de composition récente. Ils se répartissent en deux groupes sémantiques :

– mots indiquant des moyens de rapprochement entre deux sujets et/ou objets éloignés : TÉLÉCOMMUNICATIONS, TÉLÉPHÉRIQUE (voir p. 69), TÉLÉGRAPHE (+ **graphein,** *écrire*), TÉLÉOBJECTIF, TÉLÉPHONE (+ **phônê,** *son*), TÉLÉVISION;

– mots indiquant des moyens d'agir à distance : TÉLÉGUIDER, TÉLÉIMPRIMEUR, TÉLÉKINÉSIE (voir p. 64), TÉLÉMANIPULATION, TÉLÉPATHIE (+ **pathein,** *éprouver un sentiment),* etc.

TÉLÉMÈTRE, c.r. (+ **metron,** *mesure*) : appareil à mesurer l'éloignement, est en dehors de ces deux groupes. TÉLEX (+ suffixe expressif -EX) : moyen de communication par machine commandée à distance, participe des deux.
Ne pas confondre : le nom des TÉLÉOSTÉENS, c.r., poissons dont le squelette est complet, est fait de **teleios,** *parfait* et de **ostoun,** *os.* L'adjectif **teleios** est sans rapport avec **têle,** *loin.*

Attention : TÉLÉ- a deux autres significations :
— il réfère à la télévision : TÉLÉFILM, TÉLÉREPORTAGE, TÉLÉTHÈQUE (voir -THÈQUE, p. 169);
— il réfère aux transports par câble :
dans TÉLÉBENNE, TÉLÉCABINE, TÉLÉSIÈGE, TÉLÉSKI, l'élément TÉLÉ- a été pris à TÉLÉFÉRIQUE (ou -PHÉRIQUE) pour référer à la principale caractéristique de cet engin, à savoir le transport par câble. Le téléférique est une invention anglaise; il fut d'abord baptisé *telephore* ← **têlephoros,** *qui porte loin.* Mais le mot s'écrivit bien vite conformément à sa prononciation usuelle : *telfer,* d'où *telpherage,* désignant l'usage de l'engin. Le mot fut importé en France sous les formes TELPHÉRAGE, TÉLÉPHÉRAGE, TÉLÉFÉRAGE, puis il y eut changement de suffixe : -IQUE remplaça -AGE.

-TROP- = *attirance vers* ou *action sur* ← **tropos,** *tour, acte de tourner.*

Un groupe de mots en -TROPE et -TROPISME évoque des phénomènes d'attraction naturelle — ou de répulsion en cas de tropisme négatif — qui s'exercent sur des organismes vivants. Ces phénomènes sont appelés TROPISMES. Le modèle de ces mots a été HÉLIOTROPE ← **hêliotropion,** *fleur qui se tourne vers le soleil* (+ **hêlios,** *soleil*), d'où on a tiré HÉLIOTROPISME, imité dans PHOTOTROPISME, c.r. (+ **phôs, phôtos,** *lumière*) : attirance pour la lumière; GÉOTROPISME, c.r. (+ **gê,** *terre*) : attirance vers la terre.

Un groupe de mots en -TROPE, -TROPIE, -TROPIQUE, sert à évoquer des actions hormonales, médicamenteuses, radio-actives, etc. sur divers organes. L'organe est désigné dans la première partie du mot. Est PSYCHOTROPE, c.r., ce qui agit sur le psychisme (+ **psukhê,** *âme*); GONADOTROPE, c.r. : ce qui agit sur les glandes sexuelles (+ GONADE, voir p. 108).

La racine **trop,** signifiant *la rotation, le changement,* avait fourni au grec un abondant ensemble lexical, dont il reste en français quelques pièces isolées :
TROPIQUE ← **tropikos (kuklos),** *tropique;* les tropiques sont les deux parallèles pour lesquels la variation de l'angle entre la verticale du lieu et la direction du soleil à midi s'inverse à chaque solstice.
TROPHÉE ← **tropaion,** *monument élevé par le vainqueur* (à l'endroit où l'ennemi avait *tourné* le dos pour fuir).
TROPOSPHÈRE, c.r. (+ SPHÈRE, voir p. 82) : du niveau du sol à 17 km d'altitude, c'est la sphère des **tropai,** c'est-à-dire des changements météorologiques.
Le nom **tropos** a une vigoureuse postérité. Parmi ses différents sens, il avait celui de *figure de style,* c'est-à-dire *façon de tourner son discours, tournure;* TROPE a encore ce sens. Le mot grec **tropos** désignait également une forme mélodique ; le latin en avait tiré le mot **tropus,** signifiant à la fois *figure* et *mélodie;* le langage populaire en a dérivé le verbe **tropare,** *composer de belles phrases ou des mélodies.* Ainsi faisaient les TROUBADOURS ou TROUVÈRES ← latin **tropatores.** Quant au verbe TROUVER, il eut d'abord le sens d'*inventer des airs ou des poèmes.*

-ZYG- / -ZYGO- = *union* ← **zugon,** *joug.*

ZYGOMATES ← **zugômata,** *arcades zygomatiques,* en forme de joug. En français, le nom désigne les deux muscles fixés à ces arcades osseuses du visage, et dont la fonction est d'étirer les lèvres.
ZYGOMORPHE, c.r. (+ **morphê,** *forme*), qualifie les fleurs de structure symétrique.
SYZYGIE ← **suzugia,** *conjonction* et notamment *conjonction de deux astres* (+ **sun,** *ensemble*).
ZYGOTE ← **zugôtos,** *attelé,* désigne l'œuf fécondé, « attelage » de deux gamètes. ZYGOTE engendre à son tour la série HOMOZYGOTE, HÉTÉROZYGOTE, DIZYGOTE (HOMO-, HÉTÉRO-, DI- : voir pp. 30, 32, 44).

Le temps

-CHRON- / CHRONO- = *temps* ← **khronos,** *temps.*
ANACHRONISME ← **anakhronismos,** *confusion de temps* (+ **ana** qui exprime la décomposition).
CHRONIQUE ← **khronikos,** *qui concerne le temps.* Le nom féminin CHRONIQUE vient de **khronikon biblion** (**biblion,** *livre*), *annales, liste d'événements datés.* L'adjectif a pris en français le sens d'un autre adjectif grec : **khronios,** *durable.*
CHRONOLOGIE, c.r. (+ **logos,** *discours*).
CHRONOMÈTRE, c.r. (+ **metron,** *mesure*).
SYNCHRONE, d'où SYNCHRONIE, SYNCHRONISME, SYNCHRONISER : voir p. 68.

ARCHÉ- / ARCHÉO- = *ancien, originel* ← **arkhê,** *origine.*
Le mot grec **arkhê** avait deux sens : *commandement* (voir p. 55) et *commencement.*
ARCHAÏQUE ← **arkhaikos,** *passé de mode.* ARCHAÏSME ← **arkhaismos,** *goût du passé.*
ARCHÉOLOGIE ← **arkhaiologia,** *histoire des choses anciennes* (+ **logos,** *discours*).
ARCHÉTYPE ← **arkhetupos,** *modèle original* (+ **tupos,** *exemplaire*).
ARCHIVES ← latin **archivum** ← gr. **arkheion,** *bureau des documents anciens.*
PATRIARCHE ← **patriarkhês,** *fondateur de lignée* (+ **patria,** *lignée*).

PALÉO- = *ancien, primitif* ← **palaios,** *ancien.*
PALÉOCHRÉTIEN, c.r. (+ CHRÉTIEN, voir p. 211) : qui appartient aux premiers siècles du christianisme.
PALÉOGRAPHIE, c.r. : voir p. 176.
PALÉOLITHIQUE, c.r. (+ **lithos,** *pierre*) : période ancienne de l'âge de la pierre.
PALÉONTOLOGIE, c.r. : voir p. 33.

NÉO- = *nouveau* ← **neos,** *nouveau.*

NÉOPHYTE ← **neophutos,** *jeune pousse* d'où, par métaphore religieuse, *nouveau converti* (+ **phuton,** *plante*).
NÉOLOGISME, c.r. (+ **logos,** *parole*) : mot nouveau.
NÉOPLASME : voir p. 111.
NÉON (+ suffixe -ON, voir p. 208); c'est la nouveauté de ce gaz qui lui valut son nom au moment de sa découverte. Même processus pour NÉOMYCINE (voir MYC- p. 149).
NÉO- s'oppose à PALÉO- : à PALÉOLITHIQUE s'oppose NÉOLITHIQUE : période récente de l'âge de la pierre.
NÉO- est un préfixe très largement employé pour forger, au fur et à mesure des besoins, des mots évoquant la forme nouvelle que prennent des phénomènes anciens : NÉO-CLASSIQUE, NÉO-GOTHIQUE, NÉO-COLONIALISME, etc.

MÉTA- = *succession, changement* ← **meta,** *après.*

MÉTAMORPHOSE ← **metamorphôsis,** *changement de forme* (+ **morphê,** *forme*).
MÉTACARPE ← **metakarpion,** *os qui fait suite au poignet* (+ **karpos,** *poignet*). MÉTATARSE ← **metatarsion,** *os qui fait suite au tarse* (+ **tarsos,** *pied*).
MÉTA- intéresse actuellement les spécialistes en quête de terminologie. On adjoint ce préfixe à des noms désignant des activités cognitives pour nommer la forme que revêtent ces activités lorsqu'elles se prennent elles-mêmes pour objet : MÉTALOGIQUE, MÉTAMATHÉMATIQUE. Le mot de ce type le mieux intégré au vocabulaire français est MÉTA-LANGAGE — langage qui parle du langage — d'où l'adjectif MÉTALINGUISTIQUE.
Le modèle de ces formations est peut-être le mot MÉTA-PHYSIQUE. Cette discipline, qui transcende la physique, fut inventée par les Grecs. Toutefois, le nom qu'elle porte est le reflet de la perplexité des philosophes grecs devant une forme de connaissance qu'ils n'ont pas su nommer. A l'origine, la *Métaphysique* d'Aristote était une collection de plusieurs traités. Les successeurs du philosophe voulurent en faire un ouvrage unique, auquel il s'agissait de donner un titre. Considérant qu'il devait être lu après la *Physique* (en grec **Ta phusika,** *Les choses de la nature*), ils l'intitulèrent *Après la Physique :* en grec **Meta ta Phusika.** C'est au XIVe siècle seulement que ce titre devint le nom de la discipline dont il relevait : on créa le mot (latin) **metaphysica.**

Quelques autres mots du vocabulaire du temps :

ÉPOQUE ← **epokhê,** *suspension, arrêt,* d'où *point fixe du temps astronomique.*

ÉTÉSIEN, une des petites curiosités étymologiques : l'adjectif n'a rien à voir avec le mot ÉTÉ, bien que les vents étésiens soufflent en été. Il vient de l'adjectif **etêsios,** *qui revient chaque année* (de **etos,** *année*).

HEURE ← lat. **hora** ← gr. **hôra,** *division de l'année (saison)* ou *de la journée (heure).* HORLOGE ← lat. **horologium** ← gr. **hôrologion,** *instrument qui dit l'heure* (+ **logos,** *parole*).

PÉRIODE ← **periodos,** *révolution,* d'où *cycle temporel* (**peri,** *autour* + **hodos,** *route,* voir p. 194).

Le monde physique

1. Les éléments

AÉRO- = *air* ← **aêr,** *air.*

Le grec **aêr,** emprunté par les Latins, a donné **aer** → AIR et les dérivés AÉRIEN, AÉRER etc.

AÉRODYNAMIQUE, c.r. (+ **dunamis,** *puissance*) : relatif à la force exercée par l'air, d'où apte à triompher de cette force.

AÉROFREIN, c.r. : frein utilisant la résistance de l'air.

AÉROPHAGIE, c.r. : voir p. 124.

AÉRONAUTIQUE, c.r. (+ **nautikos,** *relatif à la navigation*) : technique des transports aériens.

AÉROPLANE, c.r., litt. : engin planant dans l'air. De ce mot, aujourd'hui sorti d'usage, a été dégagé l'élément AÉRO- qui ne réfère pas à l'air mais à l'aviation : par exemple dans AÉROGARE, AÉROPORT et AÉROPORTÉ.

Voir aussi AÉROGRAMME, p. 176.

S'il est recommandé de prononcer cet élément [aéro] et non [aréo], il faut en revanche parler d'ARÉOPAGE, et non d'* AÉROPAGE. Ce nom, qui désigne aujourd'hui un conseil de sages, est issu d'**Areios Pagos,** *colline du dieu Arès :* il désignait à Athènes un conseil vénérable qui siégeait sur cette colline.

GÉO- / -GÉE = *terre* ← **gê,** *terre.*

GÉODÉSIE ← **geôdaisia,** *division du sol en lots* (+ **daiesthai,** *diviser*) : science qui a pour objet la mesure de la terre en vue de l'établissement des cartes.

GÉOPHAGE, c.r. (+ **phagein,** *manger*) : mangeur de terre.

HYPOGÉE ← **hupogeios,** *souterrain* (+ **hupo,** *sous*) : construction souterraine ; spécialement : sépulture.

APOGÉE, PÉRIGÉE : voir p. 62.

HYDR- / HYDRO- = *eau* ← **hudôr,** *eau.*

HYDRAULIQUE ← **hudraulikos,** *relatif à l'orgue hydraulique.* Cet instrument, dont le nom, **hudraulis,** signifiait littéralement *flûte à eau* (+ **aulos,** *flûte*), fonctionnait grâce à l'énergie fournie par l'eau. Cette énergie fut, depuis, appelée hydraulique.

HYDROCÉPHALE ← **hudrokephalos,** *qui a de l'eau dans la tête* (+ **kephalê,** *tête*).
HYDROMEL ← **hudromeli,** *mélange d'eau et de miel* (+ **meli,** *miel*).
HYDROGÈNE, c.r. (+ -GÈNE, voir p. 107) : littéralement « qui produit de l'eau ».
A partir de ce mot, l'élément HYDR- / HYDRO- peut aussi signifier HYDROGÈNE, par exemple dans HYDROCARBURE : corps composé de carbone et d'hydrogène; HYDRURE : composé d'un corps simple et d'hydrogène.

Ne pas confondre : dans AN(H)IDROSE, DYS(H)IDROSE, le second élément signifie « transpiration »; il est tiré de **hidrôs,** *sueur,* sans rapport avec **hudôr.**

PYR- / PYRO- = *feu* ← **pur,** *feu.*
PYRITE ← **puritês,** *minéral utilisé pour allumer le feu :* sulfure naturel de fer ou d'un autre métal.
PYROGRAVURE, c.r. (+ GRAVURE) : gravure sur bois à la pointe de feu.
PYROMANE, c.r., voir p. 135.
Pour l'élément PYRÉT-, voir p. 133.

Des philosophes grecs pensaient qu'il existait un cinquième élément, matière constitutive du ciel et des astres, plus subtil encore que le feu. A ce cinquième élément, que les Latins ont traduit **quinta essentia** → QUINTESSENCE, les Grecs ont parfois donné le nom d'**aithêr,** qui désignait à l'origine la lumière du ciel. Il en résulte en français le mot ÉTHER, qui désigne un corps chimique particulièrement volatil. Un personnage ÉTHÉRÉ est quelqu'un dont l'esprit tend à s'élever au-dessus des choses terrestres.

2. L'Univers

-COSM- / COSMO- = *univers* ← **kosmos,** *univers.*
Le sens premier de **kosmos** était *ordre,* et c'est l'ordonnance harmonieuse de l'univers que les Grecs ont évoquée par ce mot. **Kosmos** prit aussi le sens d'*ornement, parure.* D'où **kosmêtikê,** *art de la parure* → COSMÉTIQUE.
COSMIQUE ← **kosmikos,** *qui concerne l'Univers.*
COSMONAUTE : voir p. 17.
COSMOPOLITE ← **kosmopolitês,** *citoyen du monde* (+ **politês,** *citoyen*).

ASTRO- = *astre* ← **astron,** *étoile.*
ASTROLOGUE ← **astrologos,** *qui parle des astres* (+ **logos,** *discours*).
ASTRONOME ← **astronomos,** *qui étudie les lois des astres* (+ **nomos,** *loi*).
Étoile se dit également en grec **astêr** → ASTER, fleur en forme d'étoile ; le diminutif **asteriskos,** *petite étoile, signe en*

forme d'étoile, a donné ASTÉRISQUE. Ce signe servait à l'origine à signaler les beaux passages d'un livre.
ASTRE ← lat. **astrum,** copie du gr. **astron.** DÉSASTRE vient de l'italien *disastro,* mauvaise étoile.

-HÉLI- / HÉLIO- = *soleil* ← **hêlios,** *soleil.*
HÉLIUM (+ suffixe latin **-um**) : gaz découvert dans l'atmosphère solaire.
HÉLIOCENTRIQUE, c.r. : centré sur le soleil. En imposant sa théorie HÉLIOCENTRIQUE contre la théorie GÉOCENTRIQUE (voir GÉO- p. 77), le Polonais Copernic (XVIe siècle) fit admettre que la Terre tournait autour du Soleil et non l'inverse.
HÉLIOTHÉRAPIE, c.r. (+ **therapeia,** soin) : traitement médical par la lumière et la chaleur solaires.
Attention : Un autre élément HÉLI- réfère aussi à l'HÉLICOPTÈRE : voir p. 103.

SÉLÉN- / SÉLÉNO- = *lune* ← **selênê,** *lune.*
SÉLÉNOGRAPHIE, c.r. (+ **graphein,** *décrire*) : géographie de la lune.
SÉLÉNOLOGIE, c.r. (+ **logos,** *discours*) : étude de la lune.

3. La Terre

GÉO- : voir p. 77.

ANÉMO- = *vent* ← **anemos,** *vent.*
ANÉMONE ← **anemônê,** *fleur de vent* (cf. l'anglais *windflower*).
ANÉMOMÈTRE, c.r. (+ **metron,** *mesure*) : instrument mesurant la vitesse du vent.

-CÈNE = *récent,* c'est-à-dire *tertiaire ou quaternaire* ← **kainos,** *récent.*
De la plus ancienne à la plus récente de ces époques géologiques : ÉOCÈNE (+ **eôs,** *aurore :* le mot est de création anglaise et veut sans doute évoquer « l'aurore » de cette ère géologique) ; OLIGOCÈNE (voir p. 37) ; MIOCÈNE (+ **meion,** *moins*), PLIOCÈNE (+ **pleion,** *plus*), PLÉISTOCÈNE (+ **pleiston,** *le plus*).

NYCT- = *nuit* ←**nux, nuktos,** *nuit.*
NYCTALOPE ← **nuktalôps,** *qui ne voit que pendant la nuit* (**nukt-** suffixé en **-al** + **ôps, opos,** *vue*).
NYCTURIE, c.r. (+ **ourein,** *uriner*) : fait d'uriner plus abondamment ou plus fréquemment la nuit que le jour.

Hêmera, *jour,* l'opposé de **nux,** a laissé peu de traces en français, sinon ÉPHÉMÈRE ← **ephêmeros,** *qui dure un jour* (+ **epi,** ici au sens de *pendant*), et ÉPHÉMÉRIDE.

ORO- = *montagne* ← **oros,** *montagne.*
OROGENÈSE, c.r. (+ **genesis,** *naissance*) : phase de formation d'une montagne ou d'un massif montagneux.
OROGRAPHIE, c.r. (+ **graphein,** *décrire*) : étude descriptive des montagnes.

PHOT- / **PHOTO-** = *lumière* ← **phôs, phôtos,** *lumière.*
PHOTON (+ suffixe -ON) : particule de lumière.
PHOTOPHORE, c.r. (+ **phorein,** *porter*) : lampe qui multiplie l'effet d'une source lumineuse grâce à un réflecteur ou un diffuseur. A l'adjectif **phôtophoros,** les Grecs préféraient la forme **phôsphoros,** *lumineux* → PHOSPHORE.
PHOTOSYNTHÈSE, c.r. (+ **sunthesis,** *combinaison,* de **sun,** *ensemble* et **thesis,** *action de poser*) : synthèse chimique obtenue grâce à l'énergie lumineuse.
PHOTOGRAPHIE, c.r. (+ **graphein,** *écrire, tracer*), signifie littéralement *« art de tracer ou peindre la lumière »* ou *« art de peindre avec la lumière »*. Le nom a été abrégé en PHOTO, qui est devenu un élément référant à la photographie, par exemple dans les mots suivants : PHOTOCOPIE, PHOTOGRAVURE, PHOTOROMAN, PHOTOSTOPPEUR, PHOTOTHÈQUE (voir -THÈQUE, p. 169). Voir aussi PHOTOGÉNIQUE, p. 108.

-POTAM- / **POTAMO-** = *cours d'eau* ← **potamos,** *rivière.*
HIPPOPOTAME ← **hippopotamos,** *cheval du fleuve* (+ **hippos,** *cheval*) : les Grecs connurent très tôt les hippopotames du Nil.
POTAMOCHÈRE, c.r. (+ **khoiros,** *cochon*) : mammifère des marécages africains.

SÉISMO- / SISMO- = *tremblement de terre* ← **seismos,** *secousse.*
A côté de l'emprunt direct SÉISME, existent plusieurs compositions récentes dont l'orthographe hésite entre SISMO- et SÉISMO-, comme SISMOGRAPHE / SÉISMOGRAPHE (+ **graphein,** *écrire).*

SPÉLÉO- = *grotte* ← **spêlaion,** *grotte.*
SPÉLÉOLOGIE, c.r. (+ **logos,** *discours*).
SPÉLÉONAUTE, c.r. (+ **nautês,** *navigateur*).
Le mot GROTTE vient également du grec. C'est la forme populaire issue du latin **crypta** (la forme savante est CRYPTE), copié du grec **kruptê,** *salle cachée* (**kruptos,** *caché*). De même ANTRE ← **antron,** *caverne.* Quant aux STALAGMITES et aux STALACTITES, leurs noms sont tirés de **stalagmos** et de **stalaktos,** deux mots qui évoquent *l'écoulement goutte à goutte.*

-SPHÈRE = *couches supérieures de la terre* ← **sphaira,** *balle, sphère.*
Le mot SPHÈRE est presque passé à l'état de suffixe dans la nomenclature récente des couches concentriques de notre planète : BARYSPHÈRE (+ **barus,** *lourd*); LITHOSPHÈRE (+ **lithos,** *pierre*); ATMOSPHÈRE (+ **atmos,** *vapeur, gaz*), elle-même divisée en TROPOSPHÈRE (voir p. 70), STRATOSPHÈRE (+ latin **stratum,** *couche*), MÉSOSPHÈRE (voir p. 60), THERMOSPHÈRE (+ **thermos,** *chaud*), IONOSPHÈRE (+ ION, voir p. 208).

THALASS- = *mer* ← **thalassa,** *mer.*
THALASSOTHÉRAPIE, c.r. (+ **therapeia,** *soin*) : traitement médical par l'eau de mer et le climat marin.

Autres mots décrivant le monde physique :

ABYSSAL ← **abussos,** *sans fond* (**a-** privatif + **bussos,** *fond de la mer*). L'emprunt latin **abyssus** s'est altéré en **abysmus** → ABÎME, d'où ABÎMER : précipiter dans un abîme, détruire.
CATACLYSME ← **kataklusmos,** *inondation.*

CATARACTE ← **kataraktês,** *qui heurte en tombant* (**kata,** *de haut en bas* + **arattein,** *heurter*).
CIME ← lat. **cyma,** *tige* ← gr. **kuma,** *tige* (la cime est d'abord celle d'un arbre).
CLIMAT ← **klima, klimatos,** *inclinaison,* en particulier *inclinaison de la surface de la Terre,* d'où *zone géographique :* de **klinein,** *incliner,* également à l'origine de **sunklinein,** *faire pencher en rapprochant,* dont est tiré SYNCLINAL, et d'**antiklinein,** *faire pencher en sens contraire,* d'où ANTICLINAL (voir aussi CLINIQUE, p. 139).
COMÈTE ← **komêtês,** *chevelu,* d'où *astre chevelu.*
CRATÈRE ← **kratêr,** *récipient où l'on mélange l'eau et le vin* (**krasis,** *mélange*), d'où *cratère de volcan.*
ÉCLIPSE ← **ekleipsis,** *disparition,* en particulier *disparition d'un astre,* nom tiré de **ekleipein,** *abandonner sa place, manquer* (de **leipein,** *laisser*)*;* ÉCLIPTIQUE ← **ekleiptikos (kuklos),** *plan céleste où se produisent les éclipses.*
GOLFE et GOUFFRE ← italien *golfo* ← lat. **colphus** ← gr. **kolpos,** *repli.*
HORIZON ← **horizon, horizontos,** participe présent du verbe **horizein,** *délimiter.*
ISTHME ← **isthmos,** *passage étroit.*
MASSIF est dérivé de MASSE ← lat. **massa,** *boule de pâte, volume* ← gr. **maza,** *pâte.*
MÉTÉORE ← **meteôros,** *qui est en l'air;* d'où MÉTÉORITE. Le nom **meteôrologia** désignait l'étude de tous les phénomènes célestes. La MÉTÉOROLOGIE est l'étude de quelques-uns seulement de ces phénomènes : nuages, vents, pression, température.
OCÉAN ← **Ôkeanos,** *étendue marine entourant l'ensemble des terres.*
PLANÈTE ← **planês, planêtos,** *errant.* Ignorant que les planètes tournaient autour du Soleil, les Grecs ne pouvaient s'expliquer leur mouvement apparent; ils croyaient qu'elles se déplaçaient au hasard.
PÔLE ← **polos,** *pivot.*
TROPIQUE : voir p. 70.
ZONE ← **zônê,** *ceinture.*

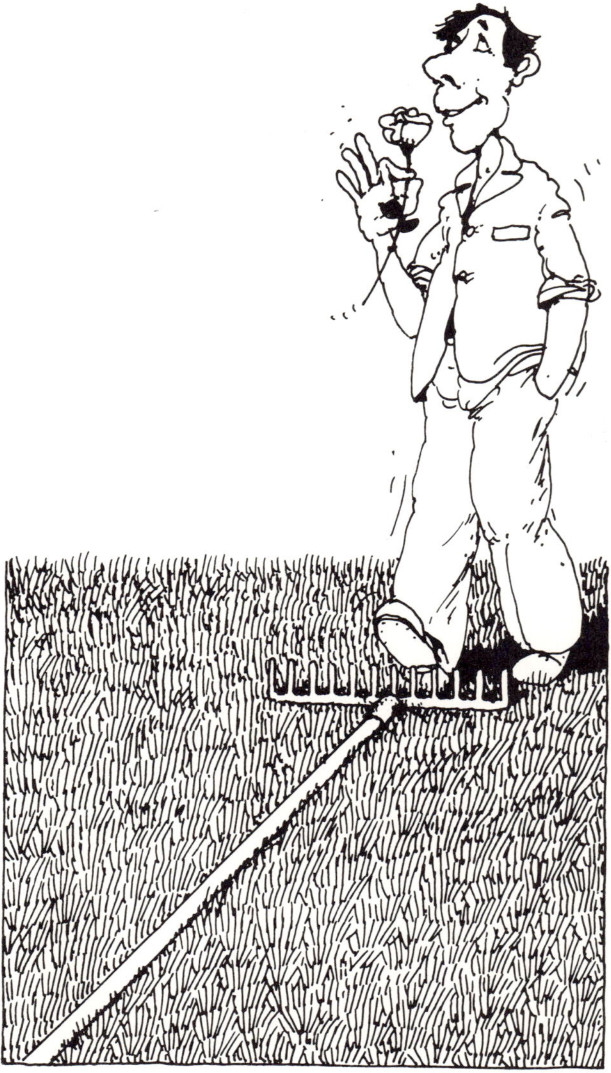

Les qualités sensibles

-ESTHÉSI- = *sensation* ← **aisthêsis,** *sensation.*
ANESTHÉSIE ← **anaisthêsis,** *insensibilité* (+ **an-** privatif, voir p. 27).
RADIESTHÉSIE, c.r. (+ lat. **radius,** *rayon*) : sensibilité à des radiations qu'émettent les objets.
Ne pas confondre CÉNESTHÉSIE, c.r. (+ **koinos,** *commun*) : sensation d'ensemble, avec KINESTHÉSIE (voir p. 64) et SYNESTHÉSIE ← **sunaisthêsis,** *sensation simultanée* (+**sun,** *avec*) : sensation parasite.
La même racine a fourni **aisthêtês,** *homme sensible* → ESTHÈTE : homme sensible à la beauté ; **aisthêtikos,** *relatif à la sensation* → ESTHÉTIQUE : le sens de ce mot français s'est restreint à l'idée de sensibilité à la beauté, d'où INESTHÉTIQUE et ESTHÉTICIENNE.

CALL- = *beau* ← **kallos,** *beauté.*
CALLIGRAPHIER ← **kalligraphein,** *écrire d'une belle écriture* (+ **graphein,** *écrire*).
CALLIPYGE ← **kallipugos,** *aux belles fesses* (+ **pugê,** *fesse*).
Voir KALÉIDOSCOPE p. 34.

PHANÉRO- = *visible* ← **phaneros,** *visible.*
PHANÉROGAME, c.r. (+ **gamos,** *mariage*) : plante dont les organes reproducteurs sont apparents.
Cet élément se rattache à une racine **phan,** *apparaître,* dont la postérité est abondante en français.
DIAPHANE ← **diaphanês,** *transparent* (+ **dia,** *à travers*).
CELLOPHANE est une marque déposée, mot-valise réunissant CELLULOSE et DIAPHANE. COLOPHANE (voir p. 238) n'a rien à voir avec cette série.
ÉPIPHANIE ← **epiphaneia,** *manifestation* (+ **epi,** *sur*) : première manifestation de Jésus-Christ comme fils de Dieu et fête religieuse commémorant cet événement.
FANAL ← italien *fanale,* qui vient du grec **phanê,** *torche.*
FANTAISIE ← lat. **fantasia** ← gr. **phantasia,** *imagination.*
FANTASTIQUE et FANTASQUE ← lat. **fantasticus** ← gr. **phantastikos,** *imaginaire.*

FANTÔME ← lat. **fantasma** ← gr. **phantasma,** *apparition.* Par transmission savante, **phantasma** → FANTASME ou PHANTASME.
PHASE ← **phasis** (de * **phansis),** *apparition,* en particulier *apparition de la lune.* Dans les «phases» de la lune, l'idée d'apparition a disparu pour laisser place à celle de moments successifs d'une évolution. D'où le sens général de PHASE et des composés en -PHASÉ comme MONOPHASÉ (courant électrique simple qui ne présente qu'une phase), DIPHASÉ, TRIPHASÉ.
EMPHASE ← **emphasis,** *image produite dans quelque chose* (+ **en,** *dans*), d'où *style expressif;* le mot a pris en français une valeur péjorative.
PHASME ← **phasma,** *simulacre* : insecte qui prend l'apparence de la brindille sur laquelle il se trouve.
PHÉNOMÈNE ← **phainomenos,** participe présent du verbe **phainesthai,** *apparaître.*
Le PHÉNOL, s.r., est un solide qui doit son nom à son apparence brillante.

-CRYPT- / CRYPTO- = *caché* ← **kruptos,** *caché.*
CRYPTOGAME, c.r. : plante dont les organes reproducteurs sont peu apparents : s'oppose à PHANÉROGAME (voir p. 85).
CRYPTOGRAMME, c.r. (+ **gramma,** *signe écrit*) : message codé, qui doit être DÉCRYPTÉ.

CRYPTO- est un préfixe susceptible d'être ajouté à un nom français pour désigner une espèce cachée ou dissimulée du genre désigné par ce nom : CRYPTO-COMMUNISTE etc.
KRYPTON, avec un K parce que forgé d'abord en anglais : littéralement « gaz caché » ; il est en effet difficile à isoler dans notre atmosphère.
APOCRYPHE ← **apokruphos,** *caché à l'écart* (+ **apo,** *à l'écart*). L'adjectif qualifiait les textes bibliques jugés inauthentiques et mis à l'écart par l'Église. Il est devenu peu à peu synonyme de «faux» en littérature; voir p. 35.
CRYPTE, GROTTE : voir p. 82.

MICRO- = *petit* ← **mikros,** *petit.*
MICROBE, c.r. (+ **bios,** *vie*), littéralement *petite vie.* Le **i** de **bios** se retrouve dans MICROBIEN.
MICROPHONE, c.r. (+ **phônê,** *son*) : d'abord tout appareil

destiné à rendre perceptibles les sons très faibles. Depuis la fin du siècle dernier, il désigne un objet dont la fonction est de transformer les sons en ondes électro-magnétiques. Le nom MICRO, qui en résulte par apocope, est, pour le sens, totalement étranger à l'idée de petitesse.
L'élément MICRO- est devenu un préfixe largement employé : MICROCLIMAT, MICROFICHE, MICROFILM, etc. Il est toutefois, à un niveau de langage moins soutenu, peu à peu évincé par le préfixe MINI-, d'origine latine : MICROBUS n'a pas résisté longtemps à MINIBUS.
Sur MICRO- = *un millionième,* voir p. 48.

-MÉGA- / -MÉGAL- = *grand* ← **megas, megalou,** *grand.*
MÉGALITHE, c.r. (+ **lithos,** *pierre*) : monument de pierre brute de grande dimension.
MÉGALOMANE, c.r. (+ **mania,** *folie*) : atteint de la folie des grandeurs.
ACROMÉGALIE : voir p. 59.
Sur MÉGA- = *un million,* voir p. 48.

MACRO- = *long, grand* ← **makros,** *long.*
MACROBIOTIQUE ← **makrobiotês,** *longévité* : hygiène de la vie ayant pour but d'assurer la longévité.
MACRO- a été quelque peu détourné de son sens étymologique de *long.* Les langues modernes l'ont utilisé pour en faire l'opposé de MICRO-. La ressemblance formelle entre les deux éléments permet en effet de bâtir des couples expressifs : MICROCOSME / MACROCOSME (+ **kosmos,** *univers*); MICROSCOPIE / MACROSCOPIE (+ **skopein,** *observer*).
Dès lors, il y a peu d'opposition entre MICRO- et MÉGA- : MICROPHONE et MÉGAPHONE ne désignent pas deux objets aux fonctions opposées.

GIGANT- = *très grand* ← **gigas, gigantos,** *géant.*
GIGANTISME, avec suffixation récente en -ISME : trouble de la croissance qui se caractérise par un développement excessif du squelette.
Gigas est passé en latin sous la forme **gigas, gigantis** → GÉANT et par l'italien *gigantesco* → GIGANTESQUE.

-BAR- / BARO- / BARY- = *pesanteur* ← **baros,** *poids* et **barus,** *lourd.*
BAR, voir p. 49 ; ISOBARE, voir p. 41.
BAROMÈTRE, c.r. (+ **metron,** *mesure*) : appareil qui mesure la pression atmosphérique.
BARYMÉTRIE (+ **metron,** *mesure*) : détermination du poids.
BARYTON ← **barutonos,** *qui émet un son grave* (+ **tonos,** *ton*) : **barus** a aussi le sens de *grave.* Les notions de lourdeur et de gravité sont liées : le latin **gravis** signifie *lourd* et dérive, comme **barus,** de l'indo-européen **gwrw,* lourd.
BARYUM, s.r. : métal ainsi nommé pour son poids élevé.

BATHY- / -BATHE = *profondeur* ← **bathos,** *profondeur* et **bathus,** *profond.*
BATHYSCAPHE, c.r. (+ **skaphê,** *bateau*) : véhicule explorant les profondeurs marines.
ISOBATHE : voir p. 41.

BRADY- = *lent* ← **bradus,** *lent.*
BRADYCARDIE, c.r. (+ **kardia,** *cœur*) : ralentissement du rythme cardiaque.

TACHY- = *rapide* ← **takhus,** *rapide.*
TACHYCARDIE, c.r. (+ **kardia,** *cœur*) : accélération du rythme cardiaque.

BRACHY- = *court* ← **brakhus,** *court.*
BRACHYCÉPHALE, c.r. (+ **kephalê,** *tête*) : au crâne court.

DOLICHO- = *long* ← **dolikhos,** *long.*
DOLICHOCÉPHALE, c.r. (+ **kephalê,** *tête*) : au crâne allongé.

PLATY- = *large* ← **platus,** *large.*
PLATYRRHINIENS ← **platurris, platurrinos,** *au nez large* (+ **rhis, rhinos,** *nez*) : en grec, un **r** initial est toujours redoublé lorsqu'en composition il est précédé d'une voyelle.

Les Grecs, maîtres en urbanisme, ont inventé la grande artère droite et large. Ils l'ont appelée **plateia (hodos),** *la rue large.* Les Romains ont importé le mot en même temps que la chose : **platea,** *avenue, place,* a donné PLACE. Il semble que le latin populaire ait également emprunté l'adjectif **platus,** dont il a fait ***plattus** → PLAT.

LEPTO- = *mince* ← **leptos,** *mince.*
LEPTOCÉPHALE, c.r. (+ **kephalê,** *tête*) : larve à la tête mince.

Attention : l'élément -LEPTIQUE de NEUROLEPTIQUE et PSYCHOLEPTIQUE, c.r. (+ **neuron,** *nerf* et **psukhê,** *âme*), ne se rattache pas à cette racine, mais est tiré de ANALEPTIQUE ← **analêptikos,** *qui restaure,* ou de NARCOLEPTIQUE, fait à partir de NARCOLEPSIE, c.r. (**narkê,** *torpeur* + **lêpsis,** *emprise, attaque*) : accès de sommeil.

PACHY- = *épais* ← **pakhus,** *gras, épais.*
PACHYDERME ← **pakhudermos,** *à la peau épaisse* (+ **derma,** *peau*).

CRYO- = *froid* ← **kruos,** *froid.*
CRYOLOGIE, c.r. (+ **logos,** *discours*) : science du froid.
A la même racine se rattache **krustallon,** *glace,* puis *cristal de roche* → CRISTAL.

-THERM- / **THERMO-** = *chaleur, température* ← **thermos,** *chaud.*
Le préfixe THERMO- est d'un très large emploi dans le vocabulaire scientifique et technique. Il note la chaleur dans les mots comme THERMONUCLÉAIRE, THERMOPROPULSION, mais seulement la température (qui peut être très basse) dans THERMOMÈTRE (+ **metron,** *mesure*), THERMORÉGULATION, THERMOSTAT (+ **statikos,** *qui fixe*).
THERMES ← lat. **thermae,** *bains* ← gr. **therma** (pluriel), *eaux chaudes.* D'où THERMAL, THERMALISME.
THERMIQUE, s.r. : relatif à la chaleur.
Voir aussi THERMIE, s. r., p. 49, et ISOTHERME, p. 41.

HYGRO- = *humidité* ← **hugros,** *humide.*
HYGROMÉTRIE, c.r. (+ **metron,** *mesure*) : mesure de l'humidité.

XÉRO - = *sécheresse* ← **xêros,** *sec.*
XÉROPHILE, c.r. (+ **philein,** *aimer*) : qui se plaît dans les lieux secs.
ÉLIXIR vient de l'arabe *al-iksir,* médicament, emprunté au grec **xêrion,** *poudre dessicative des plaies.*

MALACO- = *mollesse* ← **malakos,** *mou.*
MALACOLOGIE, c.r. (+ **logos,** *discours*) : zoologie des mollusques.
De **malakos** dérive **malaxai,** *amollir* → lat. **malaxare** → MALAXER.

SCLÉRO- = *durcissement* ← **sklêros,** *dur.*
SCLÉROSE ← **sklêrôsis,** *durcissement.*
SCLÉROTIQUE, s.r. : membrane blanche de l'œil. Son nom indique sa dureté.

-CHROM- = *couleur* ← **khrôma,** *couleur.*
POLYCHROME ← **polukhrômos,** *aux couleurs variées* (+ **polu,** *beaucoup*).
Les CHROMOSOMES, c.r. (+ **sôma,** *corps*), sont des corpuscules qui ont été découverts grâce à des matières colorantes.
Le CHROME n'a pas de couleur, mais ses composés en ont de variées.
Par métaphore, les Grecs ont donné le nom de **khrôma** à la modulation musicale. D'où, appliqué à certains intervalles de ton, l'adjectif **khrômatikos** → CHROMATIQUE.

CHLOR- / CHLORO- = *vert* ← **khlôros,** *vert pâle.*
CHLOROPHYLLE, c.r. (+ **phullon,** *feuille*) : substance qui donne aux feuilles leur couleur verte.
Le CHLORE est un gaz de couleur vert pâle. Ce mot sert à son tour de préfixe à des mots qui ne réfèrent pas à la couleur verte, mais au chlore. Le CHLOROFORME était jadis

obtenu avec du chlore et de l'acide formique (ce dernier mot, du latin **formica,** *fourmi*). L'acide CHLORHYDRIQUE (+ HYDR- = *hydrogène*) est une combinaison de chlore et d'hydrogène.

ÉRYTH- / ÉRYTHRO- / ÉRYSI- = *rouge* ← **eruthros,** *rouge,* **erusi-** élément dénotant la rougeur.
ÉRYTHROBLASTE, c.r. (+ **blastê,** *germe*) : cellule produisant des globules rouges.
ÉRYTHÈME ← **eruthêma,** *rougeur.*
ÉRYSIPÈLE ← **erusipelas,** *inflammation de la peau.*

LEUC- / LEUCO- = *blanc* ← **leukos,** *blanc.*
LEUCÉMIE, c.r. (+ -ÉMIE, de **haima,** *sang*) : dans ce mot, l'élément LEUC- signifie l'augmentation pathologique du nombre de LEUCOCYTES (voir ci-dessous), et non directement la blancheur.
LEUCOCYTE, c.r. (+ **kutos,** *cavité, corps,* voir CYT-p. 106) : globule blanc.
LEUCORRHÉE, c.r. (+ -RRHÉE, de **rhoia,** *écoulement,* voir p. 133) : pertes blanches.

MÉLAN- / MÉLANO- = *noir* ← **melas, melanos,** *noir.*
MÉLANCOLIE ← **melankholia,** *bile noire* (+ **kholê,** *bile*), supposée responsable des états dépressifs. Les médecins de la Renaissance ont traduit ce mot en latin : **atrabilis** (**atra,** *noire* + **bilis,** *bile*). Cependant, un ATRABILAIRE, homme à l'humeur irritable, est autre chose qu'un MÉLANCOLIQUE, homme à l'humeur triste.
MÉLANINE, s.r. : pigment qui colore la peau, les yeux, les cheveux. Ce n'est que lorsque ce pigment est très abondant que la coloration est brun foncé ou noire.

Dans le domaine des qualités sensibles, citons encore :
ARÔME, AROMATE ← **arôma, arômatos,** *végétal odorant.*
GLAUQUE ← **glaukos,** *brillant, gris-bleu.*
OCRE ← lat. **ochra** ← gr. **ôkhra,** *terre jaune,* de **ôkhros,** *jaune pâle.*
POURPRE ← lat. **purpura** ← gr. **porphura,** *teinture pourpre,* qui a donné par transmision savante PORPHYRE, nom d'une roche rouge.

Les matières

AMYL- / **AMYLO-** = *amidon* ← **amulon,** *amidon.*
AMYLACÉE, s.r. : qui contient de l'amidon.
AMYLOBACTÈRE, c.r. (+ **baktêria,** voir p. 113) : bactérie qui détruit l'amidon.
Le mot AMIDON vient lui-même du latin **amidum,** altération de **amylum,** transcription du grec **amulon.**

CHRYS- / **CHRYSO-** = *or* ← **khrusos,** *or.*
CHRYSALIDE ← **khrusallis,** *chrysalide* (+ ensemble suffixal **-allid-**), sans doute nommée ainsi à cause de sa ressemblance avec un bijou d'or.
CHRYSANTHÈME ← **khrusanthemon,** *fleur couleur d'or* (+ **anthos,** *fleur*).

COPR- / **COPRO-** = *excréments* ← **kopros,** *excréments,* de même valeur que **SCATO-** = *excréments* ← **skôr, skatos,** *excréments.*
La COPROLALIE, c.r. (+ **lalein,** *bavarder*), est une tendance pathologique à évoquer dans ses propos les matières fécales.
La SCATOLOGIE, c.r. (+ **logos,** *discours*) est l'évocation complaisante des matières fécales. Mais la COPROLOGIE est une activité beaucoup plus digne : c'est l'analyse des matières fécales.
COPRIN ← **koprinos,** *plein de fumier :* champigon qui pousse sur le fumier.
A la racine de **skôr, skatos** se rattache SCORIE ← **skôria,** *écume de métal.*

GALACT- = *lait* ← **gala, galaktos,** *lait.*
GALACTOGÈNE, c.r. (+ -GÈNE, voir p. 107) : qui provoque la sécrétion du lait.
GALACTIQUE réfère non pas au lait, mais à GALAXIE ← **galaxias,** *cercle couleur de lait, Voie Lactée.*

GLUC- / GLYC- / GLYCÉR- = *sucre* ← **glukus** et **glukeros,** *doux, sucré.*
GLUCIDE et GLUCOSE, s.r., avec suffixes chimiquement signifiants.
GLYCOGÈNE, c.r. (+ -GÈNE, voir p. 107) : substance d'où l'organisme tire le glucose.
GLYCÉMIE, c.r. (+ -ÉMIE, de **haima,** *sang,* voir p. 120) : taux de sucre dans le sang. Pour désigner le taux de sucre dans l'urine, on a adopté une formation plus complexe : GLYCOSURIE, c.r. (+ **ouron,** *urine*).
GLYCINE, s.r. : fleur au parfum sucré.
GLYCÉRINE, s.r. : substance sirupeuse de saveur sucrée. Ce mot a fourni l'élément lexical chimique GLYCÉRO- : GLYCÉROPHOSPHATE : sel obtenu par combinaison de l'acide phosphorique et de la glycérine.

LIP- / LIPO- = *corps gras* ← **lipos,** *graisse.*
STÉAR- / STÉAT- = *graisse* ← **stear, steatos,** *lard.*
LIPIDE, suffixation chimique récente : corps gras.
LIPOSOLUBLE : soluble dans l'huile.
STÉARINE, suffixation chimique récente : substance obtenue par traitement des graisses.
STÉATOPYGIE, c.r. (+ **pugê,** *fesse*) : accumulation de graisse dans la région fessière.
L'élément LIP- est employé pour les corps gras en général, l'élément STÉAR- / STÉAT- pour les graisses solides.

-LITH- / LITHO- = *pierre* ← **lithos,** *pierre.*
LITHOGRAVURE : gravure sur pierre.
AÉROLITHE, c.r. (+ **aêr,** *air*), littéralement : pierre venue de l'air.
LITHIUM, s.r. : malgré son nom, ce métal n'est pas plus pierreux qu'un autre.
Voir aussi LITHIASE, p.207; LITHOSPHÈRE, p.82; MÉGALITHE, p.87; PALÉO- et NÉOLITHIQUE, p.74.

ŒNO- = *vin* ← **oinos,** *vin.*
ŒNOLOGIE, tiré de **oinologein,** *parler du vin :* science du vin.
ŒNOTHÈQUE ← **oinothêkê,** *cave à vin* (+ **thêkê,** *dépôt*) : lieu où l'on déguste divers crûs.

-OX- / OXY- = *aigu, acide, oxygène* ← **oxus,** *aigu, piquant.*
La valeur sensorielle de OXY- se retrouve dans un petit nombre de mots :
OXYTON ← **oxutonos,** *au son aigu,* ou *affecté d'un accent aigu sur la dernière syllabe* (+ **tonos,** *ton*).
OXYURE, c.r. (+ **oura,** *queue*), ver parasite qui a une queue pointue.
PAROXYSME ← **paroxusmos,** *irritation* et, au sens médical, *point culminant d'un mal* : c'est le sens que le français a conservé en l'étendant à d'autres domaines que la médecine.

Dans la majorité des cas, la valeur de OXY- est chimique :
OXYGÈNE, c.r. (+ -GÈNE, voir p. 107) : qui produit de l'acide ; c'est en effet ce qui se passe si l'on met l'oxygène en contact avec du vin, par exemple : il se forme alors de l'acide acétique, élément essentiel du vinaigre. Depuis l'invention du mot OXYGÈNE en 1783, l'élément OXY- réfère non plus à l'acide, mais à l'oxygène lui-même :
OXYDE, s.r. : substance obtenue par combinaison de l'oxygène et d'un autre corps.
La forme OX- est fréquente ; OXHYDRIQUE (+ HYDR- = *hydrogène*) : relatif à un mélange d'oxygène et d'hydrogène ; ANOXIE (+ **an-** privatif) : manque d'oxygène dans les tissus.
Toutefois, les mots OXALATE et OXALIQUE, étymologiquement liés à l'idée d'acidité, ne réfèrent pas à l'oxygène mais à l'oseille. A cause de son goût acide, les Grecs avaient nommé cette plante **oxalis.** Les sels contenus dans ses feuilles reçurent au XVIIIe siècle le nom d'OXALATES ; l'acide qui leur correspond fut nommé OXALIQUE. Le nom OSEILLE est lui-même issu d'un croisement entre un mot purement latin, **acidula,** et son synonyme **oxalis** emprunté au grec.

SIDÉR- / SIDÉRO- = *fer* ← **sidêros,** *fer.*
SIDÉRURGIE ← **sidêrourgos,** *forgeron* (+ **ergon,** *travail*) : fabrication du fer, de la fonte et de l'acier.
Ne pas confondre : SIDÉRAL, SIDÉRÉ ont pour origine le latin **sidus, sideris,** *étoile.*

XYLO- = *bois* ← **xulon,** *bois.*
XYLOPHAGE ← **xulophagos,** *mangeur de bois* (+ **phagein,** *manger*) : se dit de certains insectes.

XYLOPHONE, c.r. (+ **phônê,** *son*) : instrument de musique à percussion, formé de plaques de bois que l'on frappe avec des baguettes.

Quelques autres noms de matières venus du grec :

AMÉTHYSTE ← **amethustos,** *non ivre* (**a-** privatif + **methu,** *ivresse*) : cette pierre passait pour préserver de l'ivresse.
ARGON ← **argos,** *inerte.*
ASPHALTE ← **asphaltos,** *bitume,* littéralement *qui empêche de s'écrouler* (**a-** privatif + **sphallesthai,** *tomber*) : on s'en servait en effet comme mortier.
AZOTE ← **azôtos,** *sans vie* (**a-** privatif + **zôê,** *vie*).
BROME ← **brômos,** *puanteur.*
CÉRAMIQUE ← **keramikos,** *d'argile,* de **keramos,** *argile.*
CHITINE, d'après **khitôn,** *tunique* ou *cuirasse.*
CODÉINE, d'après **kôdeia,** *tête de pavot.*
CRÉOSOTE, d'après **kreas,** *viande* et **sôsai,** *sauver :* littéralement : « qui conserve la viande ».
DIAMANT ← lat. **adamas, adamantis** (qui a aussi donné AIMANT) ← gr. **adamas, adamantos,** *acier,* littéralement *indomptable* (**damazein,** *dompter*).
GAZ fut inventé par le médecin flamand Van Helmont (1577-1644) : c'était la prononciation flamande du latin **chaos,** *le vide* ← gr. **khaos,** *béance, abîme, confusion,* qui donne en français CHAOS.
GYPSE ← **gupsos,** *plâtre.*
IODE ← **iôdês,** *violet.*
OSMIUM, de **osmê,** *odeur;* à la même racine se rattachent OZONE ← **ozôn,** *odorant;* CACODYLATE, de **kakôdês,** *puant.*
PICRATE, d'après **pikros,** *amer.*
XÉNON ← **xenos,** *étranger.*
Enfin, un joyau de l'étymologie : le ZIRCON (d'où ZIRCONIUM), pierre précieuse, apparaît d'abord en français sous l'orthographe ZIRKONE, qui semble porter la marque de l'allemand. L'allemand l'a emprunté à l'italien *giarcone,* qui l'a lui-même pris à l'ancien français *jarcunce,* de *jacunce* ← lat. **hyacinthus** ← gr. **huakinthos,** qui désigne à la fois la JACINTHE (fleur) et l'HYACINTHE (pierre précieuse).

Le vocabulaire de la chimie

La découverte ou l'identification de centaines de corps nouveaux ont obligé les chimistes, depuis le siècle dernier, à un gros travail d'invention lexicale. Parmi les matériaux linguistiques mis à contribution, la langue grecque occupe une place qui est importante, sans être prédominante. Une des particularités de l'usage du grec dans la nomenclature chimique est le caractère très lâche du lien étymologique entre beaucoup de noms chimiques et leur source grecque.

L'IODE doit son nom au mot **iôdês,** *violet,* parce qu'il émet, lorsqu'on le chauffe, des vapeurs violettes.

L'IRIDIUM doit le sien à **iris, iridos,** *arc-en-ciel,* parce qu'il présente des reflets irisés.

Le TITANE a été dénommé d'après **titanos,** *chaux,* parce qu'un composé du titane, le « blanc de titane », a le même usage que la peinture à la chaux.

Les mots grecs sont bien souvent mutilés et triturés dans la nomenclature chimique, car les chimistes font avec les mots ce qu'ils font avec les matières : ils les décomposent et les recomposent.

Dans ÉTHANE, ÉTHANOL, ÉTHYLE, il faut savoir retrouver un élément emprunté à ÉTHER, tiré de **aithêr,** voir p. 78.

L'acide PROPIONIQUE est un acide gras (**piôn,** *graisse*). Dans PROPANE, tiré de PROPIONIQUE, il ne reste pas grand-chose des mots grecs d'origine.

BUTANE est tiré de BUTYRIQUE, adjectif qualifiant un acide caractéristique du beurre, et tiré de **bouturos,** *beurre* (voir p. 231).

Enfin, lorsque le mot-source est un nom propre, le lien entre celui-ci et le nom chimique peut reposer sur un savant détail mythologique, ou même ne pas exister : la dénomination est alors purement arbitraire.

Si le nom du CADMIUM rappelle Cadmos, fondateur légendaire de Thèbes, c'est que ce métal a été découvert dans la CADMIE, minerai de zinc que les Grecs appelaient **kadmeia** parce qu'il était extrait près de Thèbes.

Si le TANTALE a reçu le nom du héros célèbre par son supplice, c'est parce que ce métal a la particularité de ne pouvoir être saturé par l'acide (le malheureux ne peut étancher sa soif d'acide !).

Si le NIOBIUM porte le nom de Niobé, fille de Tantale, c'est qu'il est chimiquement proche du tantale.

Quand on découvrit un corps proche du TELLURE, dont le nom avait été tiré, pour d'obscures raisons, du latin **tellus, telluris,** *terre,* on lui donna le nom de la lune en le baptisant SÉLÉNIUM, d'après le grec **selênê,** *lune.*

L'URANIUM, le PLUTONIUM, le PALLADIUM ont reçu sans raison particulière le nom de planètes qui venaient d'être découvertes : Uranus, Pluton et Pallas, une des petites planètes de la ceinture d'astéroïdes. En grec, **Ouranos** est le nom du Ciel divinisé, **Ploutôn** est un des noms du Dieu des morts, et **Pallas** un des noms de la déesse Athéna. Le choix des personnages divins pour désigner ces planètes fut lui-même absolument arbitraire.

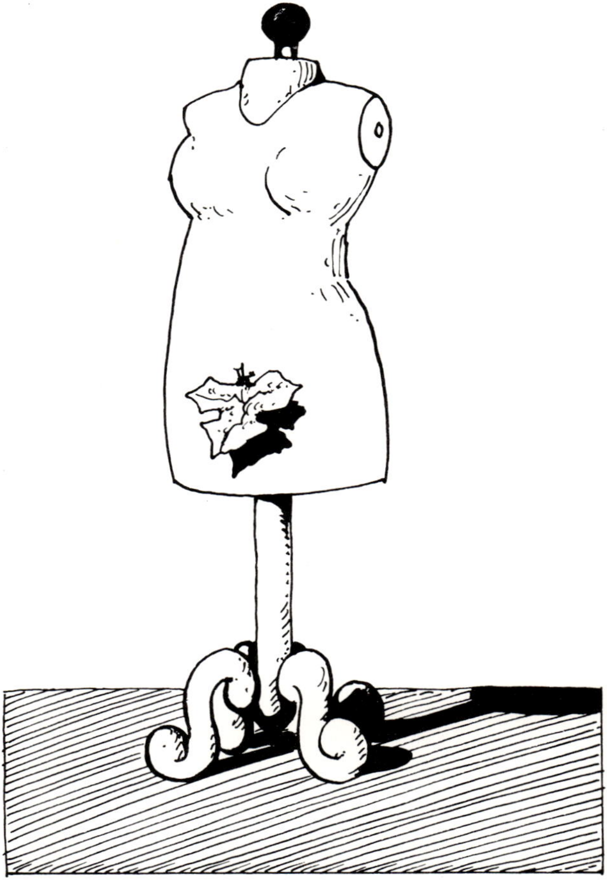

Les formes

-MORPH- / MORPHO- = *forme* ← **morphê,** *forme.*
AMORPHE ← **amorphos,** *informe* (+ **a-** privatif). Dans le langage courant, le sens évolue vers *inerte, sans réaction,* et rejoint APATHIQUE (voir p. 132).
ANTHROPOMORPHE ← **anthrôpomorphos,** *de forme humaine* (+ **anthrôpos,** *homme*).
POLYMORPHE ← **polumorphos,** *multiforme* (+ **polu,** *beaucoup*).
MÉTAMORPHIQUE, c.r. (+ **meta** qui indique le changement) : se dit des roches dont la structure a changé.
MÉTAMORPHOSE : voir p. 74.
MORPHOLOGIE, c.r. (+ **logos,** *discours*) : étude ou système des formes grammaticales, ou étude de la conformation physique d'un être ou d'un objet.
MORPHINE n'est pas directement lié à cette racine : voir p. 241.

-CYCL- / CYCLO- = *cercle, périodicité* ← **kuklos,** *cercle.*
Le mot **kuklos** avait déjà en grec cette double valeur spatiale et temporelle.
A la valeur spatiale se rattachent :
CYCLAMEN ← **kuklaminos,** *fleur ronde.*
CYCLONE ← **kuklôn,** part. présent de **kukloun,** *tournoyer.*
ENCYCLIQUE ← **enkuklios,** *qui embrasse tout dans un cercle* (+ **en,** *dans*) : une encyclique est une lettre adressée par le Pape à tous les évêques de la Terre.
ENCYCLOPÉDIE ← **enkuklios paideia,** *éducation complète* (+ **paideia,** *éducation,* de **pais, paidos,** *enfant*). Titre choisi pour leur ouvrage monumental par Diderot, d'Alembert et leurs collaborateurs, ce nom désigne aujourd'hui un livre ou un ensemble de livres visant à donner une information complète dans un domaine particulier ou dans tous les domaines.
HÉMICYCLE ← **hêmikuklios,** *semi-circulaire.*
CYCLOTRON (mot-valise formé de CYCLO- et ÉLECTRON) : accélérateur circulaire de particules.
BICYCLETTE, diminutif de BICYCLE, est une formation non savante (+ BI-, préfixe latin, voir p. 44) à partir de TRICYCLE, c.r. (+ TRI- = *trois*) : véhicule à trois roues.

Dans CYCLISTE, CYCLOTOURISTE, l'élément CYCL- / CYCLO- réfère aux véhicules à deux roues.
MOTOCYCLETTE (+ MOTO-, élément d'origine latine signifiant *moteur*) a été abrégé en MOTO, où l'élément grec, indispensable à la formation du sens, a pourtant disparu.

A la valeur temporelle se rattachent :
CYCLE ← **kuklos,** *cercle :* le mot évoque un temps « circulaire » où les événements se reproduisent dans le même ordre à intervalles réguliers ; CYCLIQUE ← **kuklikos,** *circulaire.*
CYCLOTHYMIE, c.r. (+ **thumos,** *ardeur*) : retour continuel d'états alternés d'excitation et de dépression.

-ÈDRE = *figure formée par plusieurs plans sécants* ← **hedra,** *siège, base.*
DI- / TRI- / TÉTRA- / HEXA- / DODÉCAÈDRE ; voir p. 44-47.
Ces noms désignent des POLYÈDRES (volumes à plusieurs faces), le premier élément indiquant le nombre de faces. Tous sont de composition récente.
Un composé de **hedra** a une postérité importante en français. Il s'agit de **kathedra,** *siège,* qui, au sens de *siège de l'évêque,* est passé en latin : **cathedra,** d'où **cathedralis,** *qui abrite le siège de l'évêque* → CATHÉDRALE.
Le mot **cathedra** est passé dans le langage populaire, où il a donné CHAIRE et CHAISE.

-GONE = *figure plane formée par plusieurs droites sécantes* ← **gônia,** *angle.*
Les éléments numériques qui précèdent -GONE indiquent le nombre de côtés dont une figure est formée. Pour le changement de sens *angle* → *côté,* voir POLYGONE, p. 37.
DIAGONALE : voir p. 67.
GONIO- conserve le sens d'*angle* dans GONIOMÉTRIE, c.r. (+ **metron,** *mesure*) : technique de mesure des angles, employée en particulier pour localiser un émetteur radio.

HÉLIC- / HÉLICO- = *hélice* ← **helikê,** *hélice.*
En grec, **helikê** désigne l'HÉLICE au sens de *courbe géométrique,* celle que dessine, par exemple, un tire-bouchon. En ce sens se comprend HÉLICOÏDE ← **helikoeidês,** *en forme d'hélice,* d'où HÉLICOÏDAL. Mais aujourd'hui le mot HÉLICE désigne le plus souvent un objet pivotant dont chaque extrémité décrit une hélice. C'est à cet objet que

réfère HÉLICO- dans HÉLICOPTÈRE, c.r. (+ **pteron,** *aile*) : véhicule dont l'aile est une hélice. HÉLICOPTÈRE fournit à son tour l'élément HÉLI- dans HÉLIPORT, HÉLIPORTÉ, HÉLIGARE.

ORTHO- = *droite, angle droit* ← **orthos,** *droit.*
ORTHOGONAL, d'après **orthogônia,** *angle droit* (+ **gônia,** *angle*) : qui fait un angle droit.
ORTHOCENTRE, c.r. : point de rencontre des trois hauteurs (perpendiculaires aux côtés) d'un triangle.
ORTHOPTÈRE, c.r. (+ **pteron,** *aile*) : insecte aux ailes droites.
Pour l'autre sens de ORTHO-, voir p. 27.

STÉRÉO- = *à trois dimensions* ← **stereos,** *solide, compact,* d'où *cubique.*
STÉRÉOPHONIE, c.r. (+ **phônê,** *son*) : son réparti dans l'espace, donnant l'impression de relief acoustique.
STÉRÉOTYPE, c.r. (+ **tupos,** *empreinte*) : empreinte en relief, qui peut être répétée en multiples exemplaires, d'où STÉRÉOTYPÉ dans le sens « banal, mille fois répété ».
STÈRE : voir p. 49.
La racine a son sens de *solide* dans CHOLESTÉROL, c.r. (+ **kholê,** *bile*) : substance dont on pensait qu'elle provoquait des concrétions *solides* dans la bile. De ce mot a été dégagé STÉROL, nom générique des alcools dont fait partie le cholestérol.

Autres termes géométriques tirés du grec :
ASYMPTOTE ← **asumptôtos,** *qui ne rejoint pas.*
BASE ← **basis,** *action de marcher,* d'où *ce sur quoi on marche.*
CYLINDRE ← **kulindros,** *rouleau.*
ELLIPSE ← **elleipsis,** littéralement *figure incomplète.*
PARALLÈLE ← **parallêlos,** *à côté l'un de l'autre* (**para,** *à côté* + **allêlous,** *l'un l'autre*); PARALLÉLÉPIPÈDE ← **parallêlepipedon,** *aux surfaces parallèles* (+ **epipedon,** *surface*).
PARALLÉLOGRAMME ← **parallêlogrammos,** *limité par des lignes parallèles* (+ **grammê,** *ligne*).
PRISME ← **prisma,** littéralement *volume scié.*
SPIRALE ← latin **spiralis,** d'après gr. **speira,** *enroulement.*
TRAPÈZE ← **trapeza,** *table.*

Le monde vivant

-BIO-, -BIE = *vie* ← **bios,** *vie.*
Dans BIOGRAPHIE ← **biographia,** *description d'une vie* (+ **graphein,** *écrire*) et MACROBIOTIQUE (voir p. 87), BIO- a le sens de *durée d'une existence.* Dans les autres mots, il réfère au phénomène de la vie.
AMPHIBIE ← **amphibios,** *qui vit dans les deux éléments,* c'est-à-dire l'eau et l'air (+ **amphi,** *des deux côtés*). L'adjectif s'applique aujourd'hui également à des objets inanimés.
ANTIBIOTIQUE, c.r. (+ **anti,** *contre*) : les antibiotiques combattent une certaine forme de vie pour en préserver une autre.
BIOLOGIE, c.r. (+ **logos,** *discours*) : science des êtres et des tissus vivants.
Voir BIOTOPE, p. 59; MICROBE, p. 86; SYMBIOSE, p. 68.
BIO- entre comme préfixe dans un nombre croissant de mots où il signifie soit la participation à la biologie, comme dans BIOMÉCANIQUE, BIOPHYSIQUE, soit le rôle – actif ou passif – d'organismes ou de tissus vivants, comme dans BIODÉGRADABLE : susceptible d'être décomposé par des organismes vivants; BIOLUMINESCENCE : phénomène de luminescence chimique qui se produit chez des êtres vivants.

-BLAST- / BLASTO- = *germe* ← **blastê,** *germe.*
BLASTOMÈRE : voir p. 41.
TROPHOBLASTE, c.r. (+ **trophê,** *nourriture*) : tissu utérin qui nourrit l'embryon.

-COQUE = *microbe de forme sphérique* ← **kokkos,** *grain.*
Les noms en -COQUE désignent le microbe; les noms en -COCCIE l'infection qu'il provoque. L'élément initial de ces mots indique :
– soit la forme du microbe : STAPHYLOCOQUE, c.r. (+ **staphulê,** *grappe*); STREPTOCOQUE, voir p. 66;
– soit l'organe qu'il affecte : GONOCOQUE, c.r. (+ **gonê,** *organe sexuel,* voir p. 109); PNEUMOCOQUE, c.r. (+ **pneumôn,** *poumon*).

-CYT- / CYTO- = *cellule* ←**kutos,** *objet creux, corps.*
CYTOLOGIE, c.r. (+ **logos,** *discours*) : étude de la cellule vivante.
LYMPHOCYTE, c.r. (cette cellule est présente en particulier dans la LYMPHE ← latin **lympha,** *eau*).
Voir aussi CYTOLYSE, p. 163, LEUCOCYTE, p. 91.

ÉCO- = *habitat naturel* ← **oikos,** *maison.*
Depuis la découverte de l'ÉCOLOGIE, c.r. (+ **logos,** *discours*) comme science – littéralement : étude du milieu où vivent les êtres vivants – puis comme doctrine, l'élément ÉCO- figure dans des formations nouvelles comme :
ÉCOSYSTÈME : unité écologique formée par un milieu et les êtres qui y vivent.
ÉCOGRAPHIE, c.r. (+ **graphein,** *écrire*) : description de l'habitat naturel, à ne pas confondre avec ÉCHOGRAPHIE qui se rattache à ÉCHO, voir p. 176.
ÉCO- apparaît dépourvu de sens autonome dans ÉCONOME ← **oikonomos,** *qui fixe les règles de la maison;* ÉCONOMIE ← **oikonomia,** *règle de vie domestique* (+ **nomos,** *loi, règle*). On note que les emplois d'ÉCONOMIE au sens de « gestion, échanges production-consommation » et d'ÉCONOME au sens d'« administrateur des recettes et des dépenses » sont plus proches du sens d'origine que leurs emplois populaires (ÉCONOMIE : épargne; ÉCONOME : peu dépensier).
Se rattachent encore à la racine d'**oikos :**
DIOCÈSE ← latin **dioecesis,** *circonscription administrative* ← gr. **dioikêsis,** *administration,* de **dioikein** (+ **dia,** *en triant*), *ranger la maison, administrer.*
MÉTÈQUE ← **metoikos,** *étranger résident,* littéralement *qui a changé de maison* (+ **meta** exprimant le changement) : le mot a pris aujourd'hui une valeur péjorative et raciste.
ŒCUMÉNIQUE ← **oikoumenikos,** *de l'ensemble du monde habité,* de **oikein,** *habiter.*

ÉCHINO- = *piquants* ← **ekhinos,** *hérisson, oursin.*
ÉCHINOCACTUS, c.r. (+ CACTUS, voir p. 150) : cactus épineux.
ÉCHINODERMES, c.r. (+ **derma,** *peau*) : animaux à la peau garnie de piquants.

Attention : quoique synonyme d'*épine dorsale,* ÉCHINE n'a rien à voir avec **ekhinos ;** le mot vient du francique.

-GAM- = *mariage, reproduction sexuée* ← **gamos,** *mariage.*
— mots référant au mariage :
Voir MONOGAME, BIGAME, POLYGAME p. 42; ENDOGAMIE, EXOGAMIE, p. 42.
— mots référant à la reproduction sexuée :
GAMÈTE, tiré à la fois de **gametês,** *époux* et de **gametê,** *épouse :* cellule reproductrice.
Voir aussi CRYPTOGAME et PHANÉROGAME, p. 86.

-GEN- / **-GON-** = *génération* ← racine **gen** / **gon,** *génération.*
La racine **gen / gon** est à l'origine d'un très grand nombre de mots et d'éléments lexicaux grecs que le français savant reprend abondamment à son profit. Dans l'ensemble lexical ainsi constitué apparaissent des séries. Dans chacune d'elles l'élément -GEN- / -GON- — souvent enrichi d'un suffixe — a une signification précise.

-GÈNE = *engendré par* ou *qui produit* ← élément **-genês,** *engendré par.*
Dans certains mots, l'élément -GÈNE a conservé le sens de l'élément **-genês :**
Voir ALLOGÈNE ← **allogenês,** AUTOGÈNE ← **autogenês,** HOMOGÈNE ← **homogenês,** HÉTÉROGÈNE ← **heterogenês,** p. 32; ENDOGÈNE, EXOGÈNE, p. 63; ainsi qu'IATROGÈNE, c.r. (+ **iatros,** *médecin*) : provoqué par le médecin.
Dans les autres noms et adjectifs français en -GÈNE, l'élément **-genês** est réemployé à contresens : il est passé du sens d'*engendré par* au sens de *qui engendre.* -GÈNE est devenu un suffixe à valeur quasi grammaticale, comparable à celle des suffixes -EUR ou -ATEUR. Il est susceptible d'être associé à des éléments de toutes origines :
ANXIOGÈNE (+ lat. **anxius**) : qui provoque l'angoisse.
MUTAGÈNE (+ lat. **mutare**) : qui provoque une mutation génétique.
Dans ANTIGÈNE, ANTI- résume ANTICORPS : le nom désigne toute substance productrice d'anticorps.
Aux adjectifs en -GÈNE correspondent des noms en -GÉNIE, comme CRYOGÉNIE : technique de production du froid, de CRYOGÈNE, c.r. (+ **kruos,** *froid*), et des adjectifs en

-GÉNIQUE, comme IATROGÉNIQUE, de IATROGÈNE.
Une catégorie d'adjectifs en -GÉNIQUE et de noms en -GÉNIE réfère à l'aptitude d'un sujet à être avantageusement reproduit par les moyens audiovisuels : CINÉGÉNIQUE, PHOTOGÉNIQUE, TÉLÉGÉNIQUE (sur CINÉ-, PHOTO-, TÉLÉ-, voir pp. 64, 81, 69). Le modèle de la série est PHOTOGÉNIQUE, dont le premier sens est *producteur de lumière* (**phôs, phôtos,** *lumière,* voir p. 81), donc apte à impressionner une pellicule photographique : un visage photogénique est à l'origine un visage bien éclairé et qui, pour cette raison, donne une bonne image photographique.

-GÉNÈSE ou -GENÈSE = *processus de formation* ← **genesis,** *naissance.*
GENÈSE ← **genesis,** *naissance :* manière dont une chose s'est formée. La Genèse est, dans l'Ancien Testament, le nom du premier livre, qui révèle les premiers moments du monde.
Généralement, l'élément initial des noms en -GÉNÈSE / -GENÈSE désigne l'objet formé :
BIOGENÈSE, c.r. (+ **bios,** *vie*) : élaboration de substances biologiques.
ORGANOGÉNÈSE, c.r. (+ ORGANE, voir p. 163) : formation des organes.
PHYLOGÉNÈSE, c.r. (+ **phulê,** *tribu, espèce*) : mode de formation des espèces.
Il peut aussi désigner le mode de formation :
PARTHÉNOGÉNÈSE, c.r. (+ **parthenos,** *vierge*) : reproduction sans intervention du mâle.

GONADO- = *glande sexuelle* ← GONADE.
GONADE, mot créé vers 1920, sur la racine **gon** avec le suffixe -ADE inspiré d'un suffixe grec **-ad-** (et non pas le suffixe -ADE ← latin **-ata**) entre dans quelques compositions comme GONADOTROPE (voir -TROP- p. 69), GONADOSTIMULINE.

-GONE = *producteur de cellules reproductrices* ← élément **-gonos** = *qui engendre.*
OOGONE ; SPOROGONE, c.r. (+ **ôon,** *œuf;* + **sporos,** *semence*) : organes producteurs d'œufs ; de spores.
Ne pas confondre avec -GONE = *côté,* voir p. 102.

-GONIE = *activité productrice* ou *reproductrice* ← élément **-gonia** = *génération.*
Les mots en -GONIE désignent :

– soit des modes de reproduction, l'élément initial indiquant la manière : SCHIZOGONIE, c.r. (+ **skhizein,** *fendre*) : reproduction par scission.

– soit des cellules productrices, l'élément initial indiquant la chose produite : SPERMATOGONIE, c.r. (+ **sperma, spermatos,** *semence*) : cellule dont dérive le spermatozoïde.

GONO- = *appareil génital* ← **gonê,** *organe sexuel.*
GONORRHÉE ← **gonorroia,** *blennorragie* (voir p. 133).
GONOCOQUE, c.r. (+ **kokkos,** *grain,* voir p. 105).

Un certain nombre de mots contenant l'élément -GEN- / -GON- ne s'intègrent à aucune série :

COSMOGONIE ← **kosmogonia,** *formation de l'univers* (+ **kosmos,** *univers*).
ÉPIGONE ← **epigonos,** *né après, successeur* (+ **epi,** *après*).
EUGÉNISME est tiré de **eugenês,** *bien né.* Les connotations désagréables de ce mot (stérilisation forcée, racisme) sont absentes d'ORTHOGÉNIE, c.r. (+ **orthos,** *correct*) : régulation des naissances.
GÈNE est une création récente qu'on ne peut rattacher à aucun mot grec particulier, mais qui a été tirée directement de la racine **gen.** Ce mot désigne un élément chromosomique responsable d'un caractère héréditaire. Il est associé à TYPE (← **tupos,** *modèle, exemplaire*) dans GÉNOTYPE : patrimoine génétique.
GÉNÉALOGIE ← **genealogia,** *recherche et exposé des filiations* (**genea,** *lignée* + **logos,** *discours*).
GÉNÉTIQUE ← **genêtikos,** *qui concerne la génération.*
GÉNOCIDE, c.r. (**genos,** *race* + suffixe -CIDE, d'origine latine, signifiant la destruction).

Ne pas confondre : un nombre appréciable de mots français comportant un élément -GÈNE ou GÉNI- exprimant l'idée de génération ne vient pas du grec, mais du latin : INDIGÈNE ← lat. **indigena ;** GÉNITAL ← lat. **genitalis,** etc.

HYMEN- / HYMÉNO- = *membrane* ← **humên,** *membrane.*
HYMEN : en Grèce ancienne, le cortège conduisant la fiancée à la demeure nuptiale chantait un hymne commençant par **Humên ô humenaie,** ce qui signifie à peu près *Hymen, ô dieu de l'hymen,* et que l'on transcrit souvent par « Hymen, ô hyménée ». La divinité ainsi invoquée était celle qui présidait à la défloration, c'est-à-dire à la rupture de l'hymen. Du XVIe au XIXe siècle, le style noble a employé HYMEN (ou HYMÉNÉE) au sens de « mariage ».
HYMÉNOPTÈRE, c.r. (+ **pteron,** *aile*) : insecte aux ailes membraneuses.

MYXO- = *mucosité* ← **muxa,** *morve* (de la même racine indo-européenne que le latin **mucus,** *morve*).
MYXOMATOSE, s.r. : maladie du lapin se caractérisant par une tuméfaction gélatineuse des muqueuses.
Muxa, signifiant aussi *nez qui coule,* a désigné par métaphore le bec, puis la mèche des lampes à huile. Le latin en a fait **myxa,** puis, par contamination avec **mucare,** *moucher,* * **mica** qui a donné MÈCHE.

NÉCRO- = *cadavre* ← **nekros,** *cadavre.*
L'idée de cadavre, effacée dans NÉCROLOGIE, c.r. (+ **logos,** *discours*) au profit de l'idée de décès, est présente dans tous les autres mots.
NÉCROPOLE ← **nekropolis,** *ville des morts* (+ **polis,** *ville*) : cimetière.
NÉCROSE ← **nekrôsis,** *mortification :* altération d'un tissu dont les cellules sont mortes.

OO- = *œuf* ← **ôon,** *œuf.*
OOLITHE, c.r. (+ **lithos,** *pierre*) : calcaire à petits grains semblables à des œufs.
OOTHÈQUE, c.r. (+ **thêkê,** *dépôt*) : groupe d'œufs enfermés sous une même coque.

-PLASIE / -PLASM- / -PLAST- = *formes et activités cellulaires* ←**plasis,** *modelage ;* **plasma,** *objet modelé ;* **plastos,** *modelé* (**plassein,** *modeler*).

CHLOROPLASTE, c.r., où CHLORO- représente CHLOROPHYLLE (voir p. 90) : grain de chlorophylle présent dans une cellule.
CYTOPLASME, c.r. (+ CYTO-, voir p. 106) : matière constitutive de la cellule.
HYPERPLASIE, c.r. (+ **huper,** *à l'excès*) : prolifération de cellules normales.
NÉOPLASME, c.r. (+ **neos,** *nouveau*) : prolifération de cellules anormales, tumeur.
PLASMOCYTE, c.r. (+ -CYTE, voir p. 106) : cellule anormale. Ce mot n'est nullement l'inverse de CYTOPLASME ; on voit ainsi avec quelle liberté les savants associent les éléments grecs pour construire leur vocabulaire.
PLASMOLYSE, c.r. (+ **lusis,** *dislocation,* voir p. 163) : destruction de la cellule ; le mot CYTOLYSE, c.r., existe aussi ; chaque mot désigne un mode de destruction différent. Voir, p. 137, -PLASTIE, qui réfère au modelage chirurgical.

Se rattachent à la même racine :
PLASMA ← **plasma,** *objet modelé,* c'est-à-dire objet n'ayant pas de forme propre (telle l'argile qu'on modèle) : désigne la partie liquide du sang et, depuis quelques années, l'état de la matière dans les étoiles.
CATAPLASME ← **kataplasma,** *emplâtre,* littéralement *ce qu'on moule sur* (+ **kata,** *de haut en bas*).
ECTOPLASME, c.r. (+ **ektos,** *au-dehors*) : apparition qui se modèle en sortant du corps du médium.
PLASTIQUE ← **plastikos,** *relatif au modelage ;* (**tekhnai**) **plastikai** → ARTS PLASTIQUES, arts créant des volumes (les Grecs n'y incluaient pas la peinture). Mais PLASTIQUE est surtout connu comme nom désignant une matière modelable et obtenue chimiquement. La forme anglaise *plastic* a fourni le nom d'un explosif et les dérivés PLASTIQUER, PLASTICAGE.
Le mot EMPLÂTRE vient du latin **emplastrum** ← gr. **emplastron,** littéralement *moulé dans* (+ **en,** *dans*). D'EMPLÂTRE a été dégagé PLÂTRE, suivi de tous ses dérivés.

SAPRO- = *matière en décomposition* ← **sapros,** *pourri.*
SAPROPHAGE ← **saprophagein,** *manger de la nourriture avariée :* qui se nourrit de matières en décomposition.

SAPROPHYTE, c.r. (+ **phuton,** *plante*) : organisme qui vit aux dépens de matières organiques en décomposition.

-SPERM- = *semence* ← **sperma, spermatos,** *semence, graine,* d'une racine **sper / spor,** *semer.*
De **sperma,** le français a tiré SPERME : semence animale, et de nombreux dérivés comprenant les éléments -SPERM- et SPERMATO-. Cependant, un certain nombre de composés en -SPERME et SPERMATO- réfèrent à la semence végétale ; GYMNOSPERMES, c.r. (+ **gumnos,** *nu*) : plantes dont la graine est nue, opposé à ANGIOSPERMES, c.r. (+ **angeion,** *récipient, vaisseau*) : plantes dont la graine est enfermée.
Sporos, autre mot signifiant *semence,* a servi à désigner, sous le nom de SPORES, les corpuscules reproducteurs de certains végétaux. A partir de SPORE s'est constituée, autour de l'élément SPOR- / SPORO-, une série de vocables botaniques qui réfèrent à la reproduction asexuée : SPORANGE, SPOROGONE, SPOROPHYTE, etc.
A la même racine se rattache SPORADIQUE ← **sporadikos,** *épars* (comme de la graine semée).
Voir aussi DIASPORA, p. 245.

THANATO- = *mort* ← **thanatos,** *la mort.*
THANATOLOGIE, c.r. (+ **logos,** *discours*) : étude de la mort.
De la même racine, EUTHANASIE : voir p. 27.

-THRIC- / TRICH- / TRICHO- = *aspect de poil* ← **thrix, trikhos,** *poil.*
Les mots comportant cet élément réfèrent rarement au poil proprement dit ; ils évoquent généralement des formes organiques d'aspect velu ou filiforme.
TRICHINE ← **trikhinos,** *de poil :* parasite intestinal, mince comme un poil.
TRICHOLOME, c.r. (+ **lôma,** *frange*) : champignon à frange chevelue.
TRICHOMONAS, c.r. (+ **monas,** *unité*) : protozoaire à cellule unique et à plusieurs flagelles.
TYROTHRICINE, c.r. (+ **turos,** *fromage*) : antibiotique tiré d'une moisissure velue du fromage.

-TROPH- / **TROPHO-** = *nourriture, croissance* ← **trophê,** *nourriture.*

AUTOTROPHE, c.r. (+ **autos,** *soi-même*) : qui élabore soi-même sa nourriture.

Voir la série ATROPHIE, DYSTROPHIE, EUTROPHISATION, p. 28, HYPERTROPHIE (voir HYPER-, p. 37).

LIMITROPHE est un curieux hybride gréco-latin. Le mot **limitrophus** a été inventé par l'administration du Bas-Empire afin de désigner la terre distribuée pour assurer la *nourriture* aux soldats qui gardaient la *frontière* (lat. **limes**). Les terres limitrophes sont donc d'abord des terres qui bordent une frontière.

Autres termes de biologie tirés du grec :

AMIBE, d'après **ameibein,** *changer :* protozoaire dont la forme change continuellement.

BACTÉRIE ← **baktêria,** *bâton.*

CLONE ← **klôn,** *jeune pousse, rejeton.*

EMBRYON ← **embruon** (**en,** *dans* + **bruein,** *croître*).

ENZYME, c.r. (**en,** *dans* + **zumê,** *levain*) : les enzymes font fermenter ; AZYME ← **azumos,** *sans levain.*

MITOSE, d'après **mitos,** *filament* (+ suff. -OSE) : la mitose, division cellulaire, se caractérise par un étirement de la cellule.

OSMOSE, d'après **ôsmos,** *poussée :* l'osmose se caractérise par la poussée d'un liquide à travers une paroi.

PARAMÉCIE, d'après **paramêkês,** *ovale.*

Le corps humain

Ce thème sera de loin le plus fourni, pour plusieurs raisons. D'abord, la médecine fut, chez les Grecs, la première des sciences par le nombre de ses spécialistes et l'étendue de ses découvertes. Aussi la Grèce a-t-elle fourni aux langues occidentales un lexique médical et physiologique très complet. En outre, ce lexique est le plus largement diffusé de tous les lexiques scientifiques ; en effet, chacun a beaucoup plus de raisons de recevoir des informations sur son propre corps que sur la physique des hautes températures ou sur les invertébrés abyssaux. Pour comprendre ces informations, pour interpréter, par exemple, les résultats d'analyses, ou le nom d'un médicament, il faut pouvoir traduire chacun des éléments du vocabulaire savant (CÉPHAL-, SPLÉN-, MYÉL- etc.) et lui substituer le terme usuel (TÊTE, RATE, MOËLLE, etc.).

Beaucoup de ces éléments savants seront présentés sans mots-témoins. En effet, ces éléments s'associent de façon à peu près constante à un certain nombre d'autres éléments : les suffixes -ITE et -OSE, (p. 204 et 206), les éléments -LOGIE, -LOGIQUE, -LOGUE (p. 178), -GRAMME, -GRAPHIE (p. 173), -SCOPIE (p. 194), etc. qu'il nous a paru superflu de répéter. Le système fonctionne assez régulièrement et le lecteur peut, sans risque d'erreur, effectuer lui-même les commutations. Les particularités et anomalies seront signalées.

1. L'organisme

-SOM- / SOMAT- = *corps* ← **sôma, sômatos,** *corps.*

SOMATIQUE ← **sômatikos,** *corporel.* SOMATISER imite **sômatizein,** *donner corps à,* mais son sens est différent : c'est manifester involontairement, sous forme d'affection corporelle, une affection psychique.

CHROMOSOME : voir p. 90.

TRISOMIE, c.r. (+ TRI- = trois). Le mot désigne une affection — le mongolisme — causée par la présence d'un chromosome en trois exemplaires au lieu de deux. Dans ce mot, -SOM- signifie CHROMOSOME.

TRYPANOSOME, c.r. (+ **trupanon,** *trépan*) : protozoaire parasite responsable de la maladie du sommeil. Il doit son nom à sa forme.

ADÉN- / ADÉNO- = *ganglion* ← **adên,** *glande.*

-ANGI- / ANGIO- = *vaisseau* ← **angeion,** *récipient, vaisseau.*
En botanique, les éléments ANGIO- et -ANGE réfèrent aux étuis qui contiennent les graines ou les spores. Voir ANGIOSPERMES, SPORANGES, p. 112.
Ne pas confondre : ANGINE réfère à la gorge, et vient du latin **angina,** littéralement *étranglement.*

ARTHR- / ARTHRO- = *articulation* ← **arthron,** *jointure.*

BALAN- / BALANO- = *gland* ← **balanos,** *gland (végétal et anatomique).*
BALANITE, s.r. : inflammation du gland.
Au sens botanique, **balanos** ne désignait pas que le gland du chêne. Le **murobalanos** (+ **muron,** *parfum*) était une sorte de noix aromatique. Le mot a connu des aventures qui ne sauraient être mieux qualifiées que par l'adjectif auquel il a donné naissance. Passé en latin, il est devenu **myrobalanus** puis **myrobolanus,** d'où les apothicaires français du Moyen Age ont tiré le mot *myrobolan,* désignant toute espèce de fruit séché à vertu curative. Par son aspect aussi pittoresque que savant, qui s'accordait bien avec l'action mystérieuse du produit qu'il désignait, le mot a séduit l'imagination populaire, qui l'a rapproché de MIRACULEUX, MIRIFIQUE (dérivés du latin **mirari,** *s'étonner*) et en a tiré l'adjectif MIROBOLANT. Ce n'est pas tout, car, pendant ce temps-là, les Italiens employaient **myrobolanus** pour désigner une espèce particulière de fruit séché, en l'occurrence une prune, non sans l'arranger en *mirabella,* qui passa en français sous la forme MIRABELLE.

BLÉPHAR- / BLÉPHARO- = *paupière* ← **blepharon,** *paupière.*

-CARDE- / CARDIO- = *cœur* ← **kardia,** *cœur.*
Voir CARDIAQUE, p. 203 ; CARDIOTONIQUE, p. 129 ; ENDOCARDE, MYOCARDE, PÉRICARDE, p. 63.

-CÉPHAL- / CÉPHALO- = *tête* ← **kephalê,** *tête.*
CÉPHALÉE, s.r., terme médical, signifie *mal de tête.* Synonyme : CÉPHALALGIE ← **kephalalgia,** *mal de tête* (+ **algos,** *douleur*).
-CÉPHALE sert à désigner des êtres ou des institutions d'après le nombre de leurs têtes ou de leurs instances dirigeantes : voir ACÉPHALE, p. 27. L'hybride BICÉPHALE a évincé **dikephalos,** *à deux têtes : voir* BI- et DI-, p. 44.
En zoologie, -CÉPHALE ou CÉPHALO- servent à désigner des genres ou espèces d'animaux par l'aspect ou la position de leur tête : CYNOCÉPHALE ← **kunokephalos,** *à tête de chien* (+ **kuôn, kunos,** *chien*) : nom d'un singe. Voir LEPTOCÉPHALE, p. 89. CÉPHALOPODE, c.r. (+ **pous, podos,** *pied*) : se dit des mollusques dont le pied est sur la tête.
DOLICHOCÉPHALE et BRACHYCÉPHALE (voir p. 88) s'appliquent aux êtres humains.

-ENCÉPHAL- / ENCÉPHALO- = *cerveau* ← **enkephalon,** *cerveau.*
L'ENCÉPHALE est littéralement *ce qui est dans la tête* (**en,** *dans* + **kephalê,** *tête*).

CHIR- / CHIRO- = *main* ← **kheir,** *main.*
CHIRURGIE ← **kheirourgia,** *travail manuel* et en particulier *chirurgie* (+ **ergon,** *travail*).
CHIROMANCIE : voir p. 181.
CHIROPRAXIE, c.r. (+ **praxis,** *action*) : traitement par manipulations.
CHIROPTÈRE, c.r. (+ **pteron,** *aile*) : mammifère du genre chauve-souris dont les ailes sont faites de membranes tendues entre les doigts.

CHOL- = *bile* ← **kholê,** *bile.*
CHOLÉDOQUE ← **kholêdokhos,** *qui reçoit la bile* (+ **dokhê,** *réceptacle*).
Voir MÉLANCOLIE, p. 91 ; CHOLAGOGUE, p. 136.

CHOLÉRA est la transcription de **kholera** ou de sa copie latine **cholera,** les trois mots désignant bien la même maladie. On ne sait si **kholera** doit être rattaché à **kholê,** *bile,* ou à **kholas,** *intestin,* d'étymologie toute différente. Les Latins, quant à eux, l'ont rattaché sans hésiter au concept de bile : alors que le grec **kholerikos** signifie seulement *atteint du choléra,* la copie latine **cholericus** signifie aussi *bilieux,* et le latin **cholera,** qui finit par signifier *accès de bile,* a donné COLÈRE.

-CHONDRO- = *cartilage* ← **khondros,** *grain* et *cartilage.*
ACHONDROPLASIE, c.r. (+ **a-** privatif + **plassein,** *modeler*) : croissance contrariée par l'absence du cartilage qui permet aux os de grandir.
Pour les médecins grecs, le cartilage par excellence était celui des fausses côtes. Ils appelaient donc **hupokhondria** (pluriel) (+ **hupo,** *dessous*) → HYPOCONDRES les viscères situés sous ces côtes. Un **hupokhondriakos** était un individu qui souffrait de ces viscères, ce qui était supposé lui donner une humeur triste et capricieuse; tel est l'HYPOCONDRIAQUE, qui se tourmente à l'excès pour sa santé.

-CHYME = *humeur* ← **khumos,** *humeur.*
CACOCHYME : voir p. 28.
ECCHYMOSE ← **ekkhumôsis** (+ **ek,** *hors de*) : épanchement de sang hors des vaisseaux.

CYST- / **CYSTO-** = *vessie* ← **kustis,** *vessie, poche.*
CYSTITE, s.r. : inflammation de la vessie.
Au XVe siècle, le chirurgien français Chauliac a tiré de **kustis** le mot KYSTE qu'il a transcrit avec un K comme il était de règle à cette époque.

-DACTYL- / **DACTYLO-** = *doigt* ← **daktulos,** *doigt.*
DACTYLOGRAPHIE, c.r. (+ **graphein,** *écrire*) : c'est la seule technique d'écriture dans laquelle les dix doigts peuvent intervenir.
La zoologie distingue les ARTIODACTYLES des PÉRISSODACTYLES au nombre de leurs doigts (**artios,** *pair;* **perissos,** *impair*).

PTÉRODACTYLE : voir p. 15.
A cause de sa forme, les Grecs ont appelé le fruit du palmier **daktulos** → lat. **dactylus** → DATTE.

-DERM- / **DERMO-** / **DERMATO-** = *peau* ← **derma, dermatos,** *peau.*
DERME, ÉPIDERME, ENDODERME, ECTODERME, MÉSODERME : voir p. 63.
TAXIDERMISTE, c.r. (+ **taxis,** *arrangement*) : artisan qui prépare la peau des animaux pour leur naturalisation.

-ENTER- / **ENTÉRO-** = *intestin* ← **enteron,** *intestin.*
DYSENTERIE : voir p. 28.
Enteron signifie littéralement *qui est dedans :* c'est une suffixation de **en,** *dans.* Le latin **intestinus,** qui a le même sens, résulte de la suffixation de **in,** *dans.*

-GASTR- / **GASTÉRO-** / **GASTRO-** = *estomac* ← **gastêr, gastros** ou **gasteros,** *ventre* ou *panse.*
On ne sait pourquoi les botanistes et les zoologues ont préféré la forme archaïque **gaster-,** d'où GASTÉROPODE, c.r. (+ **pous, podos,** *pied :* littéralement *dont le ventre constitue le pied*), à la forme classique **gastr-** donnant les éléments en GASTR-, d'un emploi beaucoup plus étendu.

-GLOSS- / **GLOSSO-** / **-GLOTT-** = *langue, langage* ← **glôssa** ou **glôtta** selon les dialectes, *langue, langage.*
En anatomie-médecine -GLOSS- / GLOSSO- réfère à la langue.
En botanique, les mots en -GLOSSE désignent des plantes dont l'aspect rappelle une langue d'animal : ainsi BUGLOSSE ← **bouglôsson** (+ **bous,** *bœuf*) : langue-de-bœuf (il ne s'agit pas du champignon, mais d'une herbe).
Au sens de *langage,* l'élément apparaît dans POLYGLOTTE ← **poluglôttos,** *qui parle beaucoup de langues* (+ **polu,** *beaucoup*).
D'autre part, **glôssa** / **glôtta** pouvait signifier : *mot d'une langue étrangère,* d'où *mot difficile.* Les Latins ont recueilli **glossa** en ce sens et en ont tiré **glossarium,** *recueil de mots à traduire ou expliquer* → GLOSSAIRE. Au Moyen Age, **glossa** a

fini par désigner l'explication elle-même, d'où GLOSE, GLOSER.
Enfin **glôttis,** *languette* → GLOTTE; **epiglôttis,** *organe au-dessus de la glotte* (+ **epi,** *au-dessus*) → ÉPIGLOTTE.

GNATH- / GNATHO- = *mâchoire* ← **gnathos,** *mâchoire.*
PROGNATHE, c.r. (+ **pro,** *en avant*) : dont la mâchoire inférieure est proéminente.

HÉMAT- / HÉMATO- / HÉMO- / -ÉMIE = *sang* ← **haima, haimatos,** *sang.*
HÉMATIE (globule rouge) et HÉMATOME (tuméfaction due à un épanchement interne de sang) sont des formes suffixées récentes.
HÉMOGLOBINE est un hybride où l'élément GLOB- ← latin **globus,** *boule,* réfère aux globules rouges.
HÉMORRAGIE, HÉMORROÏDE: voir p. 133.
Noter l'emploi très particulier de l'élément -PHIL- (voir p. 51) dans HÉMOPHILIE, c.r. : disposition pathologique aux hémorragies prolongées.
Attention : HÉMATITE ne désigne pas une maladie du sang. Le mot vient de **haimatitês** et désigne, comme en grec, une roche de couleur rouge.
Les mots en -ÉMIE constituent une série qui réfère à la présence dans le sang de divers éléments chimiques : ALCOOLÉMIE, GLYCÉMIE (voir p. 94), ANOXÉMIE, etc., exception faite pour ANÉMIE ← **anaimion** (+ **an-** privatif), maladie que les Grecs et les modernes ont interprétée longtemps comme un manque de sang, alors qu'il s'agit d'un manque de globules rouges.

HÉPAT- / HÉPATO- = *foie* ← **hêpar, hêpatos,** *foie.*

HIST- / HISTO- = *tissu* ← **histion,** *tissu, voile.*
L'HISTAMINE, c.r., est une amine présente dans la plupart des tissus.

HYSTÉR- / HYSTÉRO- = *utérus* ← **hustera,** *matrice, utérus.*
HYSTÉRIQUE ← **husterikos,** *qui concerne la matrice,* puis

malade de la matrice. D'où HYSTÉRIE, avec suffixe -IE. De l'Antiquité jusqu'au début du XXe siècle, certains troubles du comportement furent considérés comme exclusivement féminins et comme dus à des réactions pathologiques de l'utérus.

KÉRAT- = *corne, cornée* ← **keras, keratos,** *corne.*
KÉRATINE, s.r. : substance dure et imperméable qui constitue chez l'homme les ongles et les cheveux, et chez certains animaux les cornes et les sabots.
KÉRATITE, s.r. : inflammation de la cornée.

-MAST-/MASTO- = *sein* ← **mastos,** *sein.*
GYNÉCOMASTIE ← **gunaikomastos,** *homme qui a des seins de femme* (+ **gunaiko-** = *femme*) : augmentation anormale du volume des seins chez l'homme.
MASTOÏDE ← **mastoeidês,** *mamelonné,* désigne un os crânien qui doit son nom à sa forme.
Un MASTODONTE, c.r. (+ **odous, odontos,** *dent,* voir p. 123), est un animal fossile aux dents mamelonnées. Chacun sait que cette bête était très grosse, et, dans l'étymologie spontanée, c'est MASTO- qui signifie cette énormité, par contamination avec MASSE, MASSIF (voir p. 83).

MASTIC n'a rien à voir avec cet élément : il vient du grec **mastikhê,** désignant une sorte de chewing-gum et construit d'après **mastikhân,** *mâcher,* dont la ressemblance avec **mastos,** *sein* est pure coïncidence, et dont les Latins ont fait **masticare,** qui, par transmission savante, donne MASTIQUER et par transmission populaire MÂCHER.

-MÉNO- = *menstruation* ← **mêniaia,** *menstrues,* d'une racine **mên,** *mois.*
AMÉNORRHÉE, c.r. (+ **a-** privatif et **rhein,** *couler*) : absence de flux menstruel.
DYSMÉNORRHÉE, c.r. (+ **dus-,** *mal*) : menstruation douloureuse ou difficile.
MÉNOPAUSE, c.r. (+ **pausis,** *arrêt*) : arrêt définitif de la menstruation.
Sur **emmêna,** *menstrues* (avec préfixe **en,** *dans*) a été constitué EMMÉNAGOGUE (+ -AGOGUE, voir p. 136) : qui favorise le flux menstruel.
Enfin **katamênia,** *menstrues* (+ **kata** distributif) → lat.

catamenia, employé au Moyen Age pour désigner les règles, et susceptible de déformations diverses dans le parler populaire. Le mot s'est télescopé avec une expression d'origine picarde, CATIMINI, « minet », formé des radicaux CAT- *(chat)* et MIN- (*minou, minet,* etc.). Pendant quelques siècles, CATIMINI fut une façon de désigner les **catamenia.** Le mot n'a rien conservé de cet avatar : « agir en catimini », c'est se montrer discret, voire sournois comme un chat.

MÉTR- = *utérus* ← **mêtra,** *matrice, utérus.*
MÉTRITE ← **mêtritis,** *inflammation de la matrice.*
MÉTR- / MÉTRO- peut également se rattacher à **mêtêr,** *mère,* dont **mêtra** est un dérivé : voir p. 154.

Attention : il existe un élément MÉTR- ← **metron,** *mesure,* issu d'une racine différente : voir p. 181.

MYÉL- / MYÉLO- = *moelle osseuse, moelle épinière* ← **muelos,** *moelle (osseuse).*
La POLIOMYÉLITE, c.r. (+ **polios,** *gris*), est une affection de la substance grise de la moelle épinière.

MYO- = *muscle* ← **mus, muos,** *souris, muscle.*
Le remarquable cas de polysémie représenté par **mus** remonte à l'indo-européen ; il se retrouve en d'autres langues et notamment en latin avec **mus,** *souris* / **musculus,** *petite souris* et *muscle.* Le lien sémantique entre souris et muscle semble pouvoir s'expliquer par l'aspect saillant et arrondi des muscles, particulièrement de ceux des bras.

NÉPHR- / NÉPHRO- = *rein* ← **nephros,** *rein.*
NÉPHRITE, c.r. ← **nephritês,** *gravelle :* inflammation des reins; NÉPHRÉTIQUE ← **nephritikos,** *qui souffre des reins :* qui affecte les reins.

NEUR- / NEURO- / NÉVR- / NÉVRO- = *nerfs, tissu nerveux* ← **neuron,** *nerf.*
NEURONE ← **neuron :** cellule nerveuse.
NÉVRITE, s.r. : lésion inflammatoire des nerfs.

NÉVROSE, NÉVROTIQUE réfèrent au mental plutôt qu'au système nerveux.
Le sens de *nerf* est absent dans NÉVROPTÈRE, c.r. (+ **pteron,** *aile*), où NÉVRO-signifie *nervure.*

-ODONT- / ODONTO- = *dent* ← **odous, odontos,** *dent.*
MASTODONTE : voir p. 121.
ORTHODONTIE, c.r. (+ **orthos,** *correct*) : soins visant à rectifier une implantation défectueuse des dents.

ONYCHO- = *ongle* ← **onux, onukhos,** *ongle.*
ONYCHOPHAGIE, c.r. (+ **phagein,** *manger*) : manie de se ronger les ongles.
On devine que la pierre d'ONYX doit son nom au grec : elle n'est pas sans rappeler la matière dont sont faits les ongles.

OPHTALM- / OPHTALMO- = *œil* ← **ophthalmos,** *œil.*
Ophthalmos se rattache à une racine grecque **op,** issue de l'indo-européen **okw* qui se retrouve dans le latin **oculus,** *œil.* A cette racine se rattache l'élément suivant :

-OPE / -OPS- / -OPT- = *vue* ← **ôps, opos,** *œil;* **opsis,** *vision;* **optos,** *visible.*
Les mots en -OPE réfèrent à des anomalies de la vision :
HYPERMÉTROPE, c.r. (+ **hupermetros,** *qui passe la mesure*) : chez qui l'image se forme au-delà de la rétine.
MYOPE ← **muôps,** *qui cligne les yeux* (+ **muein,** *cligner*).
NYCTALOPE : voir p. 81.
Les mots en -OPSIE réfèrent à des examens :
AUTOPSIE : voir p. 29.
BIOPSIE, c.r. (+ **bios,** *vie*), littéralement « examen biologique » : prélèvement de tissu pour examen microscopique.
Ces mots peuvent aussi désigner des façons de voir, et on pourra s'amuser à décrypter le mot DYSCHROMATOPSIE en se référant aux informations fournies p. 28 et p. 90.
OPTIQUE ← **optikê,** *science de la transmission des rayons lumineux,* dans laquelle les Grecs étaient passés maîtres.
DIOPTRIE, mesure de puissance d'une lentille, est inspiré de **dioptra,** *instrument de visée* (ne comportant pas de lentille).
Voir AMPÉLOPSIS, SYNOPSIS, p. 245.

ORCHI- = *testicule* ← **orkhis,** *testicule.*
Les Grecs trouvaient que la racine de l'ORCHIDÉE ← **orkhidion,** ressemblait à un testicule.

-OST- / **OSTÉ-** / **OSTÉO-** = *os* ← **osteon,** *os.*

OT- / **OTO-** = *oreille* ← **ous, ôtos,** *oreille.*

-PEPS- / **PEPT-** = *digestion* ← **pepsis,** *cuisson, digestion* et **peptos,** *cuit, digéré.*

-PHAG- / **PHAGO-** = *manger* ← **phagein,** *manger.*
Il existe fort peu de mots commençant par PHAGO-, en dehors de PHAGOCYTE, c.r. (+ -CYTE = *cellule,* voir p. 106) : littéralement, « cellule qui mange », d'où PHAGOCYTER, qui, dans un emploi métaphorique (circonvenir, réduire à l'impuissance, annexer), connaît un certain succès.
En revanche, les mots en -PHAGE sont légion, et nous en avons vu au passage un grand nombre qu'il serait trop long de rappeler ici. Ce sont des adjectifs ou des noms qui qualifient ou désignent des êtres d'après leur nourriture, le premier élément indiquant ce qui est mangé. Quelques-uns de ces mots fonctionnent métaphoriquement : il n'y a pas véritablement alimentation dans l'AÉROPHAGIE, c.r. (+ **aêr,** *air,* voir p. 77) ou dans l'ONYCHOPHAGIE, c.r., (+ **onux, onukhos,** *ongle,* voir p. 123). Voir également SARCOPHAGE, p. 128.
Deux mots font figure d'intrus dans cette série :
MACROPHAGE, c.r. (+ MACRO- = *gros,* voir p. 87), où MACRO- ne se rapporte pas au mangé, mais au mangeant : un macrophage est une grosse cellule qui englobe et détruit des particules cellulaires.
ŒSOPHAGE ← **oisophagos,** littéralement *qui porte à manger* (+ racine **ois** = *porter*).

PHALL- / **PHALLO-** = *membre viril* ← **phallos,** emblème porté en procession, lors de diverses cérémonies religieuses.
Cet élément n'est pratiquement pas employé en anatomie-médecine, sinon dans PHALLODYNIE, c.r. (+ **ôdunê,** *douleur*) : douleur du pénis.
PHALLOÏDE, c.r. (+ -OÏDE, voir p. 33) : en forme de phallus.
PHALLOCRATE : voir p. 57.

PHLÉB- / PHLÉBO- = *veine* ← **phleps, phlebos,** *veine.*

-PHYSE = *structure organique* ← **phusis,** *croissance, nature.*
L'élément sert à désigner les différentes parties des os : APOPHYSE, DIAPHYSE, ÉPIPHYSE, MÉTAPHYSE, SYMPHYSE.
Sauf MÉTAPHYSE, c.r. (+ **meta,** *à la suite de*), ces mots reprennent directement les mots grecs **apophusis, diaphusis, epiphusis, sumphusis,** qui évoquent divers types de croissances ou formations biologiques : croissance à partir de **(apo),** entre deux **(dia),** sur **(epi),** soudure **(sun).** Les médecins grecs en avaient déjà fait une série lexicale décrivant les formations osseuses.
L'élément -PHYSE sert aussi à désigner deux glandes, que les Grecs n'avaient pas découvertes :
L'HYPOPHYSE ← **hupophusis,** *croissance par-dessous* (+ **hupo,** *sous*), est ainsi appelée parce qu'elle est située *sous* le cerveau ;
L'ÉPIPHYSE, c.r. (+ **epi,** *sur*) a été baptisée par opposition avec la précédente.

Le mot **phusis,** dont le premier sens est *naissance, croissance,* a pris le sens de *nature.*
D'où **phusikos,** *naturel* → PHYSIQUE. La science de la nature, c'est-à-dire de tout le monde sensible (donc pas seulement ce que nous appelons « sciences naturelles ») fut appelée par Aristote **hê phusikê epistêmê** (**epistêmê,** *science*) → la PHYSIQUE.
L'élément **phusio-,** dérivé de **phusis** et exprimant l'idée de *nature,* est conservé dans quelques mots français sous la forme PHYSIO- :
PHYSIOLOGIE ← **phusiologia,** *discours sur la nature,* autre création verbale d'Aristote, qui désignait sous ce nom les tentatives d'explication des phénomènes naturels qui avaient été faites avant lui. De nos jours, la PHYSIOLOGIE est bien distincte de la PHYSIQUE et se rattache à la biologie.
PHYSIONOMIE ← lat. **physiognomia,** forme syncopée d'après gr. **phusiognômonia,** *art de déduire le caractère d'un homme d'après ses traits physiques* (+ **gnômôn,** *connaisseur*).
A la même racine se rattache l'élément PHYT-, voir p. 149.

Ne pas confondre : EMPHYSÈME ← **emphusêma,** *enflure,* de **emphusan,** *gonfler* (**en,** *dans* + **phusan,** *souffler*).

PLEUR- = *plèvre* ← **pleura,** *côté, flanc.*
Le médecin grec Aetios d'Amida écrivait : « La vraie pleurésie **(pleuritis)** est une inflammation de la membrane qui épouse l'intérieur des côtes; elle cause des points de douleur très vive et s'accompagne d'une forte fièvre. » La plèvre était donc connue, ainsi que sa maladie, dont le nom, passé en latin, est devenu **pleurisis,** puis **pleuresis** → PLEURÉSIE; mais elle n'avait pas de nom spécifique. Ce sont les médecins de la Renaissance qui l'ont baptisée du nom **pleura** transcrit PLÈVRE, qui apparaît pour la première fois chez Rabelais.

PNEUM- / **PNEUMO-** = *poumon* ← **pneumôn,** *poumon.*
PNEUMOCOQUE, voir p. 105.

Ne pas confondre : PNEUMAT- / PNEUMATO-, issu de **pneuma, pneumatos,** *souffle,* ne réfère pas au poumon, mais au souffle, aux gaz, ou aux esprits[1]. Si vous toussez, allez voir un PNEUMOLOGUE, et non un PNEUMATOLOGUE, qui se contente de faire tourner les tables.

1. Esprit se dit en grec **pneuma.** Le lien sémantique entre *souffle* et *esprit* se retrouve en latin où **spiritus** → ESPRIT signifie d'abord *respiration* (**spirare,** *respirer*). Voir aussi **psukhê,** p. 134.

PNEUMATIQUE ← **pneumatikos,** *respiratoire, gonflé d'air.* D'où, par abréviation, le nom PNEU.
Pneumôn et **pneuma** sont deux développements de la racine **pne / pno,** qui donne aussi **pnoia,** *respiration;* d'où **apnoia** → APNÉE : non-respiration; **duspnoia** → DYSPNÉE : respiration difficile (voir **a-** et **dys-,** pp. 27 et 28).

-POD- / PODO- = *pied* ← **pous, podos,** *pied.*
Élément surtout employé en zoologie, dans des mots en -PODE où la première partie indique le nombre, la forme ou la position du pied : CÉPHALOPODE, MYRIAPODE, PSEUDOPODE : voir pp. 117, 48, 35.
ANTIPODE, voir p. 51, ne s'inscrit pas dans cette série.
PODOMÈTRE, c.r. (+ **metron,** *mesure*) : appareil qui enregistre le choc du pied sur le sol et permet au marcheur de compter ses pas.
Voir aussi POLYPE, p. 37.

PROCT- / PROCTO- = *anus* ← **prôktos,** *anus.*

-PYG- = *fesse* ← **pugê,** *fesse.*
CALLIPYGE, STÉATOPYGIE, voir pp. 85 et 94.

RACHI- = *moelle épinière, colonne vertébrale* ← **rakhis,** *colonne vertébrale.*
RACHIS, transcription de **rakhis,** désigne en français comme en grec la colonne vertébrale.
Les formes RACHIALGIE, RACHIANESTHÉSIE, sont des compositions récentes correctes. La forme RACHIDIEN ne l'est pas; la consonne D, qui n'apparaît nulle part en grec dans les mots de cette racine, est surajoutée.
RACHITISME, RACHITIQUE sont des formations récentes à l'aide du suffixe -IT-, indicateur de maladie, et des suffixes -ISME, -IQUE (voir pp. 204, 205, 203). Primitivement, ces mots évoquaient une faiblesse de la colonne vertébrale.

RHIN- / RHINO- = *nez* ← **rhis, rhinos,** *nez.*

SALPING- = *trompes* ← **salpinx, salpingos,** *trompette.*

SARC- / SARCO- = *chair* ← **sarx, sarkos,** *chair.*

SARCOME : voir p. 206.

Sarkazein semble avoir signifié à l'origine *déchirer la chair comme un carnivore;* on le disait au sens de *montrer les dents comme un chien,* puis *rire en montrant les dents, d'un rire amer et crispé.* D'où **sarkasmos,** *raillerie cruelle* → SARCASME.

Sarkophagos (+ **phagein,** *manger*) signifie naturellement *carnivore;* puis l'adjectif a qualifié une sorte de chaux qui consumait les chairs des cadavres, et que, pour cette raison, on utilisait dans la confection des cercueils : les SARCOPHAGES. Ce sens de **sarkophagos** a été repris par le latin **sarcophagus** → a. fr. *sarqueu* → CERCUEIL.

SPLÉN- / SPLÉNO- = *rate* ← **splên,** *rate.*

SPLÉNOMÉGALIE, c.r. (+ **megas, megalou,** *grand*) : augmentation du volume de la rate.

Selon un point de vue médical aujourd'hui dépassé, le SPLEEN est dû à une affection de la rate. Les Anglais ont tiré le mot *spleen,* qui à l'origine désignait et la rate et la morosité qu'on croyait provoquée par son mauvais fonctionnement, soit du latin **splen** emprunté au grec, soit de l'ancien français *esplen,* issu du latin.

SPONDYL- / SPONDYLO- = *colonne vertébrale* ← **sphondulos,** *vertèbre.*

STÉTHO- = *poitrine* ← **stêthos,** *poitrine.*

STÉTHOSCOPE, c.r. (+ **skopein,** *observer*) : cet appareil sert à ausculter la poitrine du patient.

-STOM- / STOMAT- = *bouche* ← **stoma, stomatos,** *bouche.*

En plus des composés médicaux habituels (STOMATITE, STOMATOLOGIE, etc.), la racine a fourni :

ANASTOMOSE ← **anastomôsis,** *embouchure :* abouchement de deux conduits ou vaisseaux.

ESTOMAC ← lat. **stomachus** (d'où des dérivés comme STOMACAL) ← gr. **stomakhos,** *gorge,* puis *estomac.*

Pour les composés en -STOMIE, voir p. 137.

-TONI- = *tension organique* ← **tonos,** *tension.*
Les mots en -TONIE, -TONIQUE réfèrent à l'état de tension musculaire nécessaire à l'organisme. Les éléments initiaux indiquent le degré de cette tension ou l'organe qu'elle concerne :
HYPERTONIE, d'après **hupertonos,** *trop tendu* (+ **huper,** *à l'excès*) et HYPOTONIE, c.r. (+ **hupo,** *insuffisamment*), désignent l'excès ou l'insuffisance de tension musculaire.
CATATONIE ← **katatonos,** *aplati* (+ **kata,** *de haut en bas*) : état psychopathologique caractérisé entre autres symptômes par une inertie musculaire.
CARDIOTONIQUE (+ **kardia,** *cœur*) : qui augmente la tonicité du muscle cardiaque.
TONIQUE ← **tonikos,** *qui tend.*
Tonos a été emprunté par le latin sous la forme **tonus,** repris dans la langue médicale par TONUS, qui désigne la tension musculaire de l'organisme. Le mot a été chaleureusement adopté par le langage courant dans l'acception d'« énergie, ardeur ».
Par transmission populaire le latin **tonus** a donné TON, qui perpétue un des sens de **tonos :** tension d'une corde d'instrument de musique, d'où *ton* acoustique et musical :
BARYTON et OXYTON : voir pp. 88 et 95.
MONOTONE ← **monotonos,** *sur un seul ton* (+ **monos,** *seul).*
Pour la forme -TEN- de la racine, voir HYPOTÉNUSE, p. 38.
Pour la forme -TAN-, voir TÉTANOS, p. 139.

-UR- / URO- = *urine, voies urinaires* ← **ouron,** *urine.*
ALBUMINURIE, c.r. : présence d'albumine dans l'urine.
ÉNURÉSIE, s.r., a été formé sur **enourein** (+ **en,** *dans*), *uriner dans.*
NYCTURIE, c.r. (+ **nux, nuktos,** *nuit*) : voir p. 81.
URÉE est une formation récente inspirée par **oureios,** *urinaire.*
URÈTRE et URETÈRE sont directement empruntés à **ourêthra** et **ourêtêr,** sans changement de sens, les médecins grecs ayant déjà identifié ces conduits.

Ce n'est pas au grec que nous devons le mot URINE, mais au latin **urina,** sans doute lié étymologiquement à **ouron,** mais non issu de lui.

Autres termes anatomiques d'origine grecque :
AMYGDALE ← **amugdalê,** *amande :* emprunté par le latin sous la forme **amygdala,** le mot se corrompt en **amandula** (où **-ula** est senti comme diminutif) → AMANDE.
ARTÈRE ← **artêria,** *conduit, vaisseau.*
BRAS ← lat. **brachium** ← gr. **brakhiôn,** *bras,* littéralement *la partie plus courte* (que l'avant-bras) : **brakhiôn** est en effet le comparatif de **brakhus,** *court,* voir p. 88.
COCCYX ← **kokkux,** *coucou* et *coccyx.* On ignore le lien sémantique entre l'os et l'oiseau ; la dénomination de l'os est probablement facétieuse à l'origine.
CÔLON ← **kôlon,** *membre, tronçon ;* d'où **kôlikos,** *qui affecte le côlon* → COLIQUE.
DIAPHRAGME ← **diaphragma,** *cloison* (**dia,** *en séparant* + **phragma,** *palissade*).
ÉPAULE ← lat. **spatula,** *omoplate,* littéralement *pelle plate,* diminutif de **spatha,** *épée plate* ou *pelle plate* ← gr. **spathê,** *épée, pelle* ou *omoplate.* Le latin **spatha** a donné également ÉPÉE et, par l'italien *spada,* ESPADON, SPADASSIN ; par transmission savante, **spatula** → SPATULE.
JAMBE ← lat. **gamba,** *patte* ← gr. **kampê,** *flexion, articulation.*
MÉNISQUE ← **mêniskos,** *petit croissant de lune* (**mênê,** *lune,* même racine indo-européenne que l'anglais *moon*).
PÉRONÉ ← **peronê,** *épingle.*
PHALANGE ← **phalanx, phalangos,** *bâton,* d'où *ligne de bataille,* d'où *troupe ;* emprunté par les Latins sous la forme **phalanga,** *levier en bois,* donne * **palanca** → PLANCHE.
PORE ← **poros,** *passage.*
PYLORE ← **pulôros,** *portier,* puis *pylore* (**pulê,** *portail,* qui donne aussi **pulôn,** *porte monumentale,* d'où *tour flanquant une porte ou bordant une voie,* d'où *construction haute le long d'une voie* → PYLÔNE).
SQUELETTE ← **skeletos,** *desséché.*
THORAX ← **thôrax,** *cuirasse.*
THYROÏDE ← **thureoeidês,** *cartilage thyroïde,* littéralement *en forme de bouclier* (**thureos,** *bouclier*) : la glande thyroïde est proche de ce cartilage.
TORSE ← italien *torso,* tronc, d'où statue sans bras ni jambes ← lat. **tursus,** *branche, tronc* ← gr. **thursos,** *rameau.*
TRACHÉE-ARTÈRE ← **trakheia artêria,** *artère rugueuse* (**trakhus,** *rugueux*).
TYMPAN ← **tumpanon,** *tambour ;* voir TIMBRE, p. 233.

2. La maladie

-ALGIE / **-ALGIQUE** = *douleur* ← **algos,** *douleur.*
Les mots en -ALGIE / -ALGIQUE forment une série qui énumère toutes sortes de douleurs, l'élément initial indiquant le siège de la douleur : NÉVRALGIE (+ NÉVR- = *nerf,* voir p. 122), LOMBALGIE (+ LOMBES) etc.
NOSTALGIE occupe une place à part. Composé au XVIIe siècle, il désigne le mal du pays, littéralement la douleur causée par l'envie de retourner chez soi (+ **nostos,** *retour*).
ANTALGIQUE : voir p. 51. Le synonyme ANALGÉSIQUE vient de **analgêsia,** *absence de douleur* (+ **an-** privatif).

-ASTHÉNIE / **-ASTHÉNIQUE** = *faiblesse* ← **astheneia,** *faiblesse* (**a-** privatif + **sthenos,** *force*).
L'élément initial des mots en -ASTHÉNIE / -IQUE indique l'organe ou la fonction frappée de faiblesse : MYASTHÉNIE, NEURASTHÉNIE, PSYCHASTHÉNIE, c.r. (+ **mus,** *muscle;* **neuron,** *nerf;* **psukhê,** *âme*).
Le mot ASTHÉNIE désigne un état de faiblesse et de dépression, d'origine nerveuse ou psychique.

CARCINO- = *cancer* ← **karkinos,** *crabe* (et aussi *cancer*).
CARCINOME : voir p. 206.
CANCER est un mot latin de même sens que **karkinos.**

NOSO- = *maladie* ← **nosos,** *maladie.*
NOSOGRAPHIE, c.r. (+ **graphein,** *décrire*) : description méthodique des maladies.
NOSOLOGIE, c.r. (+ **logos,** *discours*) : étude des caractères distinctifs des maladies.

-PATH- / PATHO- = *maladie* ← **pathos,** *affection.*
PATHOGÈNE, c.r. (+ -GÈNE, voir p. 107) : qui peut provoquer une maladie.
PATHOLOGIE ← **pathologia,** *étude des passions ou des maladies* (+ **logos,** *discours*).
Les éléments -PATHE, -PATHIE, -PATHIQUE terminent des mots évoquant les affections d'un organe ou d'une fonction : ainsi, la CARDIOPATHIE, c.r. (+ **kardia,** *cœur*), recouvre toutes les affections cardiaques.
En bon langage, les mots en -PATHE ne peuvent désigner que des malades, non des médecins. Il y a exception pour HOMÉOPATHE et ALLOPATHE (voir p. 31) parce que ces mots sont de création allemande.
L'élément -PATH- apparaît aussi dans des mots non médicaux où il n'évoque pas la maladie, mais la chose éprouvée ou subie, le sentiment, la passion :
PATHÉTIQUE ← **pathêtikos,** *passionné, où les sentiments sont exprimés avec force* (se dit d'une œuvre), d'où *émouvant.*
APATHIE, ANTIPATHIE, EMPATHIE, SYMPATHIE, sont issus de **apatheia** (+ **a-** privatif), *impassibilité;* **antipatheia** (+ **anti,** *opposé à*), *aversion;* **empatheia** (+ **en,** *dans*), *passion qui emplit;* **sumpatheia** (+ **sun,** *ensemble*), *accord de sentiment,* ou *identité d'affection.* Seul de cette série, EMPATHIE est un réemploi avec changement de sens : le mot signifie le fait d'éprouver ce qu'éprouve autrui.

-PLÉGIE / -PLÉGIQUE = *paralysie* ← **plêgê,** *choc qui étourdit.*
Cet élément a été tiré de PARAPLÉGIE ← **paraplêgia,** *folie* ou *paralysie,* littéralement *état anormal* (+ **para,** *à côté*) résultant d'un choc. Le mot désigne la paralysie des deux membres inférieurs. Voir HÉMIPLÉGIE, TÉTRAPLÉGIE, pp. 40, 46.
A la même racine se rattachent APOPLEXIE, APOPLECTIQUE, qui viennent de **apoplêxia,** *paralysie,* **apoplêktos,** *paralysé* (+ **apo-,** voir p. 200).

PY- / PYO- = *pus* ← **puon,** *pus.*
PYORRHÉE ← **puorroia,** *écoulement de pus* (+ **rhein,** *couler*).
PYURIE, c.r. (+ UR-, voir p. 129) : présence de pus dans les urines.

PYRÉT- / PYRÉTO- = *fièvre* ← **puretos,** *fièvre,* dérivé de **pur,** *feu,* voir p. 78.
ANTIPYRÉTIQUE, c.r. (+ **anti,** *contre*) : destiné à combattre la fièvre.

-RRHÉE / -RRAGIE = *écoulement* ← **rhein,** *couler* et **rhagênai,** *jaillir.*
Le lexique médical moderne a rapproché deux racines bien distinctes : **rhagênai** ne se rattache pas à l'idée d'*écoulement,* mais à celle de *rupture.*
-RRHÉE a été dégagé de DIARRHÉE ← **diarroia,** *écoulement à travers, diarrhée* (+ **dia,** *à travers*) ou de PYORRHÉE (voir plus haut).
L'élément -RRAGIE a été dégagé de HÉMORRAGIE ← **haimorragia,** *jet de sang* (+ **haima,** *sang*).
Les deux éléments sont sémantiquement équivalents : ils évoquent des écoulements de nature pathologique. Par exception, LOGORRHÉE, c.r. (+ **logos,** *parole*) est métaphorique et signifie « diarrhée verbale ».

A la même racine se rattachent :
HÉMORROÏDES ← **haimorroïdes (phlebes),** *(veines) où afflue le sang* (+ **haima,** *sang*).
RHUMATISME ← **rheumatismos,** *écoulement pathologique ;* le mot a désigné ensuite tout phénomène inflammatoire avec ou sans écoulement d'humeur ; il signifie aujourd'hui, de façon plus restreinte, « inflammation des articulations ».
RHUME ← **rheuma,** *écoulement.*
CATARRHE, synonyme de rhume, vient de **katarrous,** *écoulement venant de la tête* (+ **kata,** *de haut en bas*).
Il ne faut pas le confondre avec CATHARE ← **katharos,** *pur,* qualificatif que s'étaient donné les adeptes du fameux mouvement religieux des XIe-XIIIe siècles, qui furent appelés aussi « Albigeois ».

De la même racine dépend également l'élément RHÉO- = *courant électrique,* voir p. 194.

-SEPS- / **-SEPT-** = *invasion microbienne* ← **sêpsis,** *moisissure, putréfaction;* **sêptos,** *moisi, putréfié,* même racine que **sapros,** voir p. 111.
ASEPSIE, c.r. (+ **a-** privatif) : absence de microbes. C'est l'objectif de l'ANTISEPSIE, c.r. (+ **anti,** *contre*) : lutte contre l'invasion microbienne.
SEPTIQUE ← **sêptikos,** *qui favorise la fermentation,* à ne pas confondre avec SCEPTIQUE, voir p. 222.
SEPTICÉMIE, c.r. (**sêptikos** + -ÉMIE = *sang*) : invasion microbienne dans le sang.

TÉRATO- = *monstre génétique* ← **teras, teratos,** *prodige, monstre.*
TÉRATOGÈNE, c.r. (+ -GÈNE, voir p. 107) : se dit de tout ce qui peut altérer l'embryon et produire un monstre.

TRAUMAT- / **TRAUMATO-** = *blessure* ← **trauma, traumatos,** *blessure.*
TRAUMATISME ← **traumatismos,** *blessure.* Le mot est employé à propos de lésions physiques ou de chocs psychologiques destructeurs.

PSYCH- / **PSYCHO-** = *esprit, psychisme* ← **psukhê,** *âme.*
ÂME vient du lat. **anima,** qui, à l'origine, signifie *souffle.* De même **psukhê** signifia d'abord *souffle,* et même *souffle froid.* L'élément PSYCH- / PSYCHO- réfère à tout ce qui, dans l'individu, n'est pas réductible à des organes ou à des phénomènes biologiques. Or, en fait, tout se passe comme si ce que désigne PSYCH- / PSYCHO- était aussi un organe, organe immatériel sans doute, mais susceptible, comme tout organe, d'être en bonne santé ou malade, d'être soigné et guéri. On trouve donc PSYCH- / PSYCHO- associé aux éléments du lexique médical : -IATRE (voir p. 136), -PATHE (voir p. 132), -TROPE (voir p. 69), -LEPTIQUE (voir p. 89), -OSE (voir p. 206; **psukhôsis** existe en grec, mais signifie *animation*), ASTHÉNIE (voir p. 131).
En outre, PSYCHO- entre dans des compositions récentes évoquant des phénomènes qui ne sont qu'en partie de nature psychique : PSYCHOMOTEUR, PSYCHOSOMATIQUE, PSYCHOSOCIAL, PSYCHOLINGUISTIQUE, etc.

Le vocabulaire philosophique réemploie des mots grecs qui réfèrent à l'âme : PSYCHIQUE ← **psukhikos,** *relatif à l'âme* (mais PSYCHISME est une suffixation récente); MÉTEMPSYCHOSE ← **metempsukhôsis,** phénomène par lequel l'âme entre successivement (**meta,** *à la suite*) dans (**en,** *dans*) plusieurs corps.
Entre médecine et philosophie, PSYCHANALYSE est une formation claire.
PSYCHÉDÉLIQUE, fabriqué en anglais, qualifie les visions provoquées par des hallucinogènes et suggère (peut-être?) que ces visions « font voir l'âme » (+ **dêloun,** *montrer*).

-MANE / -MANIE = *obsession* ← **mania,** *folie.*
Le grec possédait un certain nombre de composés en **-manês** (adjectifs) et **-mania** (noms) énumérant diverses formes de folie ou passion. Les mots français en -MANE et -MANIE évoquent une gamme de comportements passionnels de gravité très variable. Les uns sont pathologiques : CLEPTOMANE, c.r. (+ **kleptein,** *voler*); MÉGALOMANE, voir p. 87; MYTHOMANE (+ **muthos,** *récit fabuleux*); NYMPHOMANE, c.r., qui peut donner une fausse idée des Nymphes, si l'on ignore que **numphê** signifie d'abord *jeune épouse;* PYROMANE, c.r. (+ **pur,** *feu*); TOXICOMANE, c.r. (+TOXIQUE au sens d'intoxicant).
D'autres comportements, comme celui du MÉLOMANE, c.r. (+ **melos,** *mélodie*), ne demandent pas à être soignés. Rien d'inquiétant non plus dans la DÉCALCOMANIE qui permet d'assouvir une passion bien innocente, le décalcage.
Mania → MANIE ; **maniakos,** *fou* → MANIAQUE.

-PHRÈNE / -PHRÉNIE = *maladie mentale* ← **phrên,** *esprit.*
HÉBÉPHRÉNIE, c.r. : souvent interprété par association avec *hébétude,* ce mot signifie proprement « démence précoce ». Il fut composé au XIXe siècle avec **hêbê,** *jeunesse.* Voir SCHIZOPHRÉNIE, p. 68.
Le nerf PHRÉNIQUE est le nerf du diaphragme. En effet, **phrên** a désigné d'abord le diaphragme, puis l'esprit, car c'est dans la région du diaphragme que les premiers Grecs situaient le siège des sentiments et de l'intelligence.
FRÉNÉTIQUE ← lat. **phreneticus** ← gr. **phrenêtikos,** *furieux, délirant.* FRÉNÉSIE ← lat. **phrenesis,** *délire, furie.*

3. Les soins

-AGOGUE = *qui entraîne, qui fait venir* ← **agagein,** *pousser, entraîner.*
CHOLAGOGUE ← **kholagôgos,** *qui entraîne la bile* (voir CHOL-, p. 117). Sur ce modèle, voir EMMÉNAGOGUE, p. 121 ; GALACTAGOGUE, c.r. (+ **gala, galaktos,** *lait*) : qui favorise la sécrétion du lait.

L'élément grec **-agôg-** se perpétue également dans des mots qui ne font pas partie du vocabulaire médical :
DÉMAGOGUE ← **dêmagôgos,** *qui entraîne le peuple* (+ **dêmos,** *peuple,* voir p. 156); DÉMAGOGIE, DÉMAGOGIQUE viennent de **dêmagôgia, dêmagôgikos.**
PÉDAGOGUE ← **paidagôgos,** *esclave qui conduit l'enfant à l'école* (+ **pais, paidos,** *enfant*). Cet esclave était aussi chargé de faire travailler l'enfant à la maison. Ce travail de précepteur-répétiteur était appelé **paidagôgia** → PÉDAGOGIE.
SYNAGOGUE ← **sunagôgê,** *réunion* (+ **sun,** *ensemble*), particulièrement *réunion des Juifs pour célébrer le culte* et *lieu de cette réunion.*

-IATR- / IATRO- = *médecine, médecin* ← **iatros,** *médecin.*
IATROGÈNE : voir p. 107.
PÉDIATRE, c.r. (+ **pais, paidos,** *enfant*) : médecin qui soigne les enfants.
Lorsque pour un même objet de soins coexistent deux mots, l'un en -IATRE, -IATRIE, l'autre en -LOGUE, -LOGIE, le premier réfère à une activité plus nettement médicale : la GÉRIATRIE, c.r. (+ **gêras,** *vieillesse*) est la médecine de la vieillesse, la GÉRONTOLOGIE l'étude des phénomènes du vieillissement. Voir aussi PSYCHIATRE, c.r., et PSYCHOLOGUE, c.r. (+ **psukhê,** *âme*).

PHARMAC- / PHARMACO- = *pharmacie* ← **pharmakon,** *drogue, poison* ou *médicament.*
PHARMACIE ← **pharmakeia,** *emploi de drogues.*
PHARMACOPÉE ← **pharmakopoiia,** *préparation de drogues* (+ **poiein,** *faire*). Le mot désigne aujourd'hui une liste ou une réserve de médicaments.

-PLASTIE = *modelage* ← **plastos,** *modelé,* voir -PLASIE, -PLASM-, -PLAST-, p. 110.
Les mots en -PLASTIE réfèrent à la chirurgie qui remodèle divers organes. L'élément initial indique l'organe remodelé : dans RHINOPLASTIE, c.r. (+ **rhis, rhinos,** *nez*), il s'agit du nez. Dans VALVULOPLASTIE (+ VALVULE), il s'agit des valvules cardiaques, etc.

-STOMIE = *abouchement* ← **stoma,** *bouche,* voir p. 128.
Les noms en -STOMIE désignent des opérations par lesquelles on fait déboucher un conduit sur l'extérieur du corps ou dans un autre conduit. Ainsi, dans la TRACHÉOSTOMIE, on fait déboucher la trachée à la base du cou.

-THÉRAPIE = *traitement* ← **therapeia,** *soin.*
Dans la longue liste des noms en -THÉRAPIE, l'élément initial indique toujours la nature du traitement :
ERGOTHÉRAPIE, c.r. (+ **ergon,** *travail*) : traitement par le travail.
INSULINOTHÉRAPIE, c.r. : traitement par l'insuline.
PSYCHOTHÉRAPIE, c.r. : traitement par procédés psychiques.
Voir KINÉSITHÉRAPIE, p. 64.
Therapeutês, *serviteur* et *soignant,* a fourni un élément -THÉRAPEUTE, qui n'est que rarement employé : PSYCHOTHÉRAPEUTE, KINÉSITHÉRAPEUTE.
THÉRAPEUTIQUE ← **therapeutikê,** *traitement médical.*

-TOMIE = *découpage chirurgical* ← **tomê,** *coupure.*
Dans la série des mots en -TOMIE, l'élément initial indique l'organe sur lequel le chirurgien pratique une incision :
LAPAROTOMIE, c.r. (+ **lapara,** *ventre mou*) : incision de l'abdomen.
TRACHÉOTOMIE, c.r. (+ **trakheia,** *trachée*) : incision de la trachée.
A la même racine se rattachent :
ANATOMIE ← **anatomê,** *découpage, dissection* (+ **ana,** *en plusieurs morceaux*).
ATOME ← **atomos,** *non coupé, insécable,* et *atome* (+ **a-** privatif). Dès le ve siècle av. J.-C., les philosophes grecs Leucippe et Démocrite ont eu l'intuition que la matière était

constituée de particules insécables qu'ils ont appelées **atomoi.** On sait maintenant que les atomes sont des composés éminemment divisibles qui ne méritent donc pas leur nom. DICHOTOMIE : voir p. 44. ENTOMOLOGIE : voir p. 142.
TOME ← **tomos,** *morceau,* particulièrement *morceau de papyrus ou parchemin, volume d'un livre.*
TOMOGRAPHIE, c.r. (+ -GRAPHIE = RADIOGRAPHIE) : examen radiographique d'une *coupe* de tissu organique.

Le mot **ektomê,** *excision* (+ **ek,** *en enlevant*), a fourni l'élément suivant :

-ECTOMIE = *ablation.*

Si la LARYNGOTOMIE est une incision du larynx, la LARYNGECTOMIE en est l'ablation.
Autant d'organes, presque autant de mots en -ECTOMIE : OVARIECTOMIE : ablation d'un ou des ovaires ; APPENDICECTOMIE : ablation de l'appendice, etc.

Autres termes médicaux d'origine grecque :

ABOULIE ← **aboulia,** *absence de volonté* (**a-** privatif + **boulesthai,** *vouloir*).
ACNÉ ← **akhnê,** *efflorescence.*
ANÉVRISME ← **aneurusma,** *dilatation* (**ana-** résultatif + **eurus,** *large*).
ASPHYXIE ← **asphuxia,** *arrêt du pouls* ; de **sphugmos,** *pouls.*
ASTHME ← **asthma,** *essoufflement.*
CIRRHOSE ← **kirros,** *roux* (le foie cirrhotique est de couleur jaunâtre).
COMA ← **kôma,** *sommeil profond.*
CYANOSE ← **kuanôsis,** *coloration en bleu sombre,* de **kuanos,** *bleu sombre* ; la cyanose se manifeste par une coloration bleue de la peau. Le CYANOGÈNE est un gaz capable de provoquer la cyanose, et les CYANURES des sels dérivés du cyanogène.
CYPHOSE ← **kuphos,** *bossu.* LORDOSE ← **lordos,** *courbé en avant.* SCOLIOSE ← **skoliôsis,** *torsion,* de **skolios,** *tordu.*
DIABÈTE ← **diabêtês,** *maladie dans laquelle l'eau ne fait que traverser le corps* (soif et urines abondantes dans une certaine forme de diabète), de **diabênai,** *traverser.*
ECZÉMA ← **ekzêma,** *effervescence* (**ek,** *au-dehors* + **zein,** *bouillir*).

ÉPILEPSIE ← **epilêpsis,** *attaque* (**epi,** *sur* + **lêpsis,** *emprise*).
ESCARRE ← lat. **eschara** ← gr. **eskhara,** *brasier.*
MIGRAINE ← lat. **hemicrania** ← gr. **hêmikrania,** *douleur dans une moitié du crâne* (**hêmi,** *moitié* + **kranion,** *crâne*).
PARASITE ← **parasitos,** *qui mange à la table d'autrui* (**para,** *à côté* + **sitos,** *nourriture*).
PLACENTA, désigné à cause de sa forme par le nom latin **placenta,** *gâteau plat,* tiré de l'accusatif grec **plakounta,** de **plakous, plakountos,** *gâteau plat.*
PTOSE ← **ptôsis,** *chute,* même racine que dans SYMPTÔME ← **sumptôma,** *événement qui tombe en même temps* (+ **sun,** *ensemble*) et dans ASYMPTOTE, voir p. 103.
SCIATIQUE ← lat. **ischiadicus** ← gr. **iskhiadikos,** *atteint de sciatique,* de **iskhion,** *hanche.*
SPASME ← **spasma,** *tiraillement,* de **span,** *tirer.* SPASMODIQUE, d'après **spasmôdês,** *convulsif.*
SYNCOPE ← **sunkopê,** *collision, choc* (**sun,** *ensemble* + **koptein,** *frapper*).
TÉTANOS ← **tetanos,** *rigidité.*
THROMBOSE ← **thrombôsis,** *coagulation.*
TOXIQUE ← **toxikon,** *relatif à l'arc* (**toxos,** *arc*), particulièrement *poison pour flèches.*
Attention : dans TOXOPLASMOSE, TOXO- ne réfère pas à la toxicité. Il s'agit d'une maladie causée par un corpuscule (**plasma**) en forme d'arc (**toxos**).
TYPHUS ← **tuphos,** *fumée* d'où *vapeurs, torpeur.*

CLINIQUE ← **klinikos,** *qui concerne le malade au lit,* de **klinê,** *lit* (**klinein,** *coucher* ; voir CLIMAT, p. 83).
COLLYRE ← **kollurion,** *emplâtre,* en particulier destiné aux yeux, de **kollura,** *petit pain.*
DIÈTE ← **diaita,** *régime* ; DIÉTÉTIQUE ← **diaitêtikê.**
DOSE ← **dosis,** *action de donner.* A la même famille se rattache ANTIDOTE ← **antidotos,** *donné contre.*
ÉMÉTIQUE ← **emetikos,** *qui fait vomir* ; d'où ANTIÉMÉTIQUE.
GARGARISME ← **gargarismos,** de **gargareôn,** *luette.*
HYGIÈNE ← **hugiainein,** *être en bonne santé.*
POSOLOGIE, c.r. (**posos** ? *combien* ? + **logos,** *discours*).
PROPHYLACTIQUE ← **prophulaktikos,** *qui protège par avance* (**pro,** *avant* + **phulakê,** *garde, protection*).
SERINGUE ← lat. **syringa,** *roseau, seringue* ← gr. **surinx, suringos,** *roseau creux, flûte de Pan.*

Les animaux

-ZO- / ZOO- = *animal* ← **zôion,** *l'être vivant.*

En début de mot, ZOO- réfère toujours à l'animalité et aux animaux, sauf dans ZOOSPORE, c.r. (+ SPORE, voir p. 112), où il réfère à la mobilité caractéristique du règne animal : une ZOOSPORE n'est pas un animal, mais une spore capable de se mouvoir elle-même.
On sait que le mot ZOO est l'abréviation de (jardin) ZOOLOGIQUE.

Les mots terminés en -ZOÏQUE désignent des périodes géologiques caractérisées par la présence ou l'absence d'animaux : AZOÏQUE, PALÉO-, MÉSO-, NÉOZOÏQUE : voir les éléments initiaux pp. 27, 60, 73, 74.

Les mots terminés en -ZOAIRE (avec suffixe latin **-arius**) évoquent de grandes formes de vie animale, avec la distinction essentielle entre PROTOZOAIRES (+ **prôtos,** *premier*), organismes unicellulaires, et MÉTAZOAIRES (+ **meta,** *après*), organismes pluricellulaires.

Les mots terminés en -ZOÏDE (avec suffixe -IDE, voir p. 33) désignent des cellules automotrices, les plus connues étant les SPERMATOZOÏDES (+ **sperma, spermatos,** *semence*).
Le mot ÉPIZOOTIE, épidémie animale, est calqué sur ÉPIDÉMIE : l'élément -DÉM- = *peuple* (voir p. 156) a été remplacé par -ZOOT- tiré de **zôiotês,** *animalité.*
Du diminutif **zôidion,** *petit animal* puis *image d'animal ou de personnage,* le grec a tiré **zôidiakos** → ZODIAQUE : c'est la zone céleste parcourue en un an par le Soleil, et jalonnée par des constellations interprétées comme des images d'êtres vivants : taureau, bélier, poissons...
A la même racine (**zô** = *vie*) se rattache AZOTE, voir p. 96.

1. Les genres et les espèces

CONCHYLI- = *coquillage* ← **konkhulion,** *coquillage.*
CONCHYLIOLOGIE, c.r. (+ **logos,** *discours*) : zoologie des coquillages.
Konkhulion → lat. **conchylium** → COQUILLE.
De la même famille, **konkhê,** *coquillage* → CONQUE.

CYN- / CYNO- = *chien* ← **kuôn, kunos,** *chien.*
CYNÉGÉTIQUE ← **kunêgêtikos,** *relatif à la chasse,* de **kunêgos,** *chasseur,* littéralement *qui mène ses chiens.*
CYNIQUE : voir p. 222.

ENTOMO- = *insecte* ← **entomon zôion,** *animal découpé* (**en,** *dans* +**tomê,** *coupure*).
L'ENTOMOLOGIE, c.r. (+ **logos,** *discours*), est l'étude des insectes. C'est Aristote qui a regroupé les insectes sous l'appellation générique d'**entoma,** d'après la structure morcelée de leur corps. Le mot latin **insecta** (pluriel) est une traduction littérale de **entoma** (**in,** *dans* + **secare,** *couper*).

-HELMINTH- = *ver* ← **helmins, helminthos,** *ver.*
NÉMATHELMINTHES, c.r. (+ **nêma, nêmatos,** *fil*) : vers filiformes ; voir NÉMATODES, p. 207.
PLATHELMINTHES, c.r. (+ **platus,** *large*) : vers plats.

HERPÉTO- = *reptile* ← **herpeton,** *reptile,* racine indo-européenne ******serp,* ramper → lat. **serpens.**
HERPÉTOLOGIE, c.r. (+ **logos,** *discours*) : étude des reptiles.
Herpês, *dartre,* littéralement *lésion rampante* → HERPÈS.

HIPP- / HIPPO- = *cheval* ← **hippos,** *cheval.*
HIPPIQUE ← **hippikos,** *équestre.*
HIPPOCAMPE ← **hippokampos,** littéralement *cheval recourbé* (+ **kampê,** *courbure, flexion;* voir JAMBE, p. 130) : la queue de ces animaux est recourbée.
HIPPOLOGIE, c.r. (+ **logos,** *discours*) : c'est la partie théorique de la science du cavalier.
HIPPOPHAGIQUE, s.r. (+ **phagein,** *manger*) : où l'on mange du cheval. **Hippophagoi,** *les mangeurs de chevaux,* désignait chez les Grecs une peuplade barbare des plaines russes.
Voir aussi HIPPODROME, p. 64; HIPPOPOTAME, p. 81.

ICHTYO- = *poisson* ← **ikhthus,** *poisson.*
ICHTYOLOGIE, c.r. (+ **logos,** *discours*) : zoologie des poissons.
ICHTYOPHAGE ← **ikhthuophagos,** *mangeur de poisson.*
Pour les premiers chrétiens, l'image du poisson était un signe de reconnaissance; en effet, les lettres du mot **ikhthus** pouvaient s'interpréter comme un sigle :
I(êsous), *Jésus* **KH(ristos),** *Christ* **TH(eou),** *de Dieu* **HU(ios),** *le Fils* **S(ôtêr),** *Sauveur.*

LYC- / LYCO- = *loup* ← **lukos,** *loup.*
LYCANTHROPE ← **lukanthrôpos,** *homme-loup* (+ **anthrôpos,** *homme,* voir p. 153), nom savant du *loup-garou.*
LYCOPERDON, c.r. (+ **perdesthai,** *péter*) : vesse-de-loup.

MYRMÉCO- = *fourmi* ← **murmêx, murmêkos,** *fourmi.*
MYRMÉCOPHILE, c.r. (+ **philein,** *aimer*) : se dit des pucerons qui vivent en association avec les fourmis.

MYTILI- / MYTILO- = *moule* ← **mutilos,** *moule.*
MYTILICULTURE, c.r. : culture des moules.
MYTILOTOXINE, c.r. : poison parfois présent dans les moules.

OPHI- / OPHID- = *serpent* ← **ophis,** *serpent.*
L'OPHIOLOGIE, c.r., traite plus particulièrement des serpents tandis que l'HERPÉTOLOGIE traite des reptiles en général. Les OPHIDIENS, s.r., rassemblent les diverses espèces de serpents. Un OPHICLÉIDE, c.r., est un instrument de musique muni de clés (+ **klêis, klêidos,** *clé*), en forme de serpent enroulé.

ORNITHO- = *oiseau* ← **ornis, ornithos,** *oiseau.*
ORNITHOLOGIE, c.r. : zoologie des oiseaux.
ORNITHORYNQUE, c.r. (+ **rhunkhos,** *bec*) : mammifère à bec d'oiseau.

OSTRÉI- = *huître* ← **ostreion,** *huître.*
OSTRÉICULTURE : culture des huîtres, élevées par des OSTRÉICULTEURS dans les bassins OSTRÉICOLES (+ lat. **colere,** part. passé **cultum,** *cultiver).*
A côté de **ostreion,** existait la forme **ostreon**; du pluriel de ce mot, **ostrea,** les Latins ont fait un féminin singulier, **ostrea** → HUÎTRE.

PITHÉC- / -PITHÈQUE = *singe* ← **pithêkos,** *singe.*
AUSTRALOPITHÈQUE : singe préhominien dont les restes ont été découverts en Afrique australe.
PITHÉCANTHROPE et ANTHROPOPITHÈQUE : voir p. 153.

PSITTAC- = *perroquet* ← **psittakos,** *perroquet.*
La PSITTACOSE, s.r., est une infection transmise par les morsures d'oiseaux. Le PSITTACISME, s.r., est un travers consistant à répéter mécaniquement comme un perroquet.

-SAUR- = *reptile quadrupède* ← **sauros,** *lézard.*
Cet élément du nom des SAURIENS – crocodiles et lézards – a servi à édifier la pittoresque nomenclature des grands reptiles préhistoriques, aux noms évocateurs quand on peut les déchiffrer : BRONTOSAURE, le reptile au bruit de tonnerre – comment l'a-t-on su? – (+ **brontê,** *tonnerre*); DINOSAURE, le reptile effrayant (+ **deinos,** *effrayant*); ICHTYOSAURE, le reptile-poisson (+ **ikhthus,** *poisson*);

PLÉSIOSAURE, le reptile voisin (+ **plêsios,** *voisin*); STÉGOSAURE, le reptile qui a un toit sur le dos (+ **stegos,** *toit*); TYRANNOSAURE, le reptile tyran (+ **turannos,** *tyran*). Étranger à cette série, le DIPLODOCUS, c.r., est un reptile à colonne vertébrale double (**diplous,** *double* + **dokos,** *poutre*). Pour MASTODONTE, voir p. 121.

-THÉRIUM = *gros mammifère préhistorique* ← **thêrion,** *animal sauvage.*
Intégré en français sous une forme latinisée – cas fréquent dans les nomenclatures zoologiques et botaniques – cet élément s'associe à des adjectifs :
DINOTHÉRIUM (+ **deinos,** *effrayant*), MÉGATHÉRIUM (+ **megas,** *grand*), PALÉOTHÉRIUM (+ **palaios,** *ancien*).

2. Les parties des animaux

-CÉR- = *corne* ← **keras, keratos,** *corne.*
RHINOCÉROS ← **rhinokerôs,** *au nez encorné* (+ **rhis, rhinos,** *nez*).
MÉGACÉROS, c.r. (+ **megas,** *grand*) : cervidé fossile aux bois gigantesques.
TRICÉRATOPS, c.r. : sorte de rhinocéros à trois cornes (+ **tri-** = *trois,* et **ôps,** *œil* ou *visage,* voir p. 123).
Voir KÉRAT-, p. 121.

CERCO- / **-CERQUE** = *queue* ← **kerkos,** *queue.*
CERCOPITHÈQUE ← **kerkopithêkos,** *singe à longue queue* (+ **pithêkos,** *singe*).
CYSTICERQUE, c.r. (+ **kustis,** *vessie, poche*) : dont la queue forme une poche.

-OURE / **-URE** = *queue* ← **oura,** *queue.*
ANOURE, c.r. (+ **an-** privatif) : sans queue.
OXYURE : voir p. 95.
Skiouros, *animal qui se fait de l'ombre avec sa queue* (+ **skia,** *ombre*) → lat. **sciurus,** diminué en ***sciuriolus** → ÉCUREUIL.

PTÉRO- / -PTÈRE = *aile* ← **pteron,** *aile.*

PTÉRODACTYLE : voir p. 15.

L'élément terminal -PTÈRE sert à bâtir la nomenclature récente des insectes, distingués par les caractéristiques de leurs ailes : voir COLÉOPTÈRE : aux ailes rangées dans des étuis (+ **koleos,** *étui*); DIPTÈRE, p. 44; HÉMIPTÈRE, p. 40; HYMÉNOPTÈRE, p. 110; NÉVROPTÈRE, p. 123; ORTHOPTÈRE, p. 103. LÉPIDOPTÈRE a un élément initial latin : **lepidus,** *gracieux.*

BALEINOPTÈRE est une création maladroite (+ BALEINE) : -PTÈRE n'y signifie pas *aile,* mais *nageoire* (voir élément suivant) : c'est une baleine à nageoires.

HÉLICOPTÈRE : voir p. 103.

-PTÉRYG- = *nageoire* ou *aile* ← **pterux, pterugos,** *aile* et *nageoire.*

L'élément -PTÉRYG- sert à nommer les animaux aquatiques d'après la nature de leurs nageoires. Ainsi les CROSSOPTÉRYGIENS, c.r. (+ **krossos,** *frange*), ont des nageoires en forme non de crosse, mais de frange.

Attention : pterux signifiant aussi *aile,* l'élément PTÉRYG-, en début de mot, peut avoir ce sens : l'apophyse PTÉRYGOÏDE ← **pterugoeidês** (+ **eidos,** *forme*), est en forme d'aile.

Les PTÉRYGOTES (**pterugôtos,** *pourvu d'ailes)* rassemblent tous les insectes ailés.

Enfin, en début de mot, PTÉRID- (par exemple dans PTÉRIDOPHYTES, voir PHYT- p. 149) réfère aux fougères. L'élément est tiré de **pteris, pteridos,** *fougère* (dont la feuille ressemble à une aile).

Autres noms d'animaux venus du grec :

ANOPHÈLE ← **anôphelês,** *nuisible* (**an-** privatif + **ôphelein,** *être utile*), bien nommé puisqu'il s'agit du moustique vecteur du paludisme.

ASPIC ← gr. **aspis,** *bouclier* et *naja,* serpent dont le cou prend la forme d'un bouclier.

AUTRUCHE ← lat. **avis struthio** (**avis,** *oiseau)* ← gr. **strouthiôn,** désignant à la fois le *moineau* et l'*autruche.* D'où le nom savant des STRUTHIONIDÉS qui désigne la famille d'oiseaux à laquelle appartient l'autruche.

CAMÉLÉON ← **khamaileôn,** littéralement *lion nain* (**khamai,** *à ras de terre* + **leôn,** *lion*).
CARABE ← **karabos,** *scarabée* ou *langoustine,* qui a donné le nom latin **carabus,** *langoustine* et, par métaphore, *barque* d'où le portugais *caravela* → CARAVELLE.
CÉTACÉ ← **kêtos,** *gros animal marin,* avec suffixe d'origine latine -ACÉ.
CHÉLONIENS, d'après **khelônê,** *tortue.*
DORYPHORE ← **doruphoros,** *lancier* (**doru,** *lance* + **phorein,** *porter*) : on chercherait en vain un semblant de lance sur l'insecte que nous connaissons sous ce nom : il semble qu'on lui ait donné abusivement le nom d'un de ses cousins porteur d'une pièce thoracique en forme de lance.
GORILLE ← **Gorillai,** nom d'une peuplade d'hommes très velus rencontrés par l'explorateur Hannon au VIe siècle avant J.- C. (Hannon est un Carthaginois, mais son récit de voyage, *le Périple,* fut traduit en grec).
HYÈNE ← **huaina,** littéralement *truie* (**hus,** *porc*).
ORYCTÉROPE, c.r. : littéralement « animal qui creuse le sol avec son visage » (**oruktêr,** *fouisseur* + **ôps, opos,** *œil, visage*).
PHACOCHÈRE, littéralement « cochon à lentilles » ; il s'agit des verrues qui caractérisent cet animal (**phakos,** *lentille* + **khoiros,** *cochon*); voir POTAMOCHÈRE, p. 81.
SEICHE ← lat. **sepia** ← gr. **sêpia.** La SÉPIA, encre employée pour le dessin, était à l'origine extraite de la seiche.

Les plantes

-PHYT- / PHYTO- = *végétal* ← **phuton,** *plante,* adjectif verbal du verbe **phuesthai,** *pousser,* dont est également dérivé **phusis,** *nature* (voir PHYS-, p. 125).
PHYTOPLANCTON, c.r. (+ PLANCTON ← **plankton,** *errant*) : plancton végétal.
SAPROPHYTE : voir p. 111.
Les naturalistes, qui disposaient déjà de ZOOPHYTE ← **zôiophuton,** *animal-plante* (+ **zôion,** *animal*), ont fabriqué, avec les mêmes éléments disposés dans l'ordre inverse, PHYTOZOAIRE. Ce n'est pas un doublet inutile : les ZOOPHYTES ressemblent aux végétaux en ce qu'ils sont fixes (éponges, coraux, etc.); les PHYTOZOAIRES en ce qu'ils ont une structure symétrique (méduses, oursins, etc.).
NÉOPHYTE : voir p. 74.
De la même racine, EMPHYTÉOTIQUE, d'après EMPHYTÉOSE ← lat. **emphyteosis** ← gr. **emphuteusis,** *bail héréditaire,* littéralement *enracinement* (**en,** *dans* + **phuteuein,** *planter*). De nos jours, un bail emphytéotique n'est plus héréditaire, mais seulement de longue durée.

-ANTH- / ANTHO- = *fleur* ← **anthos,** *fleur.*
ANTHÈRE ← **anthêros,** *fleuri* : partie de l'étamine de la fleur.
PÉRIANTHE ← **perianthês,** *entouré de fleurs* (+ **peri,** *autour*) : enveloppe entourant les fleurs.
CHRYSANTHÈME : voir p. 93.
Termes non botaniques : ANTHOLOGIE ← **anthologia,** *bouquet* (+ LOG- = *cueillir,* voir racine **leg- / log-,** p. 180).
EXANTHÈME ← **exanthêma,** *efflorescence, éruption cutanée* (+ **ex,** *au-dehors*); d'où EXANTHÉMATIQUE.

-MYC- / MYCO- / -MYCÈTE = *champignon* ← **mukês, mukêtos,** *champignon.*
MYCOLOGIE, c.r. : botanique des champignons.
MYCOSE, s.r. en -OSE : maladie de la peau due à un champignon microscopique.
Les noms en -MYCÈTE désignent divers genres de champignons.
Les noms en -MYCINE désignent des substances antibiotiques tirées de champignons microscopiques.

-PHYLL- / PHYLLO- = *feuille* ← **phullon,** *feuille.*
PHYLLOPHAGE, c.r. (+ **phagein,** *manger*) : mangeur de feuilles.
CHLOROPHYLLE : voir p. 90.

RHIZO- = *racine* ← **rhiza,** *racine.*
RHIZOME ← **rhizôma,** *touffe de racines :* tige souterraine.
RHIZOPODE, c.r. (+ **pous, podos,** *pied*) : protozoaire émettant des prolongements à l'aspect de racines, qu'il utilise pour se déplacer.

Autres termes de botanique d'origine grecque :

L'étymologie grecque des noms de plantes est souvent un cul-de-sac : on remonte à des noms grecs qui ne peuvent être reliés à aucune racine connue. Quelques-uns de ces noms sont motivés, mais il est souvent difficile d'en comprendre la motivation : pourquoi l'ANÉMONE est-elle la fleur du vent (voir p. 80), la CENTAURÉE la fleur du Centaure (voir p. 151), le BASILIC l'herbe du roi (voir p. 216)? Les hypothèses sont d'autant plus risquées qu'un certain nombre de ces noms sont peut-être des mots étrangers que les Grecs ont rattachés à des formes connues, et que, d'autre part, les noms se sont parfois déplacés d'une plante à l'autre ; en effet, l'état des espèces n'est pas le même aujourd'hui que dans l'Antiquité, et l'imprécision des documents grecs ne permet pas toujours de savoir quelle plante on doit mettre sous tel ou tel nom.
AGAVE ← **agauê,** féminin de **agauos,** *magnifique.*
ARACHIDE ← **arakhidna,** *pois chiche.*
AZALÉE ← **azalea,** de **azaleos,** *qui dessèche,* peut-être en raison d'un usage médicinal.
BOTANIQUE ← **botanikê,** *science des plantes,* de **botanê,** *herbe.*
CACTUS ← **kaktos,** *chardon.*
CALICE ← lat. **calyx, calycis** ← gr. **kalux, kalukos,** *enveloppe de fleurs.*
CAMOMILLE ← lat. **chamomilla** ← gr. **khamomulon,** corruption de **khamaimêlon,** littéralement *pomme naine* (**khamai,** *à ras de terre* + **mêlon,** *pomme*).
CARPELLE est tiré de **karpos,** *fruit.*
CHANTERELLE ← lat. **cantharella,** *petite coupe,* diminutif de **cantharus** ← gr. **kantharos,** *vase à anses.*

CENTAURÉE ← lat. **centaurea** ← gr. **kentauriê,** *fleur du Centaure* (**Kentauros**).
CERFEUIL ← lat. **caerefolium** ← gr. **khairephullon,** littéralement *qui se plaît à faire des feuilles* (**khairein,** *avoir plaisir* + **phullon,** *feuille*) ou peut-être *dont les feuilles plaisent.*
CHAUME ← lat. **calamus** ← gr. **kalamos,** *roseau, paille.*
CLÉMATITE ← **klêmatitis,** littéralement *plante à sarments* (**klêma,** *sarment*).
COTYLÉDON ← **kotulêdôn,** *cavité.*
CROCUS ← **krokos,** *safran.*
DRACÉNA ← lat. **dracaena** ← gr. **drakaina,** *dragon femelle,* de **drakôn,** *serpent, monstre à l'aspect de serpent* → DRAGON; littéralement **drakôn** signifie *qui regarde fixement.*
EUCALYPTUS, c.r., littéralement *bien recouvert* (il s'agit de la fleur qui reste enfermée dans le calice), de **eu,** *bien* + **kaluptos,** *couvert;* même racine qu'APOCALYPSE, p. 212.
GIROFLE ← lat. **caryophyllum** ← gr. **karuophullon,** *giroflier,* littéralement *arbuste feuillu* (**phullon,** *feuille*) *produisant de petits fruits secs* (**karuon,** *noix, noisette, amande, noyau*). Le giroflier appartient à la famille des CARYOPHYLLÉS, mais non la giroflée, qui doit son nom à sa seule odeur, jugée proche de celle du clou de girofle. Du sens de *noyau* qu'a le mot **karuon,** les biologistes ont tiré CARYOTYPE (+ **tupos,** *modèle*) pour désigner l'agencement du noyau cellulaire.
LICHEN ← **leikhên,** *lèpre* ou *lichen,* de **leikhein,** *lécher.*
MYOSOTIS ← **muosôtis,** littéralement *oreille de souris* (**mus, muos,** *souris* + **ous, ôtos,** *oreille*).
PERSIL ← lat. **petroselinum** ← gr. **petroselinon,** *persil des rochers* (**petra,** *rocher* + **selinon,** *persil*).
PHILODENDRON ← **philodendron,** littéralement *qui aime les arbres* (**philein,** *aimer* + **dendron,** *arbre*). Même élément -DENDRON dans RHODODENDRON ← **rhododendron,** *laurier-rose,* littéralement *rosier-arbre* (+ **rhodon,** *rose*).
PIVOINE ← lat. **paeonia** ← gr. **paiônia,** *fleur qui guérit,* de **paiônios,** *salutaire,* formé sur **Paiôn,** qui était le nom d'Apollon guérisseur.
PLATANE ← **platanos,** *arbre aux larges feuilles* (**platus,** *large*).
RHUBARBE ← lat. **rheubarbarum** ← gr. **rhêon barbaron,** *racine barbare* (**rhêon,** *racine*).
SYCOMORE ← **sukomoros,** littéralement *figuier à mûres* (**sukon,** *figue* + **moron,** *mûre*).

L'homme et la société

1. La famille

-ANTHROP- / ANTHROPO- = *être humain* ← **anthrôpos,** *homme (ou femme).*
ANTHROPOLOGUE ← **anthrôpologos,** *qui parle de l'homme* (+ **logos,** *discours*).
ANTHROPOPHAGE ← **anthrôpophagos,** *mangeur d'hommes* (+ **phagein,** *manger*).
ANTHROPOCENTRIQUE, c.r. (+ CENTRE, voir p. 61) : qui place l'homme au centre de l'univers.
Voir ANTHROPOÏDE et ANTHROPOMORPHE, pp. 34 et 101 ; PHILANTHROPE, p. 51, opposé à MISANTHROPE, p. 53 ; LYCANTHROPE, p. 143.
Deux mots différents ont été composés avec les mêmes éléments : ANTHROPOPITHÈQUE et PITHÉCANTHROPE (+ **pithêkos,** *singe*). Un ANTHROPOPITHÈQUE est un genre de singe proche de l'homme, un PITHÉCANTHROPE un genre d'homme fossile qui est proche du singe.

-ANDR- / ANDRO- = *mâle humain* ← **anêr, andros,** *mâle humain.*
ANDROGYNE ← **androgunos,** *homme-femme* (+ **gunê,** *femme*)
ANDROÏDE, s.r. La répartition de sens entre ce mot et ANTHROPOÏDE s'est faite au hasard des besoins, sans tenir compte de la signification propre de ANTHROP-et de ANDR-. Un ANTHROPOÏDE est un singe, un ANDROÏDE un robot ou un extra-terrestre (qui peuvent être féminins !).
POLYANDRIE : état d'une femme qui a plusieurs maris simultanément : c'est un réemploi avec changement de sens de **poluandria,** *population nombreuse* (+ **polu,** *beaucoup*).

GYNÉCO- / -GYNE = *femme* ← **gunê, gunaikos,** *femme.*
GYNÉCÉE ← **gunaikeia,** partie de la maison grecque réservée aux femmes. Nom parfois donné – avec un rien de mépris – à un lieu fréquenté exclusivement par des femmes, voire à une communauté féminine.
GYNÉCOLOGIE, c.r. (+ **logos,** *discours*).
GYNÉCOMASTIE : voir p. 121.
ANDROGYNE : voir p. 153 ; MISOGYNE : voir p. 53.

GÉR- / GÉRONTO- = *vieillard* ← **gêras,** *vieillesse* et **gerôn, gerontos,** *vieillard.*
GÉRIATRIE et GÉRONTOLOGIE : voir p. 136.
GÉRONTOCRATIE : voir p. 56.
Un synonyme de **gerôn,** le mot **presbus,** a donné PRESBYTIE : défaut de la vision dû au vieillissement, et, d'autre part, PRÊTRE et PRESBYTÈRE, voir p. 215.

MÉTRO- = *mère* ← **mêtêr, mêtros,** *mère.*
MÉTROPOLE ← **mêtropolis,** *ville mère,* fondatrice de colonies (+ **polis,** *cité*); MÉTROPOLE et MÉTROPOLITAIN réfèrent à la fois à la mère patrie et à la ville principale d'un pays ou d'une région. Le chemin de fer MÉTROPOLITAIN parcourt la capitale, et s'appelle depuis longtemps le MÉTRO.
Voir les mots issus du dérivé **mêtra,** *matrice,* p. 122, et ne pas confondre ces éléments MÉTR- avec celui qui dérive de **metron,** *mesure,* voir p. 181.

PATR- / PATRO- = *père* ← **patêr, patros,** *père.*
La parenté des langues indo-européennes est très sensible dans le lexique de la famille : le nom du père est *Vater* en allemand, *father* en anglais, et en latin **pater, patris,** quasiment identique au grec. Beaucoup de mots français comportant les éléments PATER- ou PATR- tirent leur origine du latin. Un petit nombre dérive du grec :
PATRONYME ← **patrônumia,** *nom tiré de celui du père* (+ **onoma,** *nom,* voir p. 184). En Grèce ancienne, le patronyme était le nom du père suivi du suffixe **-idês** signifiant *fils de ;* exemple : **Philippidês,** *fils de Philippos.* En français, le patronyme ne change pas du père à l'enfant.

PATRISTIQUE, étude des Pères de l'Église, est une suffixation récente en -ISTIQUE, suffixe dégagé de mots comme EUCHARISTIQUE, voir p. 213, ou LOGISTIQUE, voir p. 180.
Au dérivé **patria,** *lignée,* se rattachent PATRIARCHE, voir p. 73, et PATRIOTE ← **patriôtês,** *du même peuple;* au dérivé **patris,** *patrie,* se rattache APATRIDE ← **apatris, apatridos,** *sans patrie* (+ **a-** privatif).
Le mot PATRIE vient du latin **patria.**

-PÉD- / PÉDO- = *enfant* ← **pais, paidos,** *enfant,* et plus spécialement *garçon.*
ORTHOPÉDIE, c.r. (+ **orthos,** *correct*) : technique médicale qui corrige les malformations osseuses ou musculaires de l'enfant pour lui assurer une croissance correcte. Par extension, on emploie aussi ce mot à propos des adultes.
PÉDOLOGIE, c.r. (+ **logos,** *discours*) : étude de l'enfant. Ce mot, tombé en désuétude, est supplanté par PÉDIATRIE, voir p. 136.
Attention : il existe un homonyme PÉDOLOGIE, c.r. (+ **pedon,** *sol*) : étude des sols.
Un PÉDOPHILE ← **paidophilos,** *qui aime les enfants* (+ **philein,** *aimer*), aime les enfants de l'un ou l'autre sexe.
Un PÉDÉRASTE, voir p. 54, aime uniquement les garçons.
Voir aussi PÉDAGOGIE, p. 136; ENCYCLOPÉDIE, p. 101.
Un PÉDANT est d'abord un précepteur. Le mot vient de l'italien *pedante* issu probablement du latin **paedagogans, paedagogantis,** *précepteur,* du grec **paidagôgein,** *être précepteur.*

2. La société

-DÉM- / DÉMO- = *peuple, population* ←**dêmos,** *peuple.*
Voir DÉMOCRATIE, p. 56 ; DÉMAGOGUE, p. 136.
DÉMOGRAPHIE, c.r. (+ **graphein,** *décrire*) : description quantitative des populations et de leur évolution.
ÉPIDÉMIE ← **epidêmia,** *installation d'une personne parmi un peuple,* et *installation d'une maladie.* Les médecins grecs distinguaient les maladies **epidêmoi,** qui s'abattent occasionnellement, et les maladies **endêmoi** (d'où ENDÉMIE) qui sévissent de façon permanente au sein d'une population.
DÉM- n'a plus de sens autonome dans DÉMIURGE ← **dêmiourgos,** *artisan,* littéralement *qui travaille pour le peuple* (+ **ergon,** *travail*).

ETHN- / ETHNO- = *nation* ou *ethnie* ← **ethnos,** *nation.*
ETHNIQUE ← **ethnikos,** *national.* Les Grecs, divisés en multiples **poleis,** cités-états concurrentes et souvent ennemies, se reconnaissaient cependant comme membres d'un seul **ethnos.** L'ETHNIE, s.r., se distingue de la race en ce que

les individus qu'elle regroupe sont liés par des traits culturels et non physiologiques. Elle se distingue de la nation en ce qu'elle n'implique pas de cohésion politique.
Un ETHNOCIDE, c.r. (+ élément d'origine latine -CIDE = *meurtre*), est la destruction d'une nation en tant qu'unité culturelle, alors qu'un GÉNOCIDE, voir p. 109, est la destruction physique d'une collectivité raciale, nationale, religieuse, etc.
Sur ETHNOLOGIE et ETHNOGRAPHIE, c.r., voir p. 183.

IDIO- = *particulier* ← **idios,** *privé, particulier.*
IDIOME ← **idiôma,** *particularité :* particularité de langage.
IDIOSYNCRASIE ← **idiosunkrasia,** *tempérament particulier* (+**sun,** *ensemble* et **krasis,** *mélange;* même racine que **kratêr,** voir p. 83). A peine plus court que « tempérament propre », IDIOSYNCRASIE n'en dit pas davantage, et présente l'inconvénient d'être incompréhensible à beaucoup.
IDIOLECTE, c.r. (+ **lektos,** *parlé,* voir p. 178) : forme de langage propre à une seule personne.
Quelques mots passent par le relais **idiôtês,** *simple particulier, profane, ignorant,* qui a donné IDIOT.
IDIOTIE ← **idiôteia,** *état du simple particulier, ignorance,* ne doit pas être confondu avec IDIOTISME, tiré de **idiôtismos,** *langage commun, vulgaire,* qui a récupéré le sens original de **idios** et signifie : « locution propre à une langue ».

-POLE = *ville* ← **polis,** *cité.*
MÉGALOPOLE ← **megalopolis,** *grande cité.*
MÉTROPOLE : voir p. 154 ; NÉCROPOLE : voir p. 110.
Politês, *citoyen* a fourni COSMOPOLITE, voir p. 79 ; **politikos,** *qui concerne le citoyen* → POLITIQUE et ses dérivés (voir p. 18) ; **politeia,** *gouvernement* → lat. **politia** → POLICE.

Ne pas confondre avec l'élément -POLE de MONOPOLE ← **monopôlia,** *privilège de celui qui est seul à vendre une marchandise* (**monos,** *seul* + **pôlein,** *vendre*) ; ni avec -POL- dans EXTRAPOLER, mot fabriqué à partir d'éléments latins.

-XÉN- / XÉNO- = *étranger* ← **xenos,** *étranger, hôte.*
XÉNOPHOBE : voir p. 53.
PROXÉNÈTE ← **proxenêtês,** *intermédiaire, guide,* du verbe **proxenein,** *être consul,* d'où *guider les étrangers, leur fournir*

le nécessaire. C'est de ce sens d'« intermédiaire » que le mot a tiré son sens actuel de « souteneur ».
Voir aussi XÉNON, p. 208.
Xenos désignait l'étranger venu d'une autre cité grecque. L'étranger non grec, dont la langue était incompréhensible, était un **barbaros,** onomatopée évoquant un charabia. Le mot a donné BARBARE.

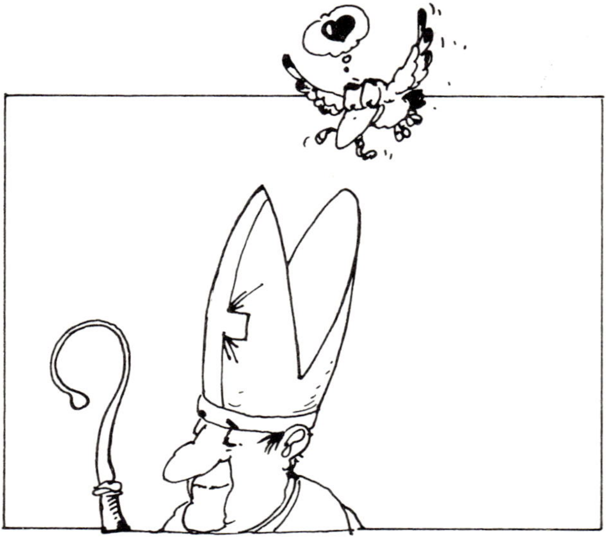

3. La religion

HIÉR- / HIÉRO- = *sacré* ← **hieros,** *sacré.*
HIÉRARCHIE : voir p. 56.
HIÉRATIQUE ← **hieratikos,** *sacerdotal* (**hiereus,** *prêtre).*
Une attitude hiératique est une attitude grave comme celle d'un prêtre.
HIÉROGLYPHES ← **hierogluphein,** *graver des figures sacrées* (+ **gluphein,** *graver*) : les Grecs ont découvert les hiéroglyphes égyptiens gravés sur les murs des temples.

-THÉ- / THÉO- = *divinité* ← **theos,** *dieu.*
THÉOLOGIE ← **theologia,** *discours sur Dieu ou les dieux* (+ **logos,** *discours*). THÉOSOPHIE ← **theosophia,** *connaissance des secrets divins* (+ **sophia,** *savoir*) : doctrine mystique et occulte. THÉOCRATIE : voir p. 56.
Les mots en -THÉE et -THÉISME constituent une série décrivant les diverses formes de croyances religieuses :
ATHÉE (ATHÉISME) ← **atheos,** *sans dieu* (voir la différence avec AGNOSTIQUE, p. 173); MONOTHÉISME, c.r. (+ **monos,** *seul*); POLYTHÉISME, c.r. (+ **polu,** *beaucoup*), PANTHÉISME, c.r. (+ **pan,** *tout*) : voir p. 39.
On parle aussi parfois d'HÉNOTHÉISME, c.r. (+ **heis, henos,** *un seul*) : cette croyance se distingue du monothéisme en ce sens que ses adeptes ne révèrent qu'un dieu, mais ne pensent pas qu'il soit le seul. THÉISME a été forgé à l'image de DÉISME (← lat. **deus**); ces mots et ces notions sont nés au XVIIIe siècle : théisme et déisme refusent les religions révélées, mais le dieu du théisme exerce une providence, tandis que le dieu du déisme n'a aucune action sur le monde ni sur l'homme.
APOTHÉOSE ← **apotheôsis,** *élévation au rang des dieux.*
PANTHÉON : voir p. 38.
Entheos ou **enthous** signifiait *qui porte un dieu en soi* (+ **en,** *dans*). D'où le verbe **enthousiazein,** *être inspiré par un dieu* et le nom **enthousiasmos,** *inspiration divine, transport, transe,* qui a donné ENTHOUSIASME.

Autres mots du vocabulaire politique tirés du grec :

DESPOTE ← **despotês,** *maître.*
GOUVERNER ← lat. **gubernare,** *gouverner* (*un navire* ou *un État*) ← gr. **kubernan,** *piloter.* La métaphore nautique est très usée dans GOUVERNER, GOUVERNEMENT; elle survit néanmoins grâce à l'influence de GOUVERNAIL ← lat. **gubernaculum.** D'autre part, **kubernêtikê,** *technique du pilotage,* a donné CYBERNÉTIQUE : science de la commande des machines.
HÉGÉMONIE ← **hêgemonia,** de **hêgemôn,** *chef.*
SCEPTRE ← **skêptron,** *bâton,* en particulier *bâton de commandement.*
SYNDICAT : c'était autrefois une association dont les intérêts étaient défendus par un SYNDIC ← **sundikos,** *qui assiste en justice* (**sun,** *avec* + **dikê,** *justice*).

Activités et énergies physiques

ACOU- = *audition* ← **akouein,** *entendre.*
ACOUMÈTRE, c.r. (+ **metron,** *mesure*) : appareil à mesurer l'acuité auditive ; le mot a le mérite d'être étymologiquement homogène, mais ne parvient pas à supplanter son synonyme AUDIOMÈTRE (+ AUDIO- ← lat. **audire,** *entendre*).
ACOUSTIQUE ← **akoustikos,** *relatif à l'audition.*

AGRO- = *agriculture* ← **agros,** *champ cultivé.*
AGRONOME ← **agronomos,** *magistrat chargé de l'administration rurale* (+ **nomos,** *loi*) : ingénieur spécialiste des techniques agricoles.
AGRO-ALIMENTAIRE, c.r. : relatif au complexe économique formé par les industries alimentaires et les activités agricoles qui leur fournissent les matières premières.
AGROCHIMIE : chimie mise en œuvre dans l'agriculture.
Les mots commençant par AGRI- et relatifs à l'agriculture sont issus du latin **ager, agri,** *champ,* de la même racine indo-européenne que le grec **agros.**

DYNAMI- / DYNAMO- = *force* ← **dunamis,** *puissance.*
DYNAMOGÈNE, c.r. (+ -GÈNE, p. 107) : qui engendre de l'énergie.
DYNAMOMÈTRE, c.r. : appareil à mesurer les forces (+ **metron,** *mesure*).
Les noms et adjectifs en -DYNAMIE, -DYNAMIQUE, tous de composition récente, décrivent la physique des milieux et des énergies en position instable ; l'élément initial de ces mots nomme le milieu où l'énergie s'exerce : AÉRODYNAMIQUE, voir p. 77 ; HYDRODYNAMIQUE (+ **hudôr,** *eau*) ; ÉLECTRODYNAMIQUE (+ ÉLECTRO- = *électricité*).
Certains mots français dérivés de **dunamis** ont fait une remarquable percée dans le langage courant :
DYNAMIQUE ← **dunamikos,** *puissant,* est pratiquement revenu au sens grec ancien, mais après un détour par le sens de « relatif aux forces physiques ».

DYNAMISME et DYNAMISER se sont eux aussi évadés du langage savant. La DYNAMITE, d'où DYNAMITER, ainsi baptisée par son inventeur Nobel pour sa puissance explosive, est peu à peu supplantée par le plastic (voir p. 111). Connu de la plupart des automobilistes, le mot DYNAMO est une abréviation de (MACHINE) DYNAMOÉLECTRIQUE : qui transforme l'énergie mécanique en électricité.
DYNE, voir p. 49, représente un cas de dérivation par amputation : il importe en effet que les noms d'unités de mesure, destinés à recevoir des préfixes, soient aussi brefs que possible.

A la même racine se rattache DYNASTIE ← **dunasteia,** *domination, pouvoir absolu.*

ERGO- = *travail* ← **ergon,** *travail.*
ERG : voir p. 49.
ERGONOMIE, c.r. (+ **nomos,** *loi*) : étude des lois du travail humain.
ERGOTHÉRAPIE : voir p. 137.
Le grec **ergon** est aussi à l'origine de l'élément suivant :

-URGE / **-URGIE** = *production, opération* ← **-ourgos, -ourgia,** élément issu de **ergon.**
Voir CHIRURGIE, p. 117 ; SIDÉRURGIE, p. 95.
MÉTALLURGIE ← **metallourgos,** *mineur* (+ **metallon,** *mine,* qui a donné MÉTAL).
DRAMATURGE ← **dramatourgos,** *auteur dramatique.* DRAMATURGIE ← **dramatourgia,** *composition de drames* (+ **drama,** *action théâtrale,* voir p. 220).
THAUMATURGE ← **thaumatourgos,** *faiseur de miracles* (+ **thauma,** *miracle*).

Voir LITURGIE, p. 215 ; DÉMIURGE, p. 156.
D'autres dérivés de **ergon** ont fourni des mots français :
Energeia, *activité* (+ **en,** *dans :* idée d'être en plein travail) → ÉNERGIE ; **energêtikos,** *productif* → ÉNERGÉTIQUE ; ALLERGIE, voir p. 31, a été composé sur le modèle d'ÉNERGIE.
Energein, *agir dans, influencer,* en particulier en parlant des mauvais démons, a pour participe présent passif **energoumenos,** *influencé, agité par les démons ou le démon* → ÉNERGUMÈNE.

A l'origine de **ergon** se trouve la racine indo-européenne **werg / *worg* (cf. l'allemand *Werk* et l'anglais *work*). La forme **worg* a donné en grec **organon,** *instrument de travail* → ORGANE.
D'autre part, quand les Grecs inventèrent un instrument de musique à soufflerie et tuyaux, ils l'appelèrent simplement *l'instrument :* **organon** → lat. **organum** → ORGUE; l'étymologie explique la forme ORGANISTE.
ORGANISER est fondé sur ORGANISME, s.r. : individualité biologique constituée par un ensemble d'organes.
La forme **org** apparaît également dans **geôrgos,** *paysan,* litt. *travailleur de la terre* (+ **gê,** *terre*) → GEORGES, GÉORGIE, voir pp. 255 et 251.
Le mot ORGIE se rattache, selon toute vraisemblance, à cette racine. Il est tiré de **orgia** (pluriel) qui signifia d'abord *ce qu'on accomplit,* d'où *rite,* puis évoqua plus spécialement des cérémonies à mystères, qui pouvaient prendre un caractère frénétique.
En revanche, le mot ORGASME a été créé d'après le verbe **organ,** *être plein de sève, d'ardeur,* sans rapport avec la racine signifiant le travail.

-LYS- / -LYT- = *défaire, dissoudre* ← **lusis,** *dislocation;* **lutos,** *délié, disloqué.*
Le français savant comporte un nombre considérable de noms en -LYSE auxquels correspondent souvent des adjectifs en -LYTIQUE. L'utilisation massive de ces éléments est peut-être due au succès des mots ANALYSE, ANALYTIQUE, qui sont issus d'**analusis,** *décomposition en parties* (+ **ana-** distributif) et d'**analutikos,** *relatif à l'analyse.*
Dans une série de compositions récentes en -LYSE, -LYTIQUE, l'élément initial indique l'objet dissous ou décomposé : voir PLASMOLYSE et CYTOLYSE, p. 111. Un ANXIOLYTIQUE (+ ANXIO- ← lat. **anxius,** *anxieux*) dissout l'anxiété.
Dans une autre série de mots en -LYSE, l'élément initial désigne l'agent de la dissolution ou de la décomposition; dans l'ÉLECTROLYSE, c'est l'électricité, l'ÉLECTROLYTE étant le corps dissocié; dans la PHOTOLYSE, c.r. (+ **phôs, phôtos,** *lumière*), l'agent dissociant est la lumière.
Les réemplois de mots grecs en **-lusis, -lutikos** n'évoquent pas tous aussi nettement l'idée de dissolution. Cette valeur

est sensible dans ANALYSE et dans DIALYSE ← **dialusis,** *décomposition* (+ **dia,** *en séparant*), mais ne l'est pas dans CATALYSE ← **katalusis,** *destruction, dissolution* (+ **kata,** *à bas*), qui ne désigne qu'une réaction chimique, ni non plus dans PARALYSIE ← **paralusis,** *dislocation des nerfs, paralysie* (+ **para-,** *anormalement*).

Des créations récentes commençant par LYSO- évoquent la dissolution et sont d'une haute technicité; par exemple LYSOSOME (+ **sôma,** *corps*) : corps intracellulaire à fonction dissolvante.

Un autre type de formation, enfin, est utilisé dans les vocables aujourd'hui très familiers de LYOPHILISÉ, LYOPHILISATION. Un corps LYOPHILE, c.r. (**luein,** *dissoudre* + **philein,** *aimer*), est un corps qui « aime à être dissous », qui se dissout instantanément dans l'eau.

NARCO- = *sommeil* ← **narkê,** *torpeur.*

NARCOSE ← **narkôsis,** *action d'engourdir :* sommeil provoqué médicalement.

NARCOTIQUE ← **narkôtikos,** *qui provoque la torpeur.*

NARCOTHÉRAPIE, c.r. (+ **therapeia,** *soin*) : traitement par le sommeil.

NARCOLEPSIE : voir p. 89.

Un autre nom signifiant le *sommeil,* **hupnos,** a fourni HYPNOSE ; **hupnôtikos,** *soporifique,* a donné HYPNOTIQUE.

-NAUT- = *navigateur* ← **nautês,** *marin.*

ASTRONAUTE et COSMONAUTE : voir p. 17.

NAUTIQUE ← **nautikos,** *relatif à la navigation.*

Nautês dérive de **naus,** *navire,* dont dérivent également :

Naulon, *prix du transport maritime* → lat. **naulum** → italien *nolo,* d'où *noleggiare,* affréter → NOLISER. Un avion NOLISÉ n'est autre qu'un *charter.*

Nausia, *mal de mer* → lat. **nausea** → NAUSÉE.

-PAUSE = *fin* ← **pausis,** *arrêt.*

MÉNOPAUSE : voir p. 121.

ANDROPAUSE, c.r. (+ **anêr, andros,** *mâle humain*) : fin de l'activité sexuelle masculine.

TROPOPAUSE, c.r. (+ TROPO- = *troposphère :* voir ce mot p. 70) : fin de la troposphère.

Par ailleurs, **pausis** a été emprunté par le latin sous la forme **pausa** → PAUSE. La langue populaire a tiré de ce nom **pausa** un verbe **pausare,** qui signifiait probablement *mettre fin aux activités de quelqu'un,* d'où *enterrer,* et qui a donné le verbe français POSER.

-PÉE / -POIÈSE = *faire* ← **poiein,** *faire.*

ÉPOPÉE ← **epopoiia,** *composition d'un poème épique* (+ **epos,** *parole* puis *vers,* puis *vers épique*). Le vers par excellence était celui de cette poésie qui chantait la geste des dieux et des héros, et dont les modèles restent pour nous l'*Iliade* et l'*Odyssée.* La forme du vers, tout autant que le style des récits, caractérisait la poésie ÉPIQUE ← **epikos.**
MÉLOPÉE ← **melopoiia,** *composition musicale* (+ **melos,** *mélodie*) : mélodie monotone.
ONOMATOPÉE ← **onomatopoiia,** *création de mot* (+ **onoma,** *nom*) : mot imitant un bruit (plouf! crac!).
PROSOPOPÉE ← **prosôpopoiia,** *personnification* (+ **prosôpon,** *visage,* puis *personne*) ; c'est un discours qu'on prête à un sujet qui ne saurait parler : un mort, un animal, une chose, une abstraction.
PHARMACOPÉE : voir p. 136.
Dans les compositions récentes, l'élément -PÉE est remplacé par -POIÈSE, tiré de **poiêsis,** *action de faire :*
HÉMATOPOIÈSE est tiré de **haimatopoiein,** *transformer en sang* (+ **haima, haimatos,** *sang*) : le mot désigne l'élaboration du sang dans l'organisme.

Le verbe **poiein** a reçu comme sens particulier celui de *faire une œuvre littéraire* et comme, à l'origine, toute littérature était poésie, il a gardé le sens de *faire de la poésie.*
Le POÈTE ← lat. **poeta** ← gr. **poiêtês,** litt. *celui qui fait,* se définit donc comme créateur, et la POÉSIE ← lat. **poesis** ← gr. **poiêsis,** *acte de faire,* comme créativité. POÈME ← lat. **poema** ← gr. **poiêma,** *objet fait.*
Le grec disposait d'un autre verbe signifiant *faire, agir,* le verbe **praxai.** L'adjectif dérivé **praktikos,** *actif, relatif à l'action,* a donné en latin **practicus,** *agissant, efficace* → PRATIQUE, d'où PRATIQUER, PRATICABLE, PRATICIEN.
Le nom **pragma,** *objet fait, chose, réalité* a donné l'adjectif **pragmatikos,** *tourné vers l'action, les affaires,* d'où fut tiré PRAGMATIQUE.

-PHON- / PHONO- = *voix, son* ← **phônê,** *voix.*
Cet élément fonctionne selon cinq sous-ensembles :

1. la voix

APHONIE, DYSPHONIE et ORTHOPHONIE : voir p. 28.
Le PHONIATRE, c.r. (+ **iatros,** *médecin*), qui soigne les troubles de la voix et de la parole, est médecin, alors que l'ORTHOPHONISTE, qui les rééduque, ne l'est pas.
A l'élément -PHON- s'ajoutent également des suffixes d'origine latine : PHONATION, ensemble des phénomènes qui produisent la voix et le son articulé; PHONATEUR; PHONATOIRE.

2. le langage

APOPHONIE, c.r. (+ **apo,** *en s'éloignant*) : changement de voyelle dans un radical; par ex. : je p*eu*x / nous p*ou*vons. APO- a été choisi pour sa proximité avec l'allemand *Ab-* dans *Ablaut,* apophonie.
HOMOPHONIE ← **homophônia,** *langage commun :* ressemblance de deux sons ayant des significations différentes; se distingue de l'HOMONYMIE, c.r. (**homos,** *même* + **onoma,** *nom*) : ressemblance de deux mots de sens différents; les suffixes *-eau* et *-ot* sont HOMOPHONES alors que les mots *eau* et *haut* sont HOMONYMES.
PHONÉTIQUE ← **phônêtikos,** *vocal :* c'est l'étude des sons du langage en général, alors que la PHONOLOGIE, c.r. est l'étude des sons constitutifs d'une langue donnée. Par exemple, la phonétique s'intéresse à toutes les façons possibles de prononcer *i,* tandis que la phonologie du français ne considère que la fonction de cette voyelle, sans tenir compte des différences de prononciation.
Voir PHONÈME, p. 205; ANTIPHONAIRE, p. 215.

3. le son, et particulièrement le son musical

EUPHONIE et CACOPHONIE : voir p. 28. STÉRÉOPHONIE : voir p. 103.
SYMPHONIE ← **sumphônia,** *accord, harmonie* (+ **sun,** *ensemble*).
POLYPHONIE ← **poluphônia,** *ensemble de plusieurs sons* (+ **polu,** *beaucoup*). Le sens qu'a pris le mot en musique — superposition de plusieurs lignes mélodiques (ou voix) selon les règles du contrepoint — n'existait pas chez les Grecs, qui ignoraient la musique polyphonique.

Le DODÉCAPHONISME, c.r. (+ **dôdeka,** *douze*), est une technique de composition musicale qui repose sur la série que forment les douze demi-tons de la gamme chromatique.

4. les instruments de musique

L'élément initial n'est pas grec dans VIBRAPHONE (+ VIBRER ← lat. **vibrare**) et SAXOPHONE (+ Sax, nom de l'inventeur de l'instrument). Pour XYLOPHONE et MÉTALLOPHONE, voir pp. 96 et 162.

5. les appareils électro-acoustiques

ÉLECTROPHONE, c.r. (+ ÉLECTRO- = *électricité*) : ainsi nommé pour marquer la différence avec le PHONOGRAPHE, c.r. (+ **graphein,** *écrire,* litt. appareil qui écrit les sons), dans lequel l'électricité n'était pas fournie par le secteur ou par des piles mais se dégageait du mécanisme lui-même.
MAGNÉTOPHONE (+ MAGNÉTO-, voir p. 240) : appareil qui enregistre le son grâce à un phénomène électro-magnétique.
MÉGAPHONE et MICROPHONE : voir p. 87.
TAXIPHONE est un dérivé de TÉLÉPHONE (voir p. 68) : c'est un téléphone à taxe (+ **taxis,** voir p. 186).
Le premier élément est d'origine latine dans RADIOPHONIQUE, c.r. (+ RADIO-, du latin **radius,** *rayon*). Le nom RADIOPHONIE ne s'emploie que sous sa forme abrégée de RADIO.
Dans BIGOPHONE, le premier élément est un nom propre français. Le mot, qui désigne familièrement le téléphone, fut d'abord le nom d'un instrument de musique cocasse dont l'inventeur se nommait Bigot.

-PHORE = *porteur* ← **phorein,** *porter.*

Dans la série des mots en -PHORE, les éléments initiaux indiquent l'objet porté :
GALACTOPHORE ← **galaktophoros,** *qui produit du lait* (+ **gala, galaktos,** *lait*). L'adjectif s'applique aux canaux qui transportent le lait de la glande mammaire au mamelon.
NÉCROPHORE ← **nekrophoros,** *qui transporte les morts* (+ **nekros,** *mort*) : insecte qui enterre les charognes.
SÉMAPHORE, c.r. (+ **sêma,** *signe*).
PHOTOPHORE, PHOSPHORE, DORYPHORE, pp. 81 et 147.
A la même racine se rattachent certains mots où l'élément -PHORE n'a plus de valeur indépendante :

AMPHORE ← lat. **amphora** ← gr. **amphoreus,** de **amphiphoreus,** *vase à deux anses,* litt. *qu'on porte des deux côtés* (+ **amphi,** *des deux côtés*).
MÉTAPHORE ← **metaphora,** *transport de sens d'un mot propre à un mot figuré* (+ **meta** = *en changeant*). Le sens s'est conservé en français.
Un élément -PHORÈSE a été tiré de **phorêsis,** *transport,* et utilisé dans ÉLECTROPHORÈSE : méthode de séparation de composés chimiques par l'électricité.

La racine indo-européenne qui exprime l'idée de *porter* est * *bher* / * *bhor* (cf. le latin **fero,** *je porte;* l'anglais *to bear).* Les composés d'origine latine en -FÈRE sont analogues aux composés d'origine grecque en -PHORE : à GALACTOPHORE on peut comparer LACTIFÈRE (+ lat. **lac, lactis,** *lait*).

-STAT- = *fixité* ← **statos,** *stationnaire.*

Statos est un des nombreux mots grecs rattachés à la racine **sta / stê** signifiant la *fixité* et la *position dressée,* et issue de la même racine indo-européenne que le latin **stare** (d'où **statio** → STATION, **stabilis** → STABLE etc.), l'allemand *stehen,* l'anglais *stand.*
La remarquable organisation lexicale constituée en grec autour de la racine **sta / stê** a été pillée au hasard par les savants, et a fourni au français un matériel disparate qui résiste aux classements.
La STATIQUE ← **statikos,** *qui arrête,* s'oppose à la DYNAMIQUE, et plusieurs mots en -STATIQUE s'opposent à des homologues en -DYNAMIQUE (voir p. 161) pour décrire la physique des milieux et des énergies en position stable : AÉROSTATIQUE, HYDROSTATIQUE, ÉLECTROSTATIQUE, c.r. Cette série n'est pas homogène : ainsi HÉMOSTATIQUE ← **haimostatikos,** *qui arrête le sang,* s'applique aux procédés permettant de faire cesser une hémorragie.

Les noms en -STAT désignent des systèmes permettant de fixer le niveau de certaines énergies : THERMOSTAT, CRYOSTAT, RHÉOSTAT, c.r. avec **thermos,** *chaud;* **kruos,** *froid;* RHÉO- = *courant électrique,* voir p. 194. Cette unité de sens est obscurcie par l'existence de mots comme HÉLIOSTAT, c.r. (+ **hêlios,** *soleil*) : appareil qui dirige, pendant tout le jour, les rayons solaires vers un même endroit, ou comme APOSTAT ← **apostatês,** *qui s'est séparé* (+ **apo,** *en s'éloignant*) : qui a abandonné la foi et la vie chrétiennes.

Les mots en -STASE n'ont pas d'unité sémantique :
DIASTASE ← **diastasis,** *séparation* (+ **dia** exprimant la séparation) : substance organique qui favorise la décomposition d'autres substances organiques.
HYPOSTASE a conservé du grec **hupostasis** son sens médical *(sédimentation d'humeurs)* et ses diverses acceptions philosophiques *(substance, passage à l'existence)* : **hupostasis** est dérivé de **hupostênai,** *être placé sous, être à la base, exister* (+ **hupo,** *sous*).
MÉTASTASE ← **metastasis,** *changement de place* (+ **meta** exprimant le changement) : amas de cellules cancéreuses issues d'une migration à partir d'un foyer primitif.
L'élément -STA- est méconnaissable dans EXTASE ← **ekstasis,** *le fait d'être hors de soi* (+ **ek,** *hors de*).

Se rattachent également à cette racine :
PROSTATE ← **prostatês,** qui désignait en grec un *protecteur.* Pour une raison peu claire, un médecin grec a choisi ce nom pour désigner la glande qui entoure l'urètre, au-dessous de la vessie.
SYSTÈME ← **sustêma,** *ensemble qui se tient* (+ **sun,** *ensemble*).

-THÈQUE = *dépôt* ← **thêkê,** *lieu où l'on dépose.*
BIBLIOTHÈQUE ← **bibliothêkê,** litt. *dépôt de livres* (+ **biblion,** *livre :* voir p. 189). PINACOTHÈQUE ← **pinakothêkê** (+ **pinax, pinakos,** *tableau) :* nom de certains musées de peinture. Sur ce modèle ont été composés GLYPTOTHÈQUE (+ **gluptos,** *gravé*) : musée de pierres gravées et de camées ; DISCOTHÈQUE ; CINÉMATHÈQUE (à ne pas confondre avec FILMOTHÈQUE, dépôt de microfilms).
ŒNOTHÈQUE : voir p. 94.
Voir aussi, désignant un dépôt de caractère naturel et non culturel, OOTHÈQUE, p. 110.

Se rattachent également à la racine **the** / **thê,** *poser :*
APOTHICAIRE ← lat. **apothicarius,** *magasinier,* dérivé de **apotheca** ← gr. **apothêkê,** *dépôt à l'écart, resserre, magasin* (+ **apo,** *à l'écart*). Par transmission populaire, **apotheca** → BOUTIQUE.

ÉPITHÈTE ← **epithetos,** *posé en plus, ajouté* (+ **epi,** *par-dessus*)
HOMOTHÉTIE, c.r. (**homos,** *même* + **thetos,** *posé*) signifie littéralement *position identique.*
HYPOTHÈQUE ← **hupothêkê,** *dépôt qui sert de fondement à un prêt* (+ **hupo,** *sous*).
THÈME ← **thema,** *objet posé,* en particulier *sujet proposé* d'une œuvre. ANATHÈME ← **anathema,** *objet posé en hauteur (+* **ana,** *de bas en haut),* en particulier *ex-voto,* d'où *objet consacré,* puis *objet maudit* (abandonné à la volonté divine). La formule de malédiction des autorités chrétiennes contre les hérétiques était « Qu'il soit **anathema !** ». Jeter l'anathème, c'était prononcer cette formule à l'encontre d'un adversaire.
THÈSE ← **thesis,** *acte de poser,* en particulier de *poser une affirmation.*
La série lexicale grecque constituée sur **thesis** par le jeu des préfixes est une de celles qui se sont le mieux transmises en français :
Antithesis, *opposition* (+ **anti,** *à l'opposé*) → ANTITHÈSE.
Hupothesis, *supposition* (+ **hupo,** *sous :* voir p. 38) → HYPOTHÈSE.
Metathesis, *déplacement* (+ **meta,** *en changeant)* → MÉTATHÈSE.
Parenthesis, *action d'intercaler* (+ **para,** *de biais,* et **en,** *dans*) → PARENTHÈSE.
Prosthesis, *application, adjonction,* en particulier *perruque* (+ **pros,** *à*) → PROSTHÈSE, qui s'est simplifié en PROTHÈSE.
Sunthesis, *acte de poser ensemble* (+ **sun,** *ensemble*) → SYNTHÈSE.

Thêsauros, *dépôt d'objets précieux* → lat. **thesaurus** → TRÉSOR (avec un R parasite d'assimilation). Il n'est pas certain que ce mot ait un rapport avec la racine **the / thê,** *poser.* THÉSAURISER ← **thêsaurizein,** *entasser des objets précieux.*

TRIBO- = *frottement* ← **tribein,** *frotter.*
TRIBOLOGIE, c.r. (+ **logos,** *discours*) : physique des frottements. TRIBOMÉTRIE, c.r. (+ **metron,** *mesure*) : mesure des frottements. TRIBO-ÉLECTRICITÉ : électricité produite par frottement, et TRIBOLUMINESCENCE (second élément d'origine latine) : luminosité produite par frottement.

A la même racine se rattache DIATRIBE ← **diatribê.** Le mot grec signifia d'abord *action d'user,* c'est-à-dire de *désagréger* **(dia-)** *en frottant;* puis *action d'user le temps, occupation;* puis *occupation intellectuelle, étude;* d'où *cours professoral* et *leçon de philosophie.* Or certains philosophes grecs, cyniques et stoïciens (voir p. 222), avaient coutume de prêcher en public, sur un ton souvent brutal et provocant : le mot **diatribê** désigna plus particulièrement ce style de discours, et c'est ce sens que conserve DIATRIBE.

Activités intellectuelles et mentales

-ARITHM- / **ARITHMO-** = *nombre* ← **arithmos,** *nombre.*
ARITHMÉTIQUE ← **arithmêtikê,** *la science du nombre :* partie de la mathématique qui étudie les propriétés et les relations des nombres.
ARITHMOLOGIE, c.r. (+ **logos,** *discours*) : science des nombres et des grandeurs en général.
LOGARITHME : voir p. 180.

-GNO- / **-GNOS-** = *connaissance* ← **gnônai,** *connaître.*
GNOSE ← **gnôsis,** *connaissance :* philosophie du salut par la connaissance.
GNOSTIQUE ← **gnôstikos,** *qui peut connaître* ou *qui connaît :* relatif à cette philosophie ou adepte de cette philosophie.
AGNOSTIQUE, c.r. (+ **a-** privatif), litt. *qui ne sait pas :* alors que l'athée (voir p. 159) nie l'existence de Dieu, l'agnostique considère qu'on n'en peut rien savoir.
DIAGNOSTIC ← **diagnôstikos,** *capable de discerner* et notamment *de discerner les symptômes* (+ **dia-,** *en distinguant*).
L'élément est méconnaissable par la forme dans PRONOSTIC ← **prognôstikos,** *prévisionnel* (+ **pro,** *avant*), et dans PHYSIONOMIE, voir p. 125. Il est méconnaissable par le sens dans GNOME qui vient du latin alchimique **gnomus** d'après **gnômê,** *intelligence* ; un **gnomus** était un petit être laid, gardien des secrets et personnification du savoir.

-GRAPH- / **-GRAMME** = *tracé, écriture, description* ← **graphein,** *écrire, dessiner;* **gramma,** *chose tracée ou écrite, lettre* ou **grammê,** *ligne.*
La masse considérable des mots français qui se rattachent à **graphein** cache, sous une apparence uniforme, de grandes différences fonctionnelles. Ainsi, photo et cinéma sont deux activités voisines, mais le CINÉMATOGRAPHE (voir p. 64) est un art, et le PHOTOGRAPHE (voir p. 81) un homme ; la MYOGRAPHIE (+ **mus, muos,** *muscle*) est un examen descriptif des muscles, mais la DACTYLOGRAPHIE (voir p. 118) n'est pas l'examen du doigt.

1. mots en -GRAPH- / GRAPHO-

GRAPHIQUE ← **graphikos,** *relatif à l'écriture.* GRAPHISME est une suffixation récente, de même que GRAPHITE, qui désigne un minéral utilisé en particulier pour fabriquer les mines de crayons.
GRAPHOLOGIE, c.r. (+ **logos,** *discours*) : classification et interprétation psychologique de l'écriture.
GRAPHOMANIE, c.r. (+ **mania,** *folie*) : manie d'écrire.
Grapheion, *instrument à écrire, stylet,* a donné le latin **graphium** → ancien français *graife :* stylet, poinçon et, par métaphore, pousse enfoncée dans une autre → GREFFE (féminin).
D'autre part, du latin **graphiarius,** *l'homme aux stylets,* vient GREFFIER, d'où GREFFE (masculin).

2. noms en -GRAPHE

— Personnes :
DACTYLOGRAPHE : voir DACTYLOGRAPHIE, p. 118.
MÉCANOGRAPHE, c.r. (+ MÉCANO- = *machine,* voir p. 193) : personne travaillant sur une machine à traiter des fiches servant au calcul et au classement.
PHOTOGRAPHE : voir p. 81.
TYPOGRAPHE : voir p. 196.
A ces noms correspondent des noms féminins en -GRAPHIE désignant l'activité ou la profession exercée.

— Écritures :
Voir AUTOGRAPHE, p. 29; OLOGRAPHE, p. 40; PARAGRAPHE et PARAPHE (ou PARAFE), p. 61.

— Instruments et procédés d'écriture ou de tracé :
Voir CINÉMATOGRAPHE, p. 64, PANTOGRAPHE, p. 39.
TÉLÉGRAPHE, c.r. (+ **têle,** *à distance*) : le premier télégraphe dessinait en effet dans l'air des signes lisibles à grande distance ; l'appareil qui écrit véritablement à distance est le TÉLÉTYPE (+ **tupos,** *empreinte*) ou TÉLÉSCRIPTEUR, ou TÉLÉIMPRIMEUR.
MARÉGRAPHE, c.r. (+ MARÉE) : appareil enregistreur de la hauteur des marées.
SISMOGRAPHE, c.r. (+ **seismos,** *secousse*) : appareil enregistrant les mouvements de l'écorce terrestre.

ORTHOGRAPHE est une formation isolée résultant d'une faute d'orthographe commise au XVIIe siècle sur le correct

ORTHOGRAPHIE ← **orthographia,** *écriture correcte* (+ **orthos,** *correct*), d'où ORTHOGRAPHIER et DYSORTHOGRAPHIE, voir p. 28.

3. noms en -GRAPHIE

– Genres littéraires :

BIOGRAPHIE ← **biographia** (+ **bios,** *vie*).

HAGIOGRAPHIE, c.r. (+ **hagios,** *saint*) : récits de vies de saints, d'où biographie admirative et complaisante.

HISTORIOGRAPHIE ← **historiographia,** *travail de l'historien* (+ **historia,** *enquête*) : ensemble des écrits des historiens.

MONOGRAPHIE, c.r. (+ **monos,** *seul*) : étude consacrée à un seul sujet.

PORNOGRAPHIE, d'après **pornographos,** *auteur d'histoires de prostituées* (+ **pornê,** *prostituée*).

– Sciences et techniques :

COSMOGRAPHIE ← **kosmographia,** *description de l'univers* (+ **kosmos,** *univers*) : astronomie descriptive.

ETHNOGRAPHIE, c.r. (+ **ethnos,** *nation*) : étude descriptive des divers groupes humains.

GÉOGRAPHIE ← **geôgraphia,** *description de la Terre* (+ **gê,** *terre*).

DÉMOGRAPHIE : voir p. 156.

CARTOGRAPHIE, c.r. (+ CARTE, voir p. 229) : établissement et exécution des cartes et des plans.

CHORÉGRAPHIE, c.r. (+ **khoros,** *troupe de danseurs*) : art de noter les figures de danse, de composer des ballets.

SCÉNOGRAPHIE, c.r. (+ SCÈNE, voir p. 220) : aménagement de l'espace scénique.

LITHOGRAPHIE, c.r. (+ **lithos,** *pierre*) : impression au moyen de pierres gravées.

REPROGRAPHIE, mot-valise (+ REPRODUCTION) : reproduction instantanée de documents écrits.

Voir CALLIGRAPHIE, p. 85.

SÉRIGRAPHIE, c.r. (+ **sêr,** *soie,* du nom des **Sêres,** peuple d'Asie – les Chinois ?) : impression grâce à des découpes faites dans un écran de soie.

STÉNOGRAPHIE, d'où l'abréviation STÉNO, c.r. (+ **stenos,** *étroit, resserré*) ; les Grecs connaissaient la sténo, mais l'appelaient **takhugraphia,** *écriture rapide* (+ **takhus,** *rapide*).

Deux mots en -GRAPHIE réfèrent à la lecture des inscriptions et écritures anciennes :
ÉPIGRAPHIE est une suffixation récente sur **epigraphê,** *inscription* (+ **epi,** *sur*); le mot désigne l'ensemble des textes écrits sur la pierre, et la science qui les étudie.
PALÉOGRAPHIE est hors norme ; l'activité qu'évoque ce mot ne consiste pas à écrire ou à décrire, mais à lire : la PALÉOGRAPHIE, c.r. (+ **palaios,** *ancien*) est la science des écritures anciennes. Si l'on s'en tient à la structure du mot, il devrait signifier *écriture ancienne* et, selon les lois de composition des mots, la science des écritures anciennes devrait s'appeler * PALÉOGRAPHOLOGIE.
A la plupart des mots en -GRAPHIE qui précèdent correspondent un nom en -GRAPHE désignant la personne spécialiste de l'activité évoquée, ainsi qu'un adjectif en -GRAPHIQUE qui caractérise cette activité.

L'élément -GRAPHIE est d'un emploi régulier dans la nomenclature des examens médicaux qui permettent d'obtenir un cliché ou un tracé.
L'élément initial peut indiquer le procédé d'examen :
ÉCHOGRAPHIE, c.r. (+ ÉCHO, voir p. 245) : examen interne par ondes sonores.
RADIOGRAPHIE, c.r. (+ lat. **radius,** *rayon*) : photographie d'un organe interne grâce aux rayons X.
TOMOGRAPHIE : voir p. 137.
L'élément initial peut indiquer l'organe examiné :
PHLÉBOGRAPHIE, c.r. (+ **phlebs, phlebos,** *veine*) : radiographie de la veine.
MAMMOGRAPHIE, c.r. (+ latin **mamma,** *sein*) : radiographie du sein.
Enfin, l'élément -GRAPHIE n'a pas de sens mais seulement une valeur parodique dans SOÛLOGRAPHIE.

4. noms en -GRAMME

— Documents résultant de l'emploi d'appareils à écrire ou à enregistrer :
SISMOGRAMME : document obtenu par l'usage d'un sismographe (voir p. 174).
TÉLÉGRAMME : document obtenu par l'usage du télégraphe (voir p. 174). Le mot a servi de modèle à AÉROGRAMME, qui désigne un message transmis par avion (voir AÉRO-, p. 77).

— Tableaux descriptifs obtenus par des examens médicaux : ÉLECTROCARDIOGRAMME, c.r. (+ ÉLECTRO- et CARDIO-, voir pp. 193 et 117). ÉLECTRO-ENCÉPHALOGRAMME, c.r. (+ ÉLECTRO- et ENCÉPHALO-, voir pp. 193 et 117) : tracés obtenus par des appareils qui explorent électriquement les fonctions du cœur et du cerveau.
SPERMOGRAMME, c.r.: résultat de l'examen médical du sperme.

— Tracés, signes écrits, lettres :
ANAGRAMME, tiré de **anagrammatizein,** *bouleverser l'ordre des lettres d'un mot* (+ **ana-,** *en renversant*) : les anagrammes de *crâne* sont *nacre, écran, carne, rance.*
IDÉOGRAMME, c.r. (+ IDÉE, voir p. 34) : signe qui exprime à lui seul une idée.
HOLOGRAMME : voir p. 40.
MONOGRAMME : voir p. 42.

— Textes :
ÉPIGRAMME ← **epigramma,** *inscription gravée, court poème gravé, court poème;* le mot, en français, implique un ton satirique et mordant.
CRYPTOGRAMME : voir p. 86.
PROGRAMME : voir p. 51.

— Figures géométriques :
DIAGRAMME ← **diagramma,** *figure géométrique* (+ **dia,** *à travers, transversalement*) : représentation géométrique d'un objet ou d'un phénomène.
Sur ce modèle a été composé ORGANIGRAMME, où ORGANI- représente ORGANISATION (voir p. 163) : conçu à l'origine comme un diagramme, un organigramme ne se présente plus nécessairement sous forme géométrique.
PARALLÉLOGRAMME : voir p. 103.

Se rattachent également à **gramma :**
GRAMME : quand, sous l'Empire romain, les Grecs ont voulu traduire le mot latin **scripulum,** qui désignait une mesure de poids romaine, ils ont cru à tort que le mot était tiré de **scribere,** *écrire,* et l'ont rendu par **gramma,** *signe écrit* → GRAMME.
GRAMMAIRE et GRIMOIRE, tous deux issus du latin **grammatica** ← gr. **grammatikê,** *science du bien écrire.*

-LOG- / -LECT- / -LEX- = *langage, science, calcul* ← **legein,** *parler,* d'où **lektos,** *dit;* **lexis,** *parole;* **logos,** *discours, raison, compte, proportion.*

1. noms en -LOGIE

Ces mots représentent une masse lexicale énorme, en expansion constante. La plupart réfèrent à des pratiques cognitives, d'autres à des systèmes de pensée ou d'expression, d'autres à des types de discours ou d'œuvres littéraires.
GÉOLOGIE, c.r. (+ **gê,** *terre*) : étude de l'écorce terrestre.
ZOOLOGIE, c.r. (+ **zôion,** *animal*) : étude du règne animal.

CARDIOLOGIE, c.r. (+ **kardia,** *cœur*).
GYNÉCOLOGIE, c.r. (+ **gunê, gunaikos,** *femme*).
RADIOLOGIE, c.r. (+ latin **radius,** *rayon*) : dans ce mot, l'élément initial indique non pas l'objet des soins, mais le procédé utilisé.

ASTROLOGIE ←**astrologia** *étude des astres* (+ **astron,** *étoile*) : voir la différence avec ASTRONOMIE, p. 183.
ESCHATOLOGIE, c.r. (+ **eskhatos,** *final*) : spéculation sur l'au-delà. Ne pas confondre avec SCATOLOGIE, voir p. 93.
ÉTIOLOGIE ← **aitiologia,** *étude des causes* (+ **aitia,** *cause*).
GÉNÉALOGIE : voir p. 109.
THÉOLOGIE : voir p. 159.

DÉONTOLOGIE, c.r. (+ **(ta) deonta,** *les choses qu'il faut faire,* de **dei,** *il faut*) : ensemble des règles et des devoirs d'une profession.
IDÉOLOGIE, c.r. (+ IDÉE, voir p. 34) : système d'idées propre à une société ou à un groupe social.
PHRASÉOLOGIE : voir p. 184.
TERMINOLOGIE, c.r. (+ latin **terminus,** *terme*) : ensemble des mots techniques d'une science ou d'un art.

APOLOGIE ← **apologia,** *défense d'un accusé,* litt. *discours pour sortir d'affaire* (+**apo,** *en s'éloignant*) : discours visant à justifier une personne ou une doctrine.
TRILOGIE, TÉTRALOGIE viennent de **trilogia, tetralogia,** *ensemble de trois, quatre œuvres dramatiques* (+ **tri-,** *trois;* **tetra-,** *quatre*).

MYTHOLOGIE ← **muthologia,** *histoire d'événements fabuleux* (+ **muthos,** *fable*) : à la fois science des mythes et ensemble des récits mythiques.

TECHNOLOGIE ← **tekhnologia,** *discours sur les règles d'un art* (+ **tekhnê,** *art*) : c'est à la fois l'étude et la mise au point des techniques.
TYPOLOGIE, c.r. (+ TYPE, voir p. 196) désigne tantôt l'étude des types, tantôt l'utilisation littéraire des types.

Le mot PHILOLOGIE ← **philologia,** *érudition* (+ **philein,** *aimer*) est tout à fait à part : il est bâti à l'envers de tous les autres et ne signifie pas *discours sur l'amour,* mais littéralement *amour du discours :* c'est l'étude des textes.

2. adjectifs en -LOGUE

ANALOGUE ← **analogos,** *proportionnel,* d'après **ana logon,** *selon la proportion.*
HOMOLOGUE : voir p. 30.

3. noms de choses en -LOGUE

Ils désignent tous des genres de discours ou de textes :
APOLOGUE ← **apologos,** *récit détaillé* (+ **apo-,** voir p. 200) d'où *fable comportant une leçon de morale.*
CATALOGUE ← **katalogos,** *liste* (+ **kata,** *de haut en bas).*
DIALOGUE ← **dialogos,** litt. *discours partagé entre plusieurs personnes* (+ **dia-,** *en séparant).*
ÉPILOGUE ← **epilogos,** *conclusion* (+ **epi,** *sur, qui couronne*).
MONOLOGUE, c.r. (+ **monos,** *seul*).
PROLOGUE ← **prologos,** *introduction* (+ **pro,** *avant*); de sens voisin, en plus savant, les PROLÉGOMÈNES ← **ta prolegomena,** *les choses dites avant,* participe passif de **prolegein,** *dire avant.*
Le mot ÉLOGE est apparenté à cette série. Il résulte d'une confusion opérée en latin entre **elogium,** *bref exposé,* mot purement latin, et **eulogium,** *épitaphe laudative,* inspiré du grec **eulogia,** *action de dire du bien de quelqu'un* (+ **eu,** *bien*).

4. noms en -LOGISME

NÉOLOGISME, c.r. (+ **neos,** *nouveau*) : mot nouveau ou sens nouveau d'un mot.
PARALOGISME ← **paralogismos,** *erreur de raisonnement* (+ **para,** *à côté*) : raisonnement faux.
SYLLOGISME ← **sullogismos,** *ensemble de raisonnements* (+ **sun,** *ensemble*) : raisonnement à trois termes. Exemple : Les hommes sont mortels, Socrate est un homme, donc Socrate est mortel.

5. noms commençant par LOG- ou LOGO-

LOGARITHME, c.r. (+ **arithmos,** *nombre*). L'élément LOG- y conserve le sens de *proportion* du mot **logos.**
LOGIQUE ← **logikos,** *rationnel.* La LOGIQUE ← **hê logikê (tekhnê),** *la technique de la parole et de la pensée.* Bien qu'on puisse considérer Aristote comme l'inventeur de la logique, l'expression **hê logikê** n'est apparue que plusieurs siècles après lui.
LOGISTIQUE ← **logistikos,** *qui concerne le calcul.* Le mot est surtout connu dans son emploi militaire : art de calculer les moyens de transport, d'approvisionnement et de logement des troupes.
LOGOMACHIE ← **logomakhia,** *combat de mots* (l'élément final vient de **makhê,** *combat*) : accumulation de mots creux.
LOGORRHÉE : voir p. 133.

6. noms contenant -LECT- et -LEX-

LEXIQUE ← **lexikos,** *qui concerne les mots.*
LEXÈME : voir p. 205.
DYSLEXIE : voir p. 28.
DIALECTE ← **dialektos,** *conversation* (de **dialegesthai,** *dialoguer,* voir plus haut **dialogos**), d'où *langue.*
IDIOLECTE : voir p. 157.
DIALECTIQUE fait figure d'intrus dans cette série, car il réfère au raisonnement et non aux mots. Il est tiré de **hê dialektikê,** *l'art du dialogue,* puis *l'art de mener un raisonnement face à l'adversaire,* puis *l'art du raisonnement.*

7. l'idée de cueillir

La racine indo-européenne **leg/*log* exprimait l'idée de *cueillir,* mais tendait déjà à évoquer aussi des opérations intellectuelles. Tandis qu'elle donnait en grec **legein,** *cueillir* et *dire,* elle donnait en latin **legere,** *cueillir* et *lire.* Quelques mots français issus de mots grecs réfèrent à l'idée de cueillir.
ÉCLECTIQUE ← **eklektikos,** *qui choisit,* de **eklegein,** *choisir,* littéralement *enlever en cueillant* (+ **ek,** *hors de*); les philosophes **eklektikoi** étaient ceux qui choisissaient leurs dogmes dans toutes les écoles philosophiques.
ÉGLOGUE ← lat. **ecloga,** *recueil de poèmes choisis,* puis *petit poème* ← gr. **eklogê,** *choix.*
ANTHOLOGIE : voir p. 149.

-MANCIE = *prédiction de l'avenir* ← **manteia,** *divination.*
NÉCROMANCIE ← **nekromanteia,** *divination par l'évocation des morts* (+ **nekros,** *mort*).
CARTOMANCIE, c.r. (+ CARTE, voir p. 229) : divination par les cartes.
CHIROMANCIE, c.r. (+ **kheir,** *main*) : divination grâce aux lignes de la main.
ONIROMANCIE : voir p. 184.

-MÈTR- / -MÉTR- = *quantité, juste mesure, mesure* ← **metron,** *mesure.*

1. les quantités

MÈTRE : voir pp. 18 et 49.
DIAMÈTRE ← **diametros,** *diagonale* ou *diamètre* (+ **dia,** *à travers*) ; PÉRIMÈTRE ← **perimetros,** *mesure du tour* (+ **peri,** *autour*).
PARAMÈTRE, c.r. (+ **para,** *à côté*) : quantité accessoire qui intervient dans un calcul.

2. la juste mesure ou la régularité

MÉTRIQUE : l'adjectif qualifiant le système est un dérivé de MÈTRE, mais la MÉTRIQUE, nom féminin qui désigne l'étude et les règles de la versification, vient de **hê metrikê,** *l'art de faire des vers réguliers.*
SYMÉTRIE ← **summetria,** *proportion* (+ **sun,** *ensemble*).
Voir MÉTRONOME, p. 182 ; HYPERMÉTROPE, p. 123.

3. l'acte de mesurer

MANOMÈTRE, c.r. (+ **manos,** *clairsemé, peu dense*), appareil servant à mesurer la pression d'un gaz. Un GAZOMÈTRE, c.r. (+ GAZ, voir p. 96) fut d'abord un appareil à mesurer le volume d'un gaz puis un grand réservoir de gaz, régulateur de pression.
POTOMÈTRE, c.r. (+ **potos,** *boisson*) : appareil qui mesure la quantité d'eau absorbée par une plante.
Voir THERMOMÈTRE, p. 89 ; BAROMÈTRE et BARYMÉTRIE, p. 88 ; CHRONOMÈTRE, p. 73 ; ANÉMOMÈTRE, p. 80 ; DYNAMOMÈTRE, p. 161 ; TÉLÉMÈTRE, p. 69.
La liste des mots de ce type est infinie, puisque tout se

mesure, y compris l'homme : ANTHROPOMÉTRIE, c.r. (+ **anthrôpos,** *homme*). Tous sont de composition récente avec des éléments initiaux de formes et d'origines très variées (ACCÉLÉRO-, FRÉQUENCE-, AMPÈRE-, VOLT-, MACH-, etc.). Tous les paradigmes offrent un nom en -MÉTRIE et un adjectif en -MÉTRIQUE. Ils n'offrent de nom en -MÈTRE que lorsque la mesure s'effectue au moyen d'un appareil spécialisé.
MÉTROLOGIE, c.r. (+ **logos,** *discours*) : étude des poids et mesures.
GÉOMÉTRIE ← **geômetria,** *arpentage* (+ **gê,** *terre*); la géométrie est née de la nécessité de déterminer la surface et les limites des propriétés.
TRIGONOMÉTRIE, c.r. (+ **trigônon,** *triangle*) : c'est une méthode de mesure des éléments des triangles, mais c'est aussi un mode de calcul aux applications plus générales.
AXONOMÉTRIE, c.r. (+ **axôn, axonos,** *essieu, axe*) : méthode de tracé en perspective par projection; le mot semble inspiré de TRIGONOMÉTRIE et n'a rien à voir avec la mesure d'un axe.

MNÉMO- / **-MNÉSIE** = *mémoire* ← **mnêmôn,** *qui se souvient;* **-mnêsia,** élément signifiant *mémoire.*
MNÉMONIQUE ← **mnêmonikos,** *qui concerne la mémoire.*
MNÉMOTECHNIQUE, c.r. (+ TECHNIQUE, voir p. 195).
AMNÉSIE ← **amnêsia,** *oubli* (+ **a-** privatif). Une forme particulière d'oubli, celui des offenses, se disait **amnêstia** → AMNISTIE (anciennement *amnestie,* cf. anglais *amnesty*).
HYPERMNÉSIE, c.r. (+ **huper-,** *à l'excès*) : hyperactivité pathologique de la mémoire.

-NOME, -NOMIE, -NOMIQUE = *régulation, étude des règles* ← **nomos,** *loi.*
MÉTRONOME (+ **metron,** *mesure*) : appareil qui règle la mesure. C'est un réemploi dans un sens tout différent de **metronomos,** *inspecteur des poids et mesures.*
TAXINOMIE, -NOMIQUE, c.r. (+ **taxis,** *ordre,* voir p. 186); science des règles du classement abstrait, et, par extension, classement abstrait.
Voir AGRONOMIE (-NOME, -NOMIQUE), p. 161; ASTRONOMIE (-NOME, -NOMIQUE), p. 79; AUTONOMIE

(-NOME), p. 29; ÉCONOMIE (-NOME, -NOMIQUE), p. 106; ERGONOMIE (-NOMIQUE), p. 162.

ANTINOMIE (-NOMIQUE) ne réfère aucunement à la loi ou à la règle, mais désigne une opposition de propositions contraires prouvées par des arguments de force égale. Le mot vient de **antinomia** (+ **anti,** *à l'opposé*) qui désignait le recours de deux plaideurs à des lois contradictoires.

Le sens premier de **nomos** est *partage des terres* (la loi est ce qui le règle); d'où le sens de **nomê,** *pâturage,* puis **nomas, nomados,** *qui change constamment de pâturage* → NOMADE. Du sens de *loi,* **nomos** passe au sens d'*usage,* d'où **nomisma,** *usage,* et particulièrement *monnaie usuelle* → lat. **numisma,** *pièce de monnaie,* dont est dérivé NUMISMATE.

Le jeu d'opposition qui se manifeste entre les éléments -GRAPHIE, -LOGIE et -NOMIE est irrégulier; la nature et le sens de l'opposition varie d'un couple d'opposés à un autre.

Entre RADIOLOGIE et RADIOGRAPHIE, c'est un savoir (-LOGIE) qui s'oppose à une pratique (-GRAPHIE).

Entre ETHNOLOGIE et ETHNOGRAPHIE, c'est une réflexion (-LOGIE) qui s'oppose à une description (-GRAPHIE).

Entre GÉOLOGIE et GÉOGRAPHIE, c'est le sujet d'étude qui change, bien que l'élément qui le désigne (GÉO-) reste le même.

Dans le couple ASTRONOMIE / ASTROLOGIE, -NOMIE compose le nom d'une science, et -LOGIE celui d'une spéculation non scientifique.

Le rôle des deux éléments apparaît bien différent si l'on compare GASTRONOMIE à GASTRO-ENTÉROLOGIE. Cette fois, c'est le nom en -LOGIE qui désigne l'activité à caractère scientifique. La GASTRONOMIE ne saurait prétendre à ce caractère, même si le mot a perdu la valeur parodique de son modèle grec **gastronomia.** Ce nom, qui signifie *Règles de la Gourmandise,* fut choisi par le poète Archestrate au IVe siècle avant J.-C. comme titre d'un poème consacré au bien-manger. C'est une création humoristique associant le suffixe noble **-nomia** à l'évocation triviale du ventre **(gastêr),** considéré comme le lieu du plaisir gourmand.

Entre ÉCONOMIE et ÉCOLOGIE, c'est encore l'objet d'étude qui change. ÉCO- y exprime deux réalités différentes (la vie économique et l'habitat naturel), tandis que -NOMIE et -LOGIE y expriment le même type d'activité intellectuelle.

ONIR- / ONIRO- = *rêve* ← **oneiros,** *rêve.*
ONIRIQUE, s.r. : qui appartient au rêve.
ONIROMANCIE, d'après **oneiromantis,** *celui qui prédit l'avenir grâce aux rêves.*

ONOMA- / -ONYM- = *nom* ou *mot* ← **onoma, onomatos,** plus rarement **onuma,** *nom.*
ONOMASTIQUE ← **onomastikos,** *relatif au nom :* science des noms propres.
ONOMATOPÉE : voir p. 165.
ANONYME ← **anônumos,** *sans nom* (+ **a-** privatif); malgré l'existence de **anônumia,** le nom correspondant est ANONYMAT (+ suffixe -AT ← lat. **-atus**) et non * ANONYMIE.
SYNONYME ← **sunônumos,** *mot qui a la même signification qu'un ou plusieurs autres mots* (+ **sun,** *avec*).
Voir HOMONYME, p. 30; PATRONYME, p. 154; PSEUDONYME, p. 35.
L'élément -ONYME a été réemployé dans des compositions récentes :
ANTONYME (+ **anti,** *à l'opposé*) : mot de sens contraire.
ANTHROPONYME (+ **anthrôpos,** *homme*) : nom propre de personne.
TOPONYME : voir p. 59.
MÉTONYMIE ← **metônumia,** *changement de nom* (+ **meta,** *en changeant*); le mot français a un sens plus précis que le mot grec : c'est un mot employé pour un autre selon la contiguïté de sens; par exemple : un *café* pour un *débit de boisson.*

-PHRASE = *expression* ← **phrasis,** *expression.*
De PHRASE, tiré de **phrasis,** dérivent PHRASÉ, PHRASEUR.
PHRASÉOLOGIE, c.r. (+ **logos,** *discours*), avec sa forme insolite en -ÉO-, est soit une création demi-savante inspirée d'IDÉOLOGIE, soit une création hyper-savante qui s'appuie sur le génitif **phraseôs :** c'est un système d'expressions propres à une époque ou à un milieu.
ANTIPHRASE ← **antiphrasis,** *acte de nommer des choses dangereuses par leur contraire* (+ **anti,** *contre*) : cette figure de style consiste à dire, par euphémisme ou ironie, le contraire de ce qu'on veut faire entendre.
Voir PARAPHRASE, p. 61 ; PÉRIPHRASE, p. 62.

-SÉM- = *signe, signification* ← **sêma,** *signe* [1].
De la forme simple **sêma** dérive SÉMAPHORE, voir p. 167.
POLYSÉMIE, tiré de **polusêmos,** *qui a beaucoup de significations* (+ **polu,** *beaucoup*) : caractère d'un mot qui présente plusieurs sens.
SÉMANTIQUE ← **sêmantikos,** *qui signifie :* la sémantique est l'étude du langage, du point de vue de la signification.
SÉMIOLOGIE, c.r. (**sêmeion,** *signe* + **logos,** *discours*) : étude des signes en général.
SÉMIOTIQUE ← **sêmeiôtikos,** *qui comprend les signes :* étude des signes linguistiques.

-SOPH- = *sagesse* ← **sophos,** *savant, sage.*
SOPHISTE ← **sophistês.** Les sophistes étaient des professeurs de savoir, et surtout de savoir-faire oratoire. Les philosophes antiques leur ont fait une réputation, bien injustifiée, de maîtres en raisonnements fallacieux. Un SOPHISME (← **sophisma**) est un raisonnement astucieux et faux.
PHILOSOPHE (-SOPHIE, -SOPHIQUE) : voir p. 51.
THÉOSOPHE (-SOPHIE, -SOPHIQUE) : voir p. 159.

Autres mots issus du grec référant à des activités de l'esprit :

ASCÈSE ← **askêsis,** *entraînement, exercice;* ASCÈTE ← **askêtês,** *athlète à l'entraînement.*
AXIOME ← **axiôma,** *ce que l'on juge convenable,* de **axioun,** *juger bon, accorder de la valeur à,* de **axia,** *valeur.* L'AXIOLOGIE, c.r., est la théorie des valeurs morales.
DIDACTIQUE ← **didaktikos,** *propre à instruire,* de **didaktos,** *enseigné* (verbe **didaxai,** *enseigner*). AUTODIDACTE ← **autodidaktos,** *qui s'instruit lui-même* (+ **autos,** *soi-même*).
ÉPISTÉMOLOGIE, c.r. (**epistêmê,** *science* + **logos,** *discours*) : étude critique des sciences.
ÉTHIQUE ← **êthikos,** *moral,* de **êthê** (pluriel), *mœurs ;* **êthos,** (singulier), signifie aussi *comportement habituel d'un animal,* d'où ÉTHOLOGIE, c.r. : étude du comportement animal.
HERMÉNEUTIQUE ← **hermêneutikos,** *relatif à l'interprétation,* de **hermêneus,** *interprète.*

---

1. Et aussi *monument, tombeau.* Le jeu de mots platonicien **sôma sêma** signifie : *le corps est un tombeau.*

HISTOIRE ← lat. **historia** ← gr. **historia,** *enquête* (de **histôr,** *qui sait*); HISTORIQUE ← **historikos.**
MATHÉMATIQUE ← **mathêmatikê,** *les mathématiques,* l'étude par excellence, de **mathêma,** *étude.*
MYTHE ← **muthos.** Le mot grec a d'abord signifié *parole;* puis, quand les Grecs ont découvert le **logos,** *la parole rationnelle,* **muthos** a signifié *parole non rationnelle, discours fictif, récit fabuleux.* MYTHOLOGIE ← **muthologia,** *histoire des événements fabuleux.* MYTHOMANIE : voir p. 135.
RHÉTORIQUE ← **rhêtorikê,** *art de l'orateur;* **rhêtôr,** *orateur, professeur d'éloquence* → RHÉTEUR.
THÉORIE ← **theôria,** *contemplation, méditation,* déjà opposée par les Grecs à **praxis,** *pratique* (voir p. 165). THÉORÈME ← **theôrêma,** *sujet de contemplation, de méditation.* La racine est la même que dans **theatron** → THÉÂTRE : voir p. 219.

— A une racine **dok** (idée d'*opinion)* se rattachent :
DOCIMOLOGIE, c.r. (**dokimeion,** *examen,* c'est-à-dire *ce qui permet d'avoir une opinion sur quelqu'un*) : science de l'organisation des examens; DOGME ← **dogma, dogmatos,** *ce qu'on juge bon, principe;* DOGMATIQUE ← **dogmatikos,** *qui se fonde sur des principes.* PARADOXE ← **paradoxos,** *inattendu, contraire à l'opinion (***para,** *contre* + **doxa,** *opinion).* Voir ORTHODOXE, HÉTÉRODOXE, p. 32.

— A une racine **pha** / **phê,** *parler,* se rattachent : APHASIE ← **aphasia,** *impossibilité de parler* (+ **a-** privatif); EUPHÉMISME ← **euphêmismos,** litt. *bonne manière de parler* (+ **eu,** *bien*) : emploi d'un mot anodin à la place d'un mot blessant ou de mauvais augure; PROPHÈTE ← **prophêtês,** *qui dit avant* (+ **pro,** *avant*).

— Du verbe **taxai,** *mettre en ordre,* sont dérivés :
TAXE ← **taxis,** *ordre,* en particulier *ordre fiscal, impôt.* TAXIMÈTRE, c.r. : appareil à mesurer la taxe (le prix d'une course), d'où voiture porteuse de cet appareil; le nom de la voiture s'est abrégé en TAXI (voir aussi TAXIPHONE : p. 167). L'emprunt latin **taxa,** altéré en **tasca,** *salaire,* a donné TÂCHE.
TAXIDERMIE, TAXINOMIE : voir pp. 119 et 182.
SYNTAXE ← **suntaxis,** *coordination* (+ **sun,** *ensemble*) : assemblage des unités du discours; SYNTAGME ← **suntagma,** *ensemble rangé :* séquence d'unités du discours.
TACTIQUE ← **taktikê,** *art de mettre ses troupes en bon ordre.*

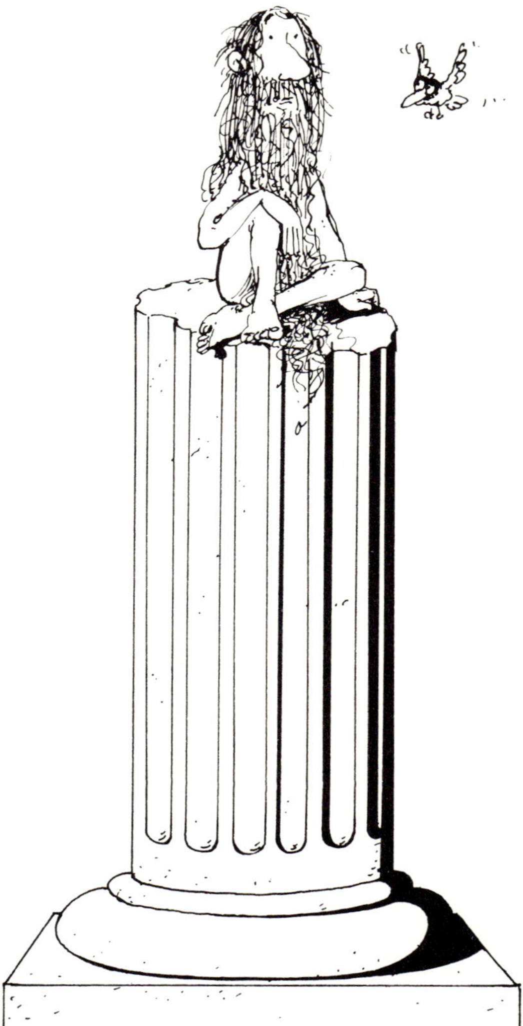

Objets d'art et autres

BIBLIO- = *livre* ← **biblion,** *livre.*
En cahiers quelquefois, mais le plus souvent en rouleaux, écrits sans ponctuation, et souvent sans séparation entre les mots, les livres de l'Antiquité n'étaient pas des objets commodes. Mais c'étaient des objets de prix, car il fallait plus de temps pour faire un exemplaire de l'*Iliade* qu'il n'en faut aujourd'hui pour en faire dix mille. Le nom grec du livre, qui se présente sous quatre formes, **biblion, bublion, biblos, bublos,** est tiré du nom de la ville de Byblos (**Bublos**), en Phénicie (l'actuel Liban), qui exportait en grande quantité le papyrus (voir p. 229) dont les livres étaient faits.
La BIBLE est la transcription du nom féminin **biblos,** *livre.*
BIBLIQUE est une suffixation récente.
BIBLIOGRAPHIE : nomenclature de titres groupés par sujets ou par auteurs, est un réemploi avec changement de sens de **bibliographia,** *rédaction de livres.*
BIBLIOPHILE, c.r. (+ **philein,** *aimer*) : amateur de livres.
BIBLIOTHÈQUE : voir p. 169. D'où BIBLIOBUS (+ BUS) : bibliothèque ambulante.

GLYPTO- / **-GLYPH-** = *gravure sur pierre* ← **gluptos,** *gravé;* **gluphê,** *gravure.*
GLYPTIQUE ← **gluptikos,** *relatif à la gravure* : art de la gravure sur pierres fines.
GLYPTOTHÈQUE : voir p. 169.
ANAGLYPHE ← **anagluphê,** *ciselure sur paroi* (+ **ana,** *en hauteur*) : lettre ou motif ciselé ornant un mur.
TRIGLYPHE ← **trigluphos,** littéralement *triple gravure* (+ **tri-,** *trois*) : il s'agit de l'ornement à *trois* bandes verticales répété régulièrement le long de la frise des temples doriques.
HIÉROGLYPHES : voir p. 158.

-STYLE = *colonnade* ← **stulos,** *colonne.*
Le vocabulaire de l'architecture antique comporte un certain nombre d'adjectifs en -STYLE qui caractérisent les constructions par la position de leurs colonnes :

HYPOSTYLE, c.r. (+ **hupo,** *sous*) : dont les colonnes sont sous le plafond, donc à l'intérieur du monument.
PÉRISTYLE ← **peristulos,** *entouré de colonnes* (+ **peri,** *autour*), est généralement employé comme nom.
Un STYLITE ← **stulitês** était un ascète chrétien qui, comme le fameux Syméon, s'imposait de passer des semaines, voire des années, au sommet d'une colonne. On ne doit pas le confondre avec un STYLISTE ni croire que STYLE et STYLO aient quelque rapport avec les colonnes. C'est cette fausse opinion, sans doute, qui a poussé à introduire un **y** dans le latin **stilus,** *poinçon à écrire.*

Autres noms d'objets venus du grec :
CITHARE ← **kithara,** qui, passant par l'arabe *qîtârâ,* nous est revenu également sous la forme GUITARE.
COLOSSE ← **kolossos,** *figurine* . De *figurine,* le mot **kolossos** a vu son sens s'élargir à celui de *statue.* Vers 300 avant J.-C., les habitants de Rhodes ornèrent leur port d'une statue d'Apollon de 31 mètres de hauteur. Ils l'appelèrent « la statue ». Depuis ce temps, **kolossos** désigne une statue énorme et COLOSSE un géant.
COURONNE ← lat. **corona** ← gr. **korônê,** *objet courbe.*
DISQUE ← **diskos,** désignant un palet rond qu'on lançait par jeu; DISCOBOLE ← **diskobolos** (+ **bolê,** *jet*). Dans les autres formations en DISCO-, qui sont des compositions récentes, il y a lieu de penser que DISCO- reprend le français DISQUE, sans qu'on ait besoin de remonter au grec **diskos.**
ÉTOLE ← lat. **stola** ← gr. **stolê,** *robe* (racine de **stellein,** *faire venir, équiper,* voir p. 212).
ICÔNE ← **eikôn,** *image.*
LYRE ← **lura ;** LYRIQUE ← **lurikos,** *lié au jeu de la lyre* : un certain genre de poésie, celui où notamment le poète disait ses propres pensées ou sentiments, était toujours chanté et accompagné à la lyre.
MITRE ← **mitra,** *ceinture* ou *ruban.*
OBÉLISQUE ← **obeliskos,** *petite broche,* appellation humoristique donnée par les Grecs découvrant ces monuments égyptiens.
TIARE ← **tiara,** turban conique des Perses.

Les techniques

ÉLECTR- / ÉLECTRO- = *électricité* ← **êlektron,** *ambre.*

Pour nommer le phénomène qu'ils avaient découvert, les savants de la Renaissance utilisèrent le nom latin **electrum** ← gr. **êlektron,** *ambre,* car l'Antiquité avait déjà constaté que l'ambre frotté devenait capable de certaines fantaisies que nous savons dues à l'électricité statique. **Electrum** fut muni du suffixe latino-grec **-ic-** (voir p. 203) : **electricus** → ÉLECTRIQUE ; puis du suffixe purement latin **-itas** : **electricitas** → ÉLECTRICITÉ. Le mot **êlektron** fournit un élément lexical entrant dans un très grand nombre de mots, qui continuera d'aller croissant tant que l'énergie électrique sera massivement utilisée.

Cet élément a soit la forme ÉLECTR- comme dans ÉLECTRODE (voir infra), soit la forme ÉLECTRI- (forme latino-française) comme dans ÉLECTRIFIER (+ -FIER ← lat. **-ficare**), soit la forme ÉLECTRO-, de beaucoup la plus fréquente, comme dans ÉLECTROLYTE : voir p. 163. Attention : ÉLECTRONIQUE passe par le relais ÉLECTRON : voir p. 208.

MÉCANI- / MÉCANO- = *machine* ← **mêkhanê,** *invention, engin.*

MÉCANIQUE ← **mêkhanikos,** *laborieux* ou *relatif aux machines* ; d'où MÉCANICIEN.

MÉCANOGRAPHIE : voir p. 174.

MÉCANOTHÉRAPIE, c.r. (+ **therapeia,** *soin*) : rééducation du corps par des appareils mécaniques.

L'emprunt latin **machina** a donné MACHINE et tous ses dérivés, dont MACHIN.

-ODE = *conducteur électrique* ← **hodos,** *route.*

ANODE ← **anodos,** *chemin qui monte* (+ **ana,** *de bas en haut*).

CATHODE ← **kathodos,** *chemin qui descend* ou *chemin du retour* (+ **kata,** *de haut en bas*). ANODE et CATHODE sont des ÉLECTRODES (+ ÉLECTR- = *électricité*) : ce sont des extrémités de conducteurs. Par l'anode, le courant sort (il n'y a pas de lien précis entre le sens de **anodos** et celui d'anode) ; par la cathode, le courant rentre, conformément au sens de

kathodos. ANODE a été choisi face à CATHODE en vertu de l'opposition formelle entre ANA- et CATA- : voir p. 200.
DIODE ← **diodos,** *passage à travers* (+ **dia,** *à travers*) : composant d'un circuit électronique.

D'autres mots français tirés des composés de **hodos** sont extérieurs à cette série. Ce sont ÉPISODE ← **epeisodion,** *partie de récit ou de drame introduit en plus* (**epi,** *en plus* + **eis,** *dans*) ; EXODE ← **exodos,** *sortie* (+ **ex,** *au-dehors*) ; MÉTHODE ← **methodos,** *poursuite, recherche* (+ **meta,** *à la recherche de*) ; PÉRIODE : voir p. 75 ; SYNODE ← **sunodos,** *réunion* (+ **sun,** *ensemble*).
Ne pas confondre avec le suffixe -ODE, voir p. 207, ni avec les dérivés de **ôidê,** *chant* → ODE.

RHÉO- = *courant* ← **rhein,** *couler.*
RHÉOBASE, c.r. (+ BASE ← **basis,** voir p. 103) : intensité minimale utile en courant électrique ; RHÉOSTAT : voir p. 168.

RHÉO- peut aussi exprimer le concept de « courant » en général : la RHÉOLOGIE, c.r. (+ **logos,** *discours*), est l'étude physique de la viscosité.
Voir RHÉ, p. 49. Voir aussi l'élément -RRHÉE, p. 133.

-SCAPH- = *véhicule sous-marin* ← **skaphê,** *bateau.*
BATHYSCAPHE : voir p. 88.
TÉLÉSCAPHE, c.r. (+ TÉLÉ- = *transport par câble) :* téléférique sous-marin.
SCAPHANDRE, c.r. (+ **anêr, andros,** *homme*) : littéralement « homme-bateau ».
Hors série : SCAPHOÏDE ← **skaphoeidês,** *en forme de bateau* (+ **eidos,** *forme*), désigne un os du carpe et du tarse.

-SCOP- = *appareils d'observation ou de traitement d'images* ← **skopein,** *observer.*
Toujours en position finale, l'élément apparaît dans des noms en -SCOPE désignant des appareils, des noms en -SCOPIE désignant des observations, et des adjectifs en -SCOPIQUE.

– L'élément initial indique la place de l'image transmise : ÉPIDIASCOPE, c.r., où **epi,** *sur,* indique que l'image est recueillie sur un miroir, et **dia,** *à travers,* que l'image est ensuite transmise à travers une lentille.
PÉRISCOPE ← **periskopein,** *regarder autour* (+ **peri,** *autour*) : appareil optique qui permet de voir par-dessus un obstacle.
TÉLESCOPE : voir p. 17. On observera le renouvellement sémantique complet qui a lieu dans TÉLESCOPER, où les deux éléments sont complètement vidés de leur sens, la métaphore originelle (l'emboîtement, comparable à celui d'une longue-vue que l'on replie) n'étant généralement plus perçue.

– L'élément initial caractérise l'objet observé :
BRONCHOSCOPIE, c.r. (+ BRONCHE ← **bronkhion**).
MICROSCOPE, c.r. (+ **mikros,** *petit*).
STÉTHOSCOPE : voir p. 128.

– L'élément initial indique le procédé permettant l'observation ou la vision :
Dans MAGNÉTOSCOPE, c.r. (+ MAGNÉTO-, voir p. 240), c'est une bande magnétique; dans GYROSCOPE (voir p. 65), c'est une rotation; dans RADIOSCOPIE (+ lat. **radius,** *rayon*), c'est un flux de rayons X.

– L'élément initial indique des conditions générales d'observation :
La CRYOSCOPIE, c.r. (+ **kruos,** *froid*), est l'étude de la congélation des solutions.
La MACROSCOPIE, c.r., n'est autre que la non-microscopie (voir MICRO- / MACRO-, p. 87).
Le CINÉMASCOPE, c.r., est un procédé de projection cinématographique sur écran large. Son nom le présente comme un appareil permettant de « voir le cinéma », mais n'est-ce pas ce que font tous les projecteurs ?

-TECHNI- / TECHNO- = *technique* ← **tekhnê,** *art, métier, technique.*
TECHNIQUE (d'où TECHNICIEN, TECHNICITÉ) ← **tekhnikos,** *lié à un art ou une technique.*
Ce mot a fourni l'élément -TECHNI- : voir MNÉMOTECHNIQUE, p. 182. L'élément final -TECHNIE / -TECHNIQUE peut entrer dans un système d'opposition

régulier avec -LOGIE / -LOGIQUE; la GÉOTECHNIQUE, c.r. (+ **gê,** *terre,* voir p. 77), technique des travaux effectués dans le sol ou le sous-sol, est une application de la GÉOLOGIE (voir p. 178) et la ZOOTECHNIE, c.r. (+ **zôion,** *animal*), technique de l'élevage, est une application de la ZOOLOGIE (voir p. 178).
TECHNO- est tiré de l'élément **tekhno-** qu'on trouve par exemple dans **tekhnologia** → TECHNOLOGIE, voir p. 179. Voir aussi TECHNOCRATE, p. 57. C'est la TECHNOCRATIE, et non la TECHNIQUE, que représente TECHNO- dans TECHNOSTRUCTURE (+ STRUCTURE ← lat. **structura**), mot créé sur le modèle de SUPER- / INFRASTRUCTURE.

-TYP- / TYPO- = *imprimerie* ← **tupos,** *empreinte.*

Tupos désignait une empreinte susceptible d'être reproduite en plusieurs exemplaires grâce au même objet imprimant. Son importation dans le vocabulaire français coïncide avec l'avènement de TYPOGRAPHE, c.r. (+ **graphein,** *écrire*) : professionnel de l'imprimerie.
TYPOMÈTRE, c.r. (+ **metron,** *mesure*) : règle à mesurer les espaces typographiques.
TÉLÉTYPE, c.r. (+ **têle,** *à distance*) : machine à écrire à distance.
LINOTYPE, sous un aspect régulier, cache une structure exceptionnelle : ce nom est la transcription de l'expression anglaise *line of types,* ligne de caractères, et désigne une machine à composer par lignes entières.
TYPE a bientôt été employé métaphoriquement au sens de « modèle, échantillon », et particulièrement « spécimen d'humanité », s'affaiblissant jusqu'à « individu ». L'adjectif **tupikos,** *figuré,* est réemployé dans TYPIQUE au sens de « représentatif » ou « caractéristique », alors que le dérivé TYPÉ signifie « riche en caractéristiques ». ATYPIQUE, c.r. (+ **a-** privatif), est le contraire de TYPIQUE et signifie « sans caractéristiques précises, inclassable ».

Dans la langue savante, TYPE est synonyme de « modèle ». Dans ce sens, il est devenu un élément lexical :

TYPOLOGIE : voir p. 179. ARCHÉTYPE : voir p. 73.
PROTOTYPE : voir p. 43. GÉNOTYPE : voir p. 109.
CARYOTYPE : voir p. 151.

D'emploi également technique et métaphorique est le mot CARACTÈRE ← **kharaktêr.** Le mot grec avait à la fois un sens actif : *graveur, imprimeur* (**kharattein,** *entailler, graver, imprimer*) et un sens passif : *marque, trait.* Le mot français se comporte de la même façon : le caractère d'imprimerie imprime, celui d'un homme porte des empreintes. L'adjectif CARACTÉRISTIQUE vient de **kharaktêristikos,** *qui sert à marquer.*

per
Cata

IV. Les préfixes

Parmi les éléments présentés dans les chapitres précédents, il en est quelques-uns qui peuvent être regroupés dans une catégorie spéciale. Ce sont ANTI- (p. 51), DIA- (p. 67), HYPER- (p. 37), HYPO- (p. 38), MÉTA- (p. 74), PARA- (p. 61), PÉRI- (p. 62) et SYN- (p. 68). Leurs modèles grecs **anti, dia, huper, hupo, meta, para, peri, sun** faisaient partie d'une catégorie bien délimitée d'éléments lexicaux, à la fois prépositions et préfixes (ou préverbes).

Les autres préfixes grecs de cette catégorie jouent également un rôle dans le vocabulaire français, mais n'ont plus de signification propre. Ainsi le préfixe grec **apo** aboutit en français à un élément APO-. Cet élément constitue manifestement une unité indépendante, détachable et remplaçable (APO-LOGIE / ÉTYMO-LOGIE ; APO-PHYSE / HYPO-PHYSE), mais il est bien difficile de lui donner un sens, et surtout un sens constant. Comme tous les autres éléments de sa classe, **apo** a commencé par avoir un sens précis, mais ce sens s'est affaibli, élargi, dilué. Aussi a-t-on pu remarquer, en lisant les chapitres précédents, que la valeur de **apo** était indiquée de manières très diverses : **apo,** *en s'éloignant de;* **apo** résultatif, **apo** d'action inverse, etc. La même observation a pu être faite à propos d'autres préfixes.

Faute de délivrer un sens précis et stable, les éléments du type APO- assurent une importante fonction de différenciation entre les mots. Il convient d'en donner la liste et d'en indiquer l'origine grecque.

AMPHI- ← **amphi,** *des deux côtés.*

ANA- / AN- ← **ana** (**an-** devant voyelle), *de bas en haut* ou *en arrière;* ce préfixe marque aussi l'achèvement ou la décomposition.

APO- / AP- / APH- ← apo (**ap-** ou **aph-** devant voyelle), *en s'éloignant de, à partir de ;* marque aussi l'accomplissement, la production, ou l'action inverse.

EN- / ÉN- / EM- / EL- ← en (**em-** ou **el-** devant certaines consonnes), *dans;* marque aussi l'intensité.

ÉPI- / ÉP- / ÉPH- ← epi (**ep-** ou **eph-**), *sur* ou *vers, en plus, après.*

EC- / EX- ← ek (**ex-** devant voyelle), *hors de;* marque aussi la soudaineté ou l'efficacité.

CATA- / CAT- / CATH- ← kata (**kat-** ou **kath-**), *de haut en bas* ou *contre;* marque aussi le résultat ou l'efficacité.

PRO- ← pro, *devant, avant.*

PROS- ← pros, *à, vers, pour.*

Le caractère vague du sens de ces éléments n'a pas empêché certains d'entre eux d'être employés dans des compositions récentes. Le cas le plus remarquable est celui de ANA- et CATA-, qui s'opposent comme deux contraires, mais n'ont de sens que l'un par rapport à l'autre. Se souvenant de l'opposition qui jouait entre les prépositions grecques **ana,** *de bas en haut de,* et **kata,** *de haut en bas de,* les savants modernes ont employé ANA- et CATA- pour former des couples de mots antithétiques. Ainsi, après avoir tiré de **metabolê,** *changement,* le mot MÉTABOLISME pour désigner l'ensemble des échanges dans un organisme vivant, les biologistes ont construit ANABOLISME : ensemble des phénomènes d'assimilation (d'où ANABOLISANT : qui aide à assimiler), et CATABOLISME : ensemble des phénomènes de consommation et d'élimination. ANABOLISME et CATABOLISME n'ont aucun rapport de sens avec les mots grecs **anabolê,** *ascension* ou *délai,* et **katabolê,** *action de jeter à bas,* ni non plus avec les éléments grecs **ana** et **kata.** L'opposition entre ANODE et CATHODE (voir p. 194), ANION et CATION (+ ION, voir p. 208) obéit au même principe. Mais ANA- et CATA- ne sont pas toujours dans cette relation antithétique : ANALYSE n'est pas le contraire de CATALYSE (voir p. 163), ni ANALOGUE le contraire de CATALOGUE (voir p. 179).

isme
irque
ique
esse

V. Les suffixes

Un certain nombre de suffixes français sont empruntés aux suffixes grecs. Loin d'être cantonnés dans des vocabulaires savants ou techniques, ces suffixes comptent, pour la plupart, parmi les plus vivants et les plus productifs de notre langue.

-IQUE ← **-ik-,** suffixe servant à former des adjectifs.
POLITIQUE ← **politikos,** *qui concerne le citoyen* (de **politês,** *citoyen*).
Le suffixe -IQUE a servi et sert encore à former un grand nombre d'adjectifs français (qui peuvent devenir des noms : ACRYLIQUE, ÉLECTRONIQUE, etc.). Il faut cependant ajouter que le latin possédait le même suffixe, sous la forme **-ic-,** de sorte que -IQUE ne peut être considéré comme exclusivement grec.

-IAQUE ← **-iak-,** ensemble suffixal servant également à former des adjectifs.
MANIAQUE ← **maniakos,** *fou* (de **mania,** *folie*).
CARDIAQUE ← **kardiakos,** *du cœur* (de **kardia,** *cœur*).
Est-ce à cause de sa sonorité sombre? Ou parce que certains adjectifs ainsi formés qualifiaient des malades ? Ou encore parce qu'on trouve dans cette série des mots comme APHRODISIAQUE ← **aphrodisiakos,** *sexuel* (de **aphrodisios,** *qui concerne Aphrodite,* déesse de l'amour), DÉMONIAQUE ← **daimoniakos,** *relatif aux démons* (de **daimôn,** *démon*)? Toujours est-il que ce suffixe est porteur d'une connotation désagréable ou dépréciative à laquelle n'échappe pas le mot INSOMNIAQUE, dont l'élément principal est latin. Une exception cependant : PARADISIAQUE, fabriqué au XVIe siècle, n'évoque que le bonheur et l'innocence.

-ESSE ← lat. **-issa** ← gr. **-issa,** suffixe servant à former des noms féminins.
D'usage assez restreint en grec ancien, le suffixe **-issa** servait par exemple, à partir du nom du *roi,* **basileus,** à former le nom de la *reine,* **basilissa.** Les Latins de la fin de l'Antiquité ont adopté ce suffixe très commode et s'en sont servi, par exemple, pour donner un féminin au mot **abbas, abbatis,** *abbé* : **abbatissa** → ABBESSE. Au XIe siècle, on voit ressurgir le suffixe en français sous la forme -ESSE, dans le mot COMTESSE. Depuis, il a contribué à former MAÎTRESSE, DOCTORESSE, ENCHANTERESSE, ÂNESSE, etc.

-ITE ← **-iti-,** suffixe servant à former des noms de maladies.
ARTHRITE ← **arthritis,** *maladie des articulations* (de **arthron,** *articulation*).
Peu fréquent dans le grec ancien, ce suffixe a néanmoins été repéré et sélectionné par les médecins occidentaux en quête de terminologie. Son extension est maintenant considérable. A peu près toutes les parties du corps sont susceptibles d'être affectées par une maladie désignée par un nom en -ITE. Le rôle de ce suffixe est bien compris par tous les locuteurs français, ce qui donne lieu à des créations humoristiques comme ESPIONNITE, RÉUNIONNITE, etc.

-ISER ← **-iz-,** suffixe servant à former des verbes.
Sur **kithara,** *cithare,* le grec a formé **kitharizein,** *jouer de la cithare.* Ce suffixe commode a beaucoup intéressé les Latins, qui l'ont emprunté pour former des verbes en **-izare.** Par transmission populaire, **-izare** donne en français -OYER (* **auctorizare** → OCTROYER). Mais le suffixe -OY-, qu'on retrouve dans LARMOYER, TOURNOYER, VERDOYANT, etc., est mort désormais. En revanche, par transmission savante, **-izare** a donné -ISER, qui a servi à fabriquer d'innombrables verbes français. L'emploi de ce suffixe est certainement, à l'heure actuelle, le plus fécond des procédés de fabrication de verbes ou de dérivés verbaux. Citons, parmi les plus récents, VALORISER, VAMPIRISER, DÉSTALINISER, SOCIALISANT, FASCISANT, SYNDICALISATION, NUCLÉARISATION.

-ISME ← **-ismo-,** suffixe dérivé du précédent, servant à former des noms d'après les verbes en **-izein.**
De **kitharizein,** le grec avait tiré **kitharismos,** *jeu de cithare.*
Sur le modèle fourni par des mots comme ÉRÉTHISME ← **erethismos,** *irritabilité* (de **eretheìn,** *exciter*), HELLÉNISME ← **hellênismos,** *action de parler et de penser comme un Grec* (de **hellên,** *grec*), le français a utilisé -ISME pour créer des centaines de mots abstraits, à partir de n'importe quel radical : nom, verbe, adjectif, nom propre, phrase, etc. : ALCOOLISME, ENTRISME, PARISIANISME, GAULLISME, JE-M'EN-FOUTISME, etc.

-ISTE ← **-ist-,** autre suffixe servant à former des noms d'après les verbes en **-izein.**
De **kitharizein** on a tiré encore **kitharistês,** *joueur de cithare.* Des mots de ce type sont à l'origine du suffixe français -ISTE, qui connaît de nos jours une vogue extraordinaire, et dont l'emploi a largement débordé la formation de noms d'agents comme JOURNALISTE, PIANISTE, CYCLISTE, puisqu'il sert à nommer, entre autres, le sectateur d'une opinion : MARXISTE, CENTRISTE, ou l'habitant d'une ville : BRIVISTE. Il sert également à composer des adjectifs : RÉALISTE, FUTURISTE. Parmi les plus récents et les plus pittoresques, citons, non pas l'ÉRATÉPISTE de Raymond Queneau, qui a le charme de l'humour, mais le très sérieux CÉGÉTISTE, et, mieux encore, le CÉDÉTISTE qui s'est résigné à perdre un EF à la fois pour être prononçable et pour ressembler à son grand frère.

-ÈME ← **-êma** (**ê,** voyelle finale d'élément verbal + **-ma,** suffixe servant à former des noms d'objets).
Le suffixe -ÈME est propre au vocabulaire technique de la linguistique. Le modèle en a été trouvé dans le nom PHONÈME : élément du langage articulé, tiré de **phônêma,** *son émis par la voix* (de **phônein,** *émettre un son vocal*). De PHONÈME, les linguistes ont tiré un suffixe -ÈME qui leur sert à fabriquer des mots désignant des unités linguistiques : MORPHÈME, (MORPH[ologie] + -ÈME), LEXÈME (LEX[ique] + -ÈME), SÉMÈME et SÉMANTÈME (SÉM[ANT[ique] + -ÈME), MYTHÈME (MYTH[ologie] + -ÈME), MONÈME (**monos,** *seul* + -ÈME), etc.

-OME ← **-ôma** (**ô,** voyelle finale d'élément verbal + **-ma**; voir -ÈME).
Le suffixe -OME est propre au vocabulaire médical. Le modèle en a probablement été trouvé dans CARCINOME : cancer, tiré de **karkinôma,** *ulcère* ou *cancer* (de **karkinoun,** *s'étendre comme les pattes d'un crabe,* verbe formé sur **karkinos,** *crabe*). Les médecins ont prélevé la finale -OME pour en faire un suffixe signalant une tumeur ou une tuméfaction, l'élément principal du nom désignant le tissu ou l'organe affecté : ADÉNOME (**adên,** *glande*), HÉMATOME (**haima, haimatos,** *sang*), SARCOME (**sarx, sarkos,** *chair*). Le suffixe -OME peut même être ajouté à un radical d'origine non grecque, comme dans FIBROME (de FIBRE, nom d'origine latine).

-ASE ← **-asi-** (**a,** voyelle finale d'élément verbal + **-si-,** suffixe servant à former des noms d'actions).
Pour désigner des substances naturelles capables de provoquer la réduction de certains composés chimiques en leurs éléments (dans la digestion, par exemple), les biologistes ont tiré de **diastasis,** *séparation* (de **diastêsai,** *séparer*) le mot DIASTASE (maintenant remplacé par le mot ENZYME, voir p. 113). Ils ont extrait de ce mot la finale -ASE, dont ils ont fait un suffixe servant à former des noms de diastases (ou enzymes). Ainsi l'AMYLASE dissout l'amidon (en grec **amulon**), les SUCRASES dissolvent les sucres, etc.

-OSE ← **-ôsi-** (**ô,** voyelle finale d'élément verbal + **-si-,** voir -ASE).
Il y avait en grec plusieurs noms en **-ôsis** qui désignaient des phénomènes pathologiques : par exemple **nekrôsis,** *mortification* (de **nekroun,** *mortifier*), dont est tiré NÉCROSE; **amaurôsis,** *perte de la vue* (de **amauroun,** *aveugler*), dont est tiré AMAUROSE. Ces formations se sont prêtées au dégagement d'un suffixe -OSE désormais très employé en pathologie : NÉVROSE (**neuron,** *nerf*), PSYCHOSE (**psukhê,** *âme*), AVITAMINOSE (**a-** privatif + VITAMINE), et susceptible d'emploi humoristique : SINISTROSE.
Quant au suffixe -OSE dont se servent les chimistes pour former des noms de sucres : GLUCOSE, LACTOSE, MALTOSE, etc., il est vraisemblablement tiré du suffixe latin **-os-** (**lactosus,** *laiteux* → LACTOSE).

-IASE ← **-iasi-** (ensemble formé des suffixes **-ia-** et **-si-**). Les médecins grecs utilisaient des verbes à suffixe **-ia-** pour dénoter des états maladifs et, grâce au suffixe **-si-** (voir -ASE et -OSE), tiraient de ces verbes des noms en **-iasis.** Ces noms ont été purement et simplement translittérés en français : **elephantiasis** (de **elephantian,** *avoir la peau épaisse comme celle d'un éléphant*) → ÉLÉPHANTIASIS; **saturiasis** (de **saturian,** *avoir les désirs sexuels d'un satyre*) → SATYRIASIS. D'autres ont été francisés, comme **lithiasis,** *maladie de la pierre* (de **lithian,** *avoir des calculs,* d'après **lithos,** *pierre*) → LITHIASE. De ces formes a été dégagé un suffixe -IASE, qui fonctionne, par exemple, dans AMIBIASE (formé sur AMIBE, voir p. 113).

-ODE ← **-ôdês,** suffixe servant à former des adjectifs. Le suffixe -ODE est employé en zoologie pour désigner des familles d'invertébrés. NÉMATODE : variété de vers filiformes, est issu de **nêmatôdês,** *filiforme* (**nêma, nêmatos,** *fil*). Sur ce modèle ont été faits des mots comme CESTODE (**kestos,** *ceinture*). Bien que les savants du XIXe siècle aient hésité entre les formes CESTODE et CESTOÏDE, -ODE et -OÏDE (voir p. 33) sont bien deux suffixes d'origines différentes.

Les suffixes de la chimie

Il arrive que les mots soient infiniment plus beaux que les choses qu'ils désignent. C'est le cas pour le STYRÈNE, dont Alain Resnais a illustré le chant, et, d'une façon générale, pour tous ces très vulgaires plastiques « aux noms de bergers grecs » comme l'écrivait Roland Barthes. Toutes ces finales en -ANE, -ÈNE, -IDE, -INE, -YLE, -ONE, semblent venir tout droit du pays d'Apollon.
Il n'en est rien. A vrai dire, seul de ces suffixes, -YLE est un héritage grec. Il a été tiré de MÉTHYLE, mot fabriqué à partir de **methu,** *alcool,* et **hulê,** *bois,* pour désigner l'alcool de bois (appelé maintenant MÉTHANOL). Il n'est pas impossible que -ÈNE ait été inspiré par HYDROGÈNE et OXYGÈNE; il paraît peu probable qu'il soit tiré du suffixe grec **-ên(os)** servant à former des adjectifs dont très peu sont passés dans les langues modernes.

Le suffixe -ON, élément morphologique de la nomenclature des gaz rares, a bien une origine grecque : c'est la désinence **-on** de neutre singulier. Parmi ces gaz, le premier qui fut découvert fut nommé ARGON ← **argon,** neutre de **argos,** *inactif.* Après l'« inactif », il y eut le « nouveau » : le NÉON (voir p. 74); l'« étranger » : le XÉNON (voir p. 158); le « caché » : le KRYPTON (voir p. 86). Il n'est pas impossible que ces noms soient la source du suffixe -ON si répandu dans la nomenclature des textiles artificiels et des produits pharmaceutiques : NYLON[1], DRALON, ORLON, etc.

Les suffixes de la physique atomique et de l'électronique

Le mot ION a été importé de l'anglais *ion,* qui l'a tiré de **ion,** participe présent neutre du verbe **ienai,** *aller*[2]. Un ION est donc « une chose qui va ». En effet, lorsqu'un ion est placé dans un champ électrique, il est soumis à une force qui le met en mouvement. L'anglais s'est inspiré plus tard du mot ION pour désigner un autre type de grain de matière porteur d'électricité, qu'il a nommé *electron,* acquis par le français : ÉLECTRON. Depuis, la plupart des particules successivement découvertes ont été baptisées de noms en -ON : NÉGATON (autre nom de l'électron), POSITON, NEUTRON, PROTON (voir p. 44), MÉSON (voir p. 61), PHOTON (voir p. 81) et bien d'autres.

ÉLECTRON a d'autre part inspiré CYCLOTRON : voir p. 101. La finale de ce mot a été à son tour dégagée comme suffixe : ce nouveau suffixe -TRON sert à désigner des machines qui accélèrent des particules. Le nombre de ces machines est insoupçonné : en 1962, J. Dubois, dans son *Étude sur la dérivation suffixale en français moderne et contemporain,* ne relève pas moins de quarante-huit noms en -TRON !

1. Ainsi, dans NYLON, seul le N initial ne serait pas grec. Le mot vient apparemment de VINYLE + ON, et VINYLE lui-même de VIN (latin **vinum**) + suffixe -YLE.

2. La transcription des participes présents grecs semble être un procédé propre aux Anglais : ils ont de même tiré *hormon,* dont le français a fait HORMONE, de **hormôn,** participe présent neutre de **horman,** *stimuler.*

VI. Le secret des mots

Les mots issus du grec ont souvent un sens caché : celui qu'avait leur archétype grec ou bien celui qu'exprime la juxtaposition des éléments qui les composent. Percer le secret étymologique, ce n'est pas seulement satisfaire une curiosité, c'est donner aux mots un surcroît de sens et une énergie nouvelle. Le sens caché d'ÉTYMOLOGIE nous invite à cette démarche : le nom grec **etumologia** désignait bien l'opération consistant à chercher le sens primitif d'un mot, mais signifiait littéralement : *parole vraie* (**etumos,** *vrai* + **logos,** *parole*). Pour les Grecs, l'étymologie donnait le sens vrai d'un mot ; elle était un moyen d'accéder à la Vérité.

Le christianisme

Né dans la partie grecque de l'Empire Romain, le christianisme a été pendant deux siècles entièrement lié à la langue grecque. Il en porte la trace. Pour nommer les objets de leur foi et leurs institutions, les premiers chrétiens ont pris des mots grecs déjà existants et leur ont donné une signification particulière. Celle-ci s'est transmise jusqu'à nous, tandis que le sens non chrétien était oublié.

CHRIST ← lat. **Christus** ← grec **khristos,** *oint,* de **khrizein,** *oindre, enduire.* Le mot grec traduit littéralement l'hébreu *messiah,* qui désigne *l'oint du Seigneur* et qui a donné le mot MESSIE. **Khristianos,** *fidèle du Christ,* a donné le latin **christianus** → CHRÉTIEN et, en dialecte valaisan, CRÉTIN.
ANTÉCHRIST ← lat. **Antichristus** ← gr. **Antikhristos,** litt. *adversaire du Christ,* prophète ennemi de Dieu, dont la venue sur Terre annoncera la fin des temps.

ANGE ← lat. **angelus** ← gr. **angelos,** *messager.* ARCHANGE ← lat. **archangelus** ← gr. **arkhangelos,** *ange d'un rang élevé* (voir ARCH-, p. 55). ANGÉLIQUE ← lat. **angelicus** ← gr. **angelikos,** *propre aux anges.*

DÉMON ← **daimôn,** *divinité,* puis *démon.* **Daimôn** désignait d'abord toute forme impersonnelle de la divinité, puis il a désigné des êtres intermédiaires entre les dieux et les hommes. Païens et chrétiens s'entendaient sur un point : les **daimones** existaient ; il y en avait partout. Mais les païens pensaient qu'ils se divisaient en bons et mauvais, alors que pour les chrétiens, il n'en était que de mauvais.

DIABLE ← lat. **diabolus** ← gr. **diabolos,** *calomniateur,* qui traduit l'hébreu *Satan :* accusateur. Un des rôles du Mauvais, dans la tradition judaïque, était d'accuser les justes devant le tribunal de Dieu. DIABOLIQUE ← lat. **diabolicus** ← gr. **diabolikos,** *propre au diable.*

EXORCISME (-ISTE, -ISER) ← **exorkismos** (**-istês, -izein**). A l'origine, **exorkizein** signifie *lier quelqu'un par un serment* (**ex** d'efficacité + **horkos,** *serment*). Son sens est devenu *faire sortir* (**ex,** *hors de*) *le démon en faisant appel à Dieu par une formule sacramentelle.*

APOCALYPSE ← **apokalupsis,** *révélation, dévoilement* (**apo** d'action inverse + **kaluptein,** *voiler;* voir EUCALYPTUS, p. 151). Le sens d'Apocalypse s'est restreint à une partie de la Révélation de l'apôtre Jean : la description de la fin des temps.

APÔTRE ← lat. **apostolus** ← gr. **apostolos,** *envoyé,* de **apostellein,** *envoyer* (**apo,** *en partant de* + **stellein,** *faire venir*).
APOSTOLIQUE ← **apostolikos,** *relatif aux envoyés.* APOSTOLAT est muni du suffixe latin **-atus.**
La racine **stel** / **stol** (voir DIASTOLE, SYSTOLE, p. 68) se retrouve dans : ÉPÎTRE ← lat. **epistula** ← gr. **epistolê,** *lettre,* de **epistellein,** *envoyer* (**epi,** *vers* + **stellein,** *faire venir*). Le latin a créé le dérivé **epistolaris** → ÉPISTOLAIRE.

ÉVANGILE ← lat. **evangelium** ← gr. **euangelion,** *bonne nouvelle* (**eu,** *bien* + **angellein,** *annoncer*)

MARTYR ← lat. **martyr** ← gr. **martur** (ou **martus**), *témoin.* Un MARTYRE ← lat. **martyrium** ← gr. **marturion** est un supplice. Les premiers chrétiens aspiraient au martyre, qui était pour eux le plus beau témoignage de leur foi.

BAPTÊME ← lat. **baptisma** ← gr. **baptisma,** de **baptizein,** *immerger;* l'immersion totale dans la cuve baptismale était en effet le rite fondamental du baptême primitif. BAPTISTÈRE vient de **baptistêrion,** qui signifiait d'abord *salle de bains.*

CATÉCHISME, CATÉCHISER, CATÉCHÈSE viennent de **katêkhismos, katêkhizein, katêkhêsis :** ces mots grecs, spécifiquement chrétiens, sont dérivés du verbe **katêkhein,** *faire résonner au-dessus (***kata,** *de haut en bas* + **êkhein,** *résonner*), d'où *faire résonner la vérité, instruire.*

ÉGLISE ← lat. **ecclesia** ← gr. **ekklêsia,** *assemblée.* Le mot a d'abord désigné l'assemblée des fidèles réunis pour entendre la Parole, puis, beaucoup plus tard, le lieu de réunion. Il désigna aussi l'ensemble des chrétiens, puis l'institution les rassemblant. **Ekklêsiastikos,** *relatif aux assemblées* → ECCLÉSIASTIQUE.

ERMITE ← lat. **eremita** ← gr. **erêmitês,** *qui vit dans la solitude,* de **erêmos,** *solitaire.*

EUCHARISTIE ← **eukharistia,** *remerciement, action de grâces,* de **eukharistein** [1], *être reconnaissant* (**eu,** *bien* + **kharis,** *reconnaissance*); **kharis** signifie à la fois la grâce qu'on accorde et la reconnaissance qui y répond. Un CHARISME ← **kharisma,** *grâce,* est une sorte de grâce surnaturelle.

MYSTIQUE ← **mustikos,** *qui concerne les mystères.* Le mystique entre en contact avec Dieu, comme le faisait l'initié païen (**mustês**) dans une cérémonie secrète appelée **mustêrion** → MYSTÈRE. MYSTIFIER est un dérivé français qui signifia d'abord « plonger quelqu'un dans un mystère ».

PROSÉLYTE ← **prosêlutos,** *nouveau venu,* d'où *converti,* de **prosel(u)thein,** *venir à* (**pros,** *à* + **el(u)thein,** *venir*).

---

1. « Merci » se dit encore aujourd'hui en grec **efkharistó :** *je remercie.*

ABBÉ ← lat. **abbas, abbatis** ← **abbas,** qui n'est pas un mot grec : les Grecs, à l'époque chrétienne, ont simplement adopté ce terme araméen qui signifie *père.*

ACOLYTE fut à l'origine un mot d'église, désignant le clerc qui accompagne le prêtre. Il est tiré du latin **acolythus** ← gr. **akolouthos,** *qui accompagne.* Par ailleurs, le grec **anakolouthos,** *non suivi, inconséquent,* a donné ANACOLUTHE : rupture d'une construction syntaxique.

AUMÔNIER : ce titre est au Moyen Age celui du chapelain d'un prince ou d'un seigneur, chargé de distribuer des aumônes. AUMÔNE ← lat. ***elmosyna,** de **eleemosyna** ← gr. **eleêmosunê,** *acte de pitié,* dérivé de **eleein,** *avoir pitié.*

CLERC ← lat. **clericus** ← gr. **klêrikos,** *homme d'église,* litt. *titulaire d'une fonction,* de **klêros,** *tirage au sort,* puis *part obtenue par le sort,* puis *lot, fonction.* Le latin a dérivé **clericalis** → CLÉRICAL, et **clericatus** → CLERGÉ.

DIACRE ← lat. **diaconus** ← gr. **diakonos,** *serviteur.* Des dérivés latins de **diaconus** sont tirés DIACONAT, DIACONESSE.

ÉVÊQUE ← lat. **episcopus** ← gr. **episkopos,** *surveillant,* puis *évêque* (**epi,** *sur* + **skopein,** *observer,* voir -SCOP-, p. 194). Les dérivés latins **episcopatus, episcopalis** sont phonétiquement intacts : ÉPISCOPAT, ÉPISCOPAL. ARCHEVÊQUE ← lat. **archiepiscopus** ← gr. **arkhiepiskopos,** *évêque en chef* (voir ARCHI-, p. 55).

LAÏC ← lat. **laïcus** ← gr. **laïkos,** *du peuple, civil,* de **laos,** *peuple.*

PAPE ← lat. **papas** ← gr. **pappas,** *papa.* C'est par ce nom d'affection enfantin que les fidèles s'adressaient à leurs évêques. L'appellation a été peu à peu réservée aux plus hauts dignitaires. A partir du IXe siècle, elle a désigné uniquement l'évêque de Rome.

PAROISSE ← lat. **parocia** ← gr. **paroikia,** *voisinage* (**para,** *à côté* + **oikia,** *maison*; voir ÉCO-, p. 106); la **paroikia** fut d'abord le territoire voisin du siège de l'évêché, car il n'y avait à l'origine qu'une église pour chaque évêque.

PRÊTRE ← lat. **presbyterus** ← gr. **presbuteros,** *plus vieux,* de **presbus,** *vieux.* Les premières communautés chrétiennes étaient dirigées par les plus âgés des fidèles. Cette institution s'est lentement transformée en un véritable sacerdoce, fonction sacrée indépendante de l'âge. **Presbuterion** qui, dans le christianisme primitif, signifiait *Conseil des Anciens* a donné PRESBYTÈRE, avec un notable changement de sens.

ANTIENNE ← lat. **antiphona** ← gr. **antiphônê,** *chant en réponse* (**anti,** *en face* + **phônê,** *voix*). Un ANTIPHONAIRE est un recueil d'antiennes ou d'autres chants liturgiques.

CANON ← lat. **canon** ← gr. **kanôn,** *barre, règle* (dans les deux sens du terme). **Kanonikos,** *conforme à la règle, régulier* → lat. **canonicus** → CANONIQUE par transmission savante et, par transmission populaire, CHANOINE.

HOMÉLIE ← lat. **homilia** ← gr. **homilia,** *réunion, entretien* (dérivé de **homos,** *même,* voir p. 30).

KYRIELLE, création de l'ancien français, désigne à l'origine une litanie, longue prière à formules répétitives comme le *Kyrie eleison* ← **Kurie, eleêson,** *Seigneur, prends pitié* (**kurios,** *seigneur ;* **eleein,** *avoir pitié*).

LITANIE ← **litaneia,** *prière,* de **litê,** *prière.*

LITURGIE ← lat. **liturgia** ← gr. **leitourgia,** *service public* (**leito-** = *peuple* + **ergon,** *travail*), puis *service divin.*

PRÔNE ← lat. ***protinum,** altération de **protirum** ← gr. **prothuron,** *vestibule* (**pro,** *devant* + **thura,** *porte*). L'ancien français *prosne* a d'abord désigné l'entrée du chœur (voir CHŒUR, p. 217), puis le sermon que le prêtre y prononçait.

PSAUME ← lat. **psalmus** ← gr. **psalmos,** *air d'instrument à cordes,* de **psallein,** *faire vibrer.* PSALMODIE ← **psalmôidia,** *chant accompagné par instrument à corde* (+**ôidê,** *chant,* voir p. 218). PSAUTIER ← lat. **psalterium** ← gr. **psaltêrion,** *sorte de harpe :* les chrétiens ont réemployé ce mot pour désigner le livre des Psaumes, dans l'Ancien Testament.

ABSIDE ← lat. **absis, absidis** ou **apsis, apsidis** ← gr. **hapsis, hapsidos,** *nœud,* d'où *arc,* d'où *voûte.*

BASILIQUE ← **basilikê,** féminin de **basilikos,** *royal* (**basileus,** *roi*). **Hê basilikê** fut d'abord le *Portique du roi,* un monument à colonnes d'Athènes. Puis le nom désigna toute vaste salle dont le plafond était soutenu par des colonnes, puis des églises construites sur ce plan, dit BASILICAL; il désigne aujourd'hui des églises de grandes dimensions[1].

NARTHEX ← **narthêx.** Ce mot désignait l'espace précédant les portes d'une église. Mais il avait également le sens de *férule* ou *coffret.* Il n'existe aucune explication capable d'éclairer le lien entre ces différents sens.

BLASPHÈME ← lat. **blasphemus** ← gr. **blasphêmos,** *injurieux* (l'élément **phêm-** signifiant *la parole,* voir p. 186, est précédé d'un élément difficile à interpréter). Par transmission populaire, le verbe latin **blasphemare** →BLÂMER.

HÉRÉSIE ← **hairesis,** *choix.* L'HÉRÉTIQUE ← **hairetikos,** *qui choisit,* est celui qui choisit sa doctrine alors que, la vérité étant unique, il n'a pas à choisir.

SCANDALE est un mot tiré de l'Écriture. **Skandalon** signifie *piège où l'on tombe;* les traducteurs grecs de l'Ancien Testament l'ont choisi pour traduire un mot hébreu désignant la chute morale. **Skandalizein** → SCANDALISER, qui signifie d'abord « faire tomber autrui dans le péché ». L'évolution sémantique de SCANDALE est la suivante : *occasion de péché → mauvais exemple → conduite suscitant la réprobation.* Par transmission populaire, l'emprunt latin **scandalum** a donné ESCLANDRE.

ZIZANIE ← **zizania,** *ivraie.* Le mot nous vient aussi de l'Écriture. Dans la parabole de l'ivraie (Matt. 13,24), l'ennemi du bon Semeur sème de l'ivraie dans le champ fraîchement ensemencé. « Semer la zizanie », c'est faire naître la discorde là où régnait l'entente.

Voir aussi CATHÉDRALE, p. 102; CATHOLIQUE, p. 40; CHAIRE, p. 102; DIOCÈSE, p. 106; HAGIOGRAPHIE, p. 175; MOINE, p. 43; ŒCUMÉNIQUE, p. 106; PARADIS, p. 61; PROPHÈTE, p. 186.

---

1. Le nom du BASILIC (plante) est tiré lui aussi de l'adjectif **basilikos.** C'était pour les Grecs une « plante royale ». Le lézard BASILIC tire son nom de **basiliskos,** *petit roi.*

La musique et le théâtre

MUSIQUE : voir p. 241.

CHŒUR ← lat. **chorus** ← gr. **khoros,** *troupe de danseurs* (d'où CHORÉGRAPHIE, voir p. 175) *ou de chanteurs.* Le CHŒUR d'une église est le lieu où se tiennent les chantres. Du latin **chorus** dérivent également CHORAL et CHORISTE.

CORDE ← lat. **chorda** ← gr. **khordê,** *boyau d'animal,* d'où *corde d'instrument.* A partir de CORDE se sont créés de nombreux dérivés : CORDON, CORDELETTE, etc.

DIAPASON : mot formé au Moyen Age d'après une expression grecque, inventée par les musicologues latins : **dia pasôn khordôn,** *par toutes les cordes.* Le mot désigna d'abord le registre d'un instrument, puis, par métonymie, l'appareil à donner le *la.*

DIATONIQUE ← **diatonikos.** CHROMATIQUE ← **khrômatikos.** Les musiciens grecs distinguaient, dans les échelles des tons musicaux, trois systèmes d'intervalles : le **diatonon,** le **khrôma** ou **khrômatikon,** et l'**enarmonion.** Des siècles de recherches en théorie musicale ont fait que DIATONIQUE, CHROMATIQUE et ENHARMONIQUE n'ont plus exactement le même sens que leurs modèles grecs. Sans aborder cette histoire complexe, nous nous bornerons à indiquer le sens littéral des mots grecs : **diatonos,** *tendu d'un bout à l'autre* (**dia,** *à travers* + **tonos,** *tension,* voir p. 129); **khrômatikos,** *coloré* (**khrôma,** *couleur :* voir p. 90); **enarmonios,** *doté d'harmonie interne* (**en,** *dans* + **harmonia**). HARMONIE ← **harmonia,** *ajustement,* d'où *accord musical.*

DIÈSE ← **diesis,** *intervalle.*

DITHYRAMBE ← **dithurambos,** *chant choral en l'honneur de Dionysos :* aucun texte de dithyrambe ne nous est parvenu, mais les Anciens le décrivent comme un genre passionné, voire excessif, d'où le sens qu'a aujourd'hui l'adjectif DITHYRAMBIQUE ← **dithurambikos :** qui loue d'une manière excessive.

ÉLÉGIE ← **elegos,** *chant de deuil,* d'où *chant triste.* ÉLÉGIAQUE ← **elegeiakos,** *écrit comme une élégie.*

ODE ← **ôidê,** *chant.* PARODIE ← **parôidia,** *chant bouffon imitant le chant tragique ou épique* (+ **para,** *à côté*). PROSODIE ← **prosôidia,** *modulation,* d'où *rythmique du vers :* la prosodie n'a rien à voir avec la prose (qui vient du latin **prosa**). Un RHAPSODE est littéralement un *couseur de chants :* l'élément initial de **rhapsôidos** est tiré de **rhaptein,** *coudre.* Le rhapsode (on dit aussi AÈDE ← **aoidos,** *chanteur*)

puisait dans sa mémoire des formules, des suites de vers qu'il assemblait dans une semi-improvisation. RHAPSODIE ← **rhapsôidia,** *art du rhapsode,* d'où *poème épique* (à l'origine toujours chanté). Au temps du romantisme, quand on croyait que les poèmes épiques étaient des expressions brutes de l'âme d'un peuple, les compositeurs appelèrent rhapsodies les airs variés inspirés par les musiques populaires.
MÉLODIE ← **melôidia,** *chant musical.* L'élément initial est tiré de **melos,** *membre,* d'où *membre de phrase musicale, mesure,* d'où *musique composée,* et *musique* en général. Voir aussi MÉLOMANE, p. 135 et MÉLOPÉE, p. 165. La composition récente MÉLODRAME a été faite pour évoquer le théâtre antique, où le drame était largement accompagné de musique; puis elle a désigné des œuvres théâtrales populaires comportant à l'origine des chants ou des accompagnements musicaux.

ORCHESTRE ← **orkhêstra,** *espace pour les danseurs,* de **orkheisthai,** *danser.* Dans le théâtre grec, l'**orkhêstra** est la piste circulaire ou semi-circulaire qui s'étend au pied des gradins, et où évolue le chœur, entre spectateurs et acteurs. Le mot ORCHESTRE a d'abord désigné l'espace en contrebas devant la scène, où pouvaient prendre place spectateurs et musiciens. De là son sens actuel d'« ensemble de musiciens ». Le mot continue en outre à désigner les places d'un théâtre situées au parterre, devant la scène.

THÉÂTRE ← **theatron,** *lieu où l'on regarde,* de **theasthai,** *regarder* (voir THÉORIE, THÉORÈME, p. 186). AMPHITHÉÂTRE résulte d'une évolution sémantique curieuse. Les Grecs avaient créé le mot **amphitheatron,** *théâtre circulaire* (+ **amphi,** *des deux côtés*), pour désigner une nouvelle architecture de théâtre, entièrement circulaire, et la distinguer de la forme traditionnelle semi-circulaire. Or, dans l'usage français, le mot a servi à désigner le théâtre grec traditionnel en le distinguant des formes d'édifices théâtraux de l'Europe classique. Aujourd'hui AMPHITHÉÂTRE peut désigner une salle couverte munie de gradins d'un seul côté et pas toujours semi-circulaire. Par abréviation s'est dégagé un mot AMPHI, très employé dans les universités pour désigner une salle de cours de vastes dimensions, qui peut à la limite être parfaitement horizontale.

TRAGÉDIE et COMÉDIE tirent leur origine du chant. TRAGÉDIE ← lat. **tragoedia** ← gr. **tragôidia,** *chant du bouc* (**tragos,** *bouc* + **ôidê,** *chant*) ; on ne sait toujours pas très bien quel était le lien, à l'origine, entre le bouc et la tragédie (peut-être les formes primitives des représentations tragiques étaient-elles accompagnées du sacrifice d'un bouc). On sait en revanche interpréter COMÉDIE ← lat. **comoedia** ← gr. **kômôidia,** *chant du* **kômos :** le **kômos** est un cortège rituel, éméché et joyeux, en l'honneur du dieu Dionysos. De **tragôidia** et **kômôidia** furent dérivés **tragikos** → TRAGIQUE et **kômikos** → COMIQUE.

DRAME ← **drama, dramatos,** *action,* de **dran,** *faire.* DRAMATIQUE ← **dramatikos,** *théâtral.* En langage technique, ces deux mots sont fidèles au sens de leurs modèles grecs ; dans le langage courant, ils évoquent uniquement une action dramatique sombre. Voir aussi DRAMATURGE, p. 162. Au verbe **dran** se rattache également DRASTIQUE ← **drastikos,** *qui agit, efficace.*

PROTAGONISTE ← **prôtagônistês,** *premier acteur,* littéralement *premier concurrent* (**prôtos,** *premier* + **agôn,** *lutte, concours*) : les représentations dramatiques, à la grande époque du théâtre grec (ve siècle avant J.-C.) avaient toujours lieu dans le cadre d'un concours.
De **agôn** dérivent également ANTAGONISTE ← **antagônistês,** *adversaire* (+ **anti,** *contre*) ; AGONIE ← **agônia,** *lutte, angoisse, souffrance.*

SCÈNE ← lat. **scaena** ← gr. **skênê,** *tente, cabane.* La **skênê** fut d'abord la cabane où les acteurs changeaient de costume, puis une construction en pierre servant de coulisses et constituant, face aux gradins, le diamètre du demi-cercle dessiné par le théâtre ; enfin le mot désigna le devant de cette construction, l'endroit où évoluaient les acteurs.

TALENT ← lat. **talentum** ← gr. **talanton,** unité monétaire représentant une très forte somme. A la suite de la parabole des talents (Matt., 25, 14-30 ; Luc, 19, 12-27), TALENT est employé dans le sens de « don à exploiter, à faire fructifier », puis simplement de « don ».

Le sport

ATHLÈTE ← **athlêtês,** litt. *celui qui concourt pour un prix,* de **athlon,** *récompense, prix.* PENTATHLON ← **pentathlon,** *concours de cinq épreuves* (+ **pente,** *cinq*). Sur ce modèle ont été formés DÉCATHLON (+ **deka,** *dix*), TRIATHLON (+ **tri-** = *trois*), BIATHLON (+ préfixe latin **bi-** = *deux*).

GYMNASTIQUE ← **gumnastikê,** *activité du* **gumnastês** (→ GYMNASTE), dérivé de **gumnazesthai,** *se mettre nu pour entraîner son corps,* lui-même dérivé de **gumnos,** *nu* (voir GYMNOSPERME, p. 112) : le sport en Grèce se pratiquait nu. GYMNIQUE ← **gumnikos,** *relatif aux exercices corporels.* GYMNASE ← **gumnasion,** *lieu où se pratiquent les exercices gymniques.*

HALTÈRES ← **haltêres,** *balancier de plomb* qu'on tenait pour danser ou sauter (**hallesthai,** *sauter*).

STADE ← **stadion,** mesure de longueur égale à 177,60 m, d'où *piste de course* de cette longueur.

Les funérailles

CATAFALQUE remonte, par l'italien, au latin vulgaire * **catafalicum,** *échafaudage,* qui associe le préfixe grec **kata** au latin **fala,** *tour en bois,* et qui, par transmission populaire, a donné ÉCHAFAUD.

CIMETIÈRE ← lat. **coemeterium** ← gr. **koimêtêrion,** *dortoir,* de **koimasthai,** *se coucher, dormir.*

ÉPITAPHE ← **epitaphios,** *oraison funèbre* (**epi,** *sur* + **taphos,** *tombeau*). Le mot français désigne une inscription funéraire. Également issu d'un dérivé de **taphos,** CÉNOTAPHE ← **kenotaphion,** *tombeau vide* (+ **kenos,** *vide*).

TOMBE ← lat. **tumba** ← gr. **tumbos,** *tumulus* (le latin **tumulus** dérive de la même racine indo-européenne).

Voir CERCUEIL, p. 128; NÉCROLOGIE, NÉCROPOLE, p. 110.

L'héritage des philosophes grecs

CYNIQUE ← **kunikos,** *de chien, comme un chien,* dérivé de **kuôn, kunos,** *chien.* Le philosophe Diogène affectait de vivre comme un chien. Par son attitude provocante, il entendait montrer le fossé qui existe entre les exigences de la raison et les usages sociaux. Ses disciples, à leur tour, se proclamèrent « chiens ». Comme eux, le cynique d'aujourd'hui agit et parle sans craindre de donner une mauvaise image de lui-même, mais l'amertume et la brutalité que révèle son discours n'étaient pas de règle chez les philosophes cyniques.

ÉPICURIEN réfère au philosophe Épicure (**Epikouros**) et à sa doctrine. Il est bon de savoir que le véritable épicurien n'était pas un homme de plaisir, mais l'adepte d'une philosophie exigeante. Ce sont les autres philosophes grecs, tous unis contre l'épicurisme, qui ont déformé son image. Tel qui se proclame épicurien cesserait peut-être de le faire s'il pouvait lire les œuvres de celui dont il pense être le disciple.

PÉRIPATÉTICIENNE ← **peripatêtikos,** *qui se promène* (**peri,** *en rond* + **patein,** *marcher*). Aristote et ses disciples, dans leur école du Lycée (voir p. 240), parlaient et écoutaient en marchant, d'où leur nom de « Promeneurs » ou Péripatéticiens. Une péripatéticienne est une promeneuse à but lucratif, que des plaisantins érudits du siècle dernier eurent l'idée de décorer de ce titre.

SCEPTIQUE ← **skeptikos,** *qui examine,* de **skeptesthai,** *examiner* (même racine que **skopein,** *observer* : voir p. 194). Les philosophes **skeptikoi** se donnaient pour règle de tout examiner. A trop examiner, on en vient à s'apercevoir qu'il n'est pas prouvé que deux et deux fassent quatre. Les adversaires des sceptiques leur reprochèrent d'avoir transformé la vertu philosophique du doute en une manie stérile.

STOÏQUE ← **stoïkos,** *de l'École du Portique,* de **stoa,** *portique.* Le fondateur de l'école, Zénon de Kition, réunissait ses disciples sous l'un des portiques qui ornaient Athènes : on les appela « les hommes du Portique ». Le français les appelle STOÏCIENS, s.r.. L'adjectif STOÏQUE évoque une attitude issue de la morale stoïcienne et caractérisée par le mépris de la douleur et de la mort.

Familles désunies

On a vu que le jeu de la dérivation lexicale et de l'évolution sémantique pouvait disperser considérablement, dans l'étendue des significations, des mots issus d'une même racine grecque. En voici quelques autres exemples :

ALLÉGORIE, CATÉGORIE, ainsi que PANÉGYRIQUE et AGORAPHOBIE sont liés par l'idée de *foule rassemblée.*
La racine évoquant cette idée se présente sous les formes **ager / agor / êgor / êgur.**
Agora signifiait *la place publique;* l'AGORAPHOBIE est l'angoisse pathologique qu'on y éprouve : voir p. 54.
Panêguris désignait *le rassemblement de tout le monde* (**pan,** *tout*), *la grande fête nationale.* Le discours prononcé à cette occasion, en général pour faire l'éloge d'une cité ou d'un empereur, s'appelait **panêgurikos** → PANÉGYRIQUE.
Les verbes en **-êgorein** évoquèrent d'abord le discours public, puis simplement la parole. De **katêgorein,** *parler contre* (**kata,** *contre*) est dérivé **katêgoria,** *accusation,* puis *chose dite à propos de quelqu'un,* enfin *genre dans lequel on classe un sujet,* d'où le sens de CATÉGORIE ; **katêgorikos** se disait du discours dans lequel on affirme quelque chose de quelqu'un : être CATÉGORIQUE, c'est d'abord être affirmatif, puis, par extension, tenir un propos pour lequel on ne souffre aucune remise en question. Pour ALLÉGORIE, voir p. 31. La finale -GORIE de ce mot a été recueillie pour forger, à l'aide de **phantasma,** *fantôme* (voir p. 86), le mot FANTASMAGORIE.

ACCABLER, ARBALÈTE, DIABLE, SYMBOLE, PARABOLE, BOLIDE, EMBOLIE, MÉTABOLISME, EMBLÈME, PROBLÈME, PAROLE, PARLER, ont une origine commune : la racine grecque **bal / blê / bol** portant l'idée de *lancer.*
Sur **ballein,** *lancer,* les Latins ont créé **balista,** *lance-projectiles* → BALISTE, d'où BALISTIQUE. Avec **arcus,** *arc,* ils ont composé **arcubalista** → ARBALÈTE.
Bolis, bolidos, *projectile* → BOLIDE.
La racine donnait des noms en **-bolo-. Diabolos,** *calomniateur* → DIABLE, voir p. 212 ; c'est étymologiquement *celui qui jette de part et d'autre* (+ **dia,** *en séparant*), *qui désunit, qui brouille.* **Diskobolos** → DISCOBOLE, voir p. 190. Un **sumbolon** était *un objet qu'on jette avec un autre* (+ **sun,**

avec), spécialement *une moitié d'objet réunie à l'autre.* Lorsqu'un Grec voyageait dans une cité étrangère, il pouvait se faire admettre dans une famille amie de la sienne en présentant la moitié d'un objet dont le maître de maison possédait l'autre moitié. Le **sumbolon,** dont est tiré SYMBOLE, était donc un signe de reconnaissance. SYMBOLIQUE ← **sumbolikos.**

Nombreux aussi étaient les dérivés en **-bolê. Embolê** (+ **en,** *dans*), *action de jeter dans,* a donné EMBOLIE : obturation brusque d'un vaisseau. **Huperbolê** (+**huper,** *au-dessus*), *action de jeter par-dessus,* en particulier *exagération rhétorique* et *courbe géométrique* a donné HYPERBOLE. **Katabolê** (+ **kata,** *de haut en bas*), *action de jeter en bas,* a donné le latin **catabola,** *machine à lancer des pierres* → a. fr. *chable* ou * *cable,* d'où ACCABLER. **Metabolê** (+ **meta,** *en changeant*), *action de jeter ailleurs, changement,* a donné MÉTABOLISME, d'où ANA- et CATABOLISME : voir p. 200. **Parabolê** (+ **para,** *à côté*), *action de jeter à côté, de mettre en parallèle,* d'où *courbe géométrique* et *comparaison,* a donné PARABOLE. D'autre part, l'emprunt latin **parabola,** *parabole* puis *récit,* s'est altéré en * **paraula** → PAROLE, en même temps que se créait un verbe * **paraulare** → PARLER.

Amphibolia (+ **amphi,** *des deux côtés*) signifiait *action de lancer des deux côtés à la fois,* d'où *double sens d'une expression.* Les Latins en ont tiré **amphibolia,** élargi ensuite en **amphibologia.** Une AMPHIBOLOGIE est une expression involontairement ambiguë.

La forme **blê** de la racine se perpétue dans quelques composés. **Emblêma, emblêmatos** (+ **en,** *dans*), *objet jeté dans, enfoncé dans, figure gravée,* a donné EMBLÈME. **Problêma** (+ **pro,** *devant*), *objet jeté devant, obstacle,* a donné PROBLÈME ; **problêmatikos,** *relatif aux problèmes* → PROBLÉMATIQUE.

CRISE, CRITÈRE, CRITIQUE, ENDOCRINE, HYPOCRITE sont liés par l'idée de *tri.*

Le verbe **krinein** signifie *trier, séparer,* d'où *trancher un différend, juger.* **Krisis,** qui signifie *l'acte de trancher une situation confuse,* et aussi *le moment décisif d'une maladie,* a donné le mot CRISE. **Kritêrion** désigne *ce qui permet de distinguer ;* il a donné le mot CRITÈRE. **Kritikê,** *art de juger,* en particulier *art de juger les œuvres littéraires,* a donné CRITIQUE.

Ekkrinein, *rejeter après un tri* (+**ek,** *hors de*), *excréter, sécréter,* a servi de modèle à ENDOCRINE et EXOCRINE, voir p. 63. **Hupokrinesthai** signifiait *faire une légère distinction* (+ **hupo-,** *légèrement*), *donner une petite explication,* d'où *répondre.* **Hupokritês,** *celui qui répond,* en particulier *l'acteur de théâtre* (aux origines du théâtre, un acteur unique répondait au chœur) a donné HYPOCRITE. Comme l'acteur, l'hypocrite n'exprime pas ses vrais sentiments.

MARASME et AMARANTE sont liés par l'idée de *flétrissure.*
De **marainein,** *flétrir,* sont dérivés **marasma,** *flétrissure* et **amarantos,** *qui ne se flétrit pas* (+ **a-** privatif).

MIASME et AMIANTE sont liés par l'idée de *souillure.*
De **miainein,** *souiller,* sont dérivés **miasma,** *souillure,* et **amiantos,** *pur, incorruptible* (+ **a-** privatif).

STIGMATE, STIMAGTISER, ASTIGMATE sont liés par l'idée de *point.*
De **stixai,** *piquer* (cf. allemand *stechen*) est dérivé **stigma, stigmatos,** *piqûre,* ou *marque laissée par un poinçon, point.* Un **stigmatias** était un *esclave marqué au fer rouge.* STIGMATISER, c'est donc au sens propre « marquer au fer rouge, flétrir publiquement ». L'ASTIGMATE, c.r. (+ **a-** privatif) ne distingue pas les points, qu'il voit sous forme de taches.

VII. Le grec caché

Le texte qui suit contient un certain nombre de mots issus du grec. Les lecteurs attentifs des pages précédentes en découvriront quelques-uns. Le jeu consiste à en découvrir beaucoup.

Au milieu du ballet méridien des écoliers, je l'ai vu s'approcher, la démarche élastique, les épaules en avant et les bras écartés, le pantalon trop court découvrant le bas de la jambe au-dessus des sandales en plastique. Il s'est assis sur une chaise métallique, puis a dénoué calmement la cordelette tressée de son sac de toile rapetassé, d'où il a sorti une planchette, une serviette en papier, et quelques bacs de carton : l'un contenait des carottes râpées assaisonnées de persil ou de cerfeuil, un autre du riz baignant dans une sauce aux câpres. Ayant saisi le premier à deux mains, il l'a porté à sa bouche et s'est mis à mastiquer vivement, avec des airs d'écureuil. J'étais devant lui. J'ai murmuré d'une voix sucrée : « Pachymère ! » C'est son nom, nul n'y peut rien. Le coup a failli lui être fatal. Une vraie bombe ! Il s'est étranglé, puis, avec peine et en relevant sa mèche, a parlé : « C'est donc toi, vieux pirate ! S'que tu fais dans cette galère ? – Je tire ma flemme, tant bien que mal. Tu te méfies de la cuisine au beurre ? – Ce n'est pas mauvais, parole ! Et ça change des fayots. D'accord, c'est austère. Mais je suis chômeur, tu sais. J'ai déjà vendu le canapé et le tapis de mon salon. L'heure est grave, et d'ailleurs ma montre reste chez l'horloger. Ma voiture est en rade à Brest tout abîmée. Le coffre est défoncé, les pneus à plat, les chambres dissoutes, les phares farfelus, la calandre est en miettes, la boîte grince, le moteur cale. Je n'en tirerai pas un sou. Et j'ai ma tante qui est grabataire, faut encore que je lui paie ses tisanes, je ne peux pas la mettre à l'asile. Et pourtant, j'ai des diplômes, et des références. J'ai été employé du gaz. J'ai été plombier : j'en ai vu des siphons, dans mon ourse de vie! J'ai travaillé sur le canal : les poulies, les palans, ça me connaît. Note bien que j'en suis sorti le dos en marmelade et les mains pleines d'ampoules. J'ai fait le gratte-papier au greffe... — Bonne place! l'interrompé-je. — Peuh! je me faisais des taches d'encre, et je me suis luxé le poignet en collant des timbres. Ensuite, je me suis retrouvé dans la confiserie : à moi les boules de gomme et les dragées! Hélas, le mari était jaloux. Alors, j'ai travaillé pour un magicien en gros : je vendais des boîtes d'amulettes, des talismans, des machins. Et puis plus rien. La crise, la crise, qu'ils disent!» Ici il sort de ses gonds. «Les chameaux! Les sales types! Tous idiots! Tous enrhumés du bulbe!» Il y rentre maintenant, accablé. «Un emploi de lampiste, voilà ce qu'il me faudrait.» C'en est trop. La pitié s'engouffre en moi et ma bourse s'ouvre toute grande. «Viens, lui dis-je, on lève l'ancre. Je t'emmène à Brest avec ta tante et sa camomille : on va replâtrer ton bolide et s'offrir dix jours de plage et de tourisme. Et laisse donc cette pâtée aux moineaux; nous commençons tout de suite par une bonne chère arrosée de mémorables libations.» Sa moustache en frémit. «De libations?... Toujours le même pédant pompeux!»

Réponse : le texte contient cent trois mots d'origine grecque.

BALLET, de BAL, de l'ancien français *baller* ← lat. **ballare** ← gr. **ballein,** *danser,* sans rapport avec **ballein,** *lancer* (voir p. 223), mais altération de **pallein,** *bondir.*

ÉCOLIERS, de ÉCOLE ← lat. **schola,** *étude, cours, école* ← gr. **skholê,** *loisir,* d'où *étude :* les études sont le privilège de ceux qui ont des loisirs, c'est-à-dire de ceux qui ne sont pas obligés de travailler pour vivre. Dérivé grec de **skholê, skholastikos,** *relatif au loisir, à l'étude, à l'école philosophique,* a donné SCHOLASTIQUE.

ÉLASTIQUE, mot forgé récemment sur le verbe **elasai,** *pousser, prolonger,* en particulier *allonger une pièce de métal.*

ÉPAULES : voir p. 130. BRAS : voir p. 130.

PANTALON : nom d'un personnage de la comédie italienne qui portait cette pièce de costume (une PANTALONNADE est une farce digne de ce personnage). Le nom italien *Pantalone* est une altération de *Pantaleone,* tiré du nom de saint Pantaléon, en grec **Pantaleôn,** nom d'homme signifiant à peu près *vrai lion, totalement lion* (**pan, pantos,** *tout* + **leôn,** *lion*).

JAMBE : voir p. 130.

SANDALE ← **sandalon.**

PLASTIQUE : voir p. 111. CHAISE : voir p. 102. MÉTALLIQUE ← **metallikos,** *minier :* voir p. 162.

CALMEMENT, de CALME ← ibéro-roman *calma,* calme, absence de vent ← lat. **cauma,** *grosse chaleur* ← gr. **kauma,** *brûlure.* Du latin **cauma** est sorti le verbe **caumare,** *rester inactif par temps de canicule* → CHÔMER. Le grec **kauma** est dérivé de **kausai,** *brûler.* De **kausai** dérivent **kaustikos,** *qui brûle* → CAUSTIQUE ; **kautêrion,** *fer rouge* → CAUTÈRE. De **enkausai,** *brûler dedans* (+**en,** *dans*), *chauffer,* dérive **enkauma,** qui désigne en particulier un procédé de peinture dans lequel les couleurs sont délayées dans de la cire fondue, d'où **enkaustikos,** *peint de cette façon,* et **enkaustikê,** *art de peindre selon ce procédé* → ENCAUSTIQUE; le mot désigna d'abord ce procédé de peinture. On en retint qu'ENCAUSTIQUE était synonyme de cire. L'idée de brûlure est bien loin. D'autre part, l'emprunt latin **encaustum,** *peinture à l'encaustique,* a désigné par extension tout produit servant à peindre ou à écrire, et a abouti à ENCRE.

CORDELETTE, diminutif de CORDE, voir p. 218.

TRESSÉE, de TRESSE ← lat. vulgaire ***trichia** ← gr. **trikhia,** *corde,* de **thrix, trikhos,** *poil* (voir p. 112) : cette corde était faite avec les fibres poilues de l'écorce de palmier.

RAPETASSÉ (+ préfixe français RA-) est issu du verbe occitan *petasar,* de *petas,* pièce d'étoffe ← lat. **pittacium,** *étiquette,* d'où *pièce d'étoffe ou de cuir* ← gr. **pittakion,** *tablette à écrire,* d'où *billet.*

PLANCHETTE, de PLANCHE : voir p. 130.

PAPIER ← lat. **papyrus** ← gr. **papuros,** *papyrus,* roseau dont la fibre servait à confectionner une sorte de papier.

CARTON ← ital. *cartone,* papier épais, du lat. **charta,** *papier* ← gr. **khartês,** *feuille de papier.* Le latin **charta** a par ailleurs donné CARTE et CHARTE.

CAROTTE ← lat. **carotta** ← gr. **karôton.**

PERSIL, CERFEUIL : voir p. 151.

RIZ ← lat. **oryza** ← gr. **oruza.**

BAIGNANT, de BAIGNER ← lat. **balneare,** de **balneum,** *bain* ← gr. **balaneion,** *bain.*

CÂPRE ← lat. **capperis** ← gr. **kapparos.**

MASTIQUER : voir p. 121. AIR : voir p. 77. ÉCUREUIL : voir p. 145.

SUCRÉE, de SUCRE ← arabe *sukkar* ← gr. **sakkhar,** *sucre,* emprunté à l'indien *çarkara.* Sur **sakkhar,** à l'aide du suffixe -OSE, le français a forgé SACCHAROSE.

COUP ← lat. **colaphus,** *coup de poing* ← gr. **kolaphos,** *coup sur la joue.* De COUP dérivent en français BEAUCOUP, ainsi que COUPER, et ses dérivés et composés.

BOMBE ← italien *bomba,* projectile incendiaire ← lat. **bombus,** *bourdonnement, grondement* ← gr. **bombos,** *grondement* (le mot est d'abord une onomatopée : cf. le français « boum ! »). L'idée de bourdonnement est présente dans BOMBARDE, création de l'ancien français avec suffixe -ARDE, désignant d'abord l'instrument de musique, puis, plus bruyante encore, la pièce d'artillerie, d'où BOMBARDER, BOMBARDIER.

ÉTRANGLER ← lat. **strangulare** ← gr. **strangalan,** *étrangler.*

PEINE ← lat. **poena,** *châtiment* ← gr. **poinê,** *rançon, vengeance, châtiment.* De **poena,** le latin a dérivé le verbe **poenire,** d'où **punire** → PUNIR.

MÈCHE : voir p. 110. PARLER : voir p. 224.

PIRATE ← lat. **pirata** ← gr. **peiratês,** *pirate,* litt. *celui qui tente sa chance,* de **peirasthai,** *essayer.*

GALÈRE, ← a. fr. *galée* ← gr. byzantin **galea,** désignant un certain modèle de navire, ainsi baptisé à cause de sa forme et de sa rapidité : en grec classique, **galeê** désigne la *belette,* ou, par analogie, un poisson de mer, la *mostelle* ou *mustèle.*

FLEMME ← italien *flemma,* humeur calme ← lat. **phlegma,** *humeur* ← gr. **phlegma,** *inflammation,* d'où *humeur qui cause l'inflammation.* L'évolution de sens a été ici considérable. **Phlegma,** dérivé de **phlegein,** *embraser,* évoque le feu ; c'est encore le cas de PHLEGMON : abcès brûlant ← **phlegmonê,** *abcès enflammé.* Au contraire FLEGME, issu du latin **phlegma,** signifie « sang-froid » ; le latin n'avait conservé que l'idée d'humeur et avait perdu toute référence à la brûlure. Au XVIIIe siècle, on a cru que, tandis que le sang rendait les individus ardents, le flegme (c'est-à-dire la lymphe) les rendait impassibles.

BEURRE ← lat. **butyrus** ← gr. **bouturos,** litt. *fromage de vache* (**bous,** *bœuf* ou *vache* + **turos,** *fromage*). Voir BUTYRIQUE, p. 98. Le nom **bous** entre dans d'autres composés : de **boukolos,** *bouvier,* dérive **boukolikos,** qui qualifie une poésie à sujet champêtre. Le mot a donné BUCOLIQUE. **Boulimia,** *faim de bœuf* (+ **limos,** *faim*) → BOULIMIE.

PAROLE : voir supra PARLER.

FAYOT ← lat. **faseolus** ← gr. **phasêolos,** *haricot.*

AUSTÈRE ← **austêros,** *desséché, rude.*

CHÔMEUR : voir p. 229 CALMEMENT.

CANAPÉ ← lat. * **canapeum,** altération de **conopeum** ← gr. **kônôpeion,** *moustiquaire,* de **kônôps,** *moustique.* L'évolution sémantique s'est faite en latin : **conopeum** signifia *moustiquaire,* puis *rideau de lit,* puis *lit.*

TAPIS ← **tapês,** *tapis :* l'emprunt s'est fait à l'époque byzantine.

HEURE et HORLOGER : voir p. 75. ABÎMÉE : voir p. 82.

COFFRE ← lat. **cophinus** ← gr. **kophinos,** *corbeille.* Par le provençal, **cophinus** a donné aussi COUFFIN.

PNEU : voir p. 127. PLAT : voir p. 89.

CHAMBRE ← lat. **camera,** *pièce voûtée* ← gr. **kamara,** *voûte.*

PHARE : voir p. 242.

FARFELU ← a. fr. *fafelu,* espiègle, d'après *fanfeluce* (d'où

FANFRELUCHE), bagatelle ← lat. ***famfaluca,** altération d'un emprunt au grec **pompholux, pompholukos,** *bulle,* d'où *ornement de coiffure féminine.*

CALANDRE a désigné la garniture située devant le radiateur d'une automobile en raison de sa ressemblance avec la calandre, machine à CALANDRER, c'est-à-dire à lisser les tissus. Il semble que le nom de cette machine vienne du lat. ***calendra,** altération d'un emprunt au grec **kulindros,** *rouleau;* voir CYLINDRE, p. 103.

BOÎTE ← lat. **buxta,** de **buxida,** accusatif de **buxis** ← gr. **puxis, puxidos,** *boîte en buis.*

CALER est à l'origine un terme de marine signifiant *abaisser* ou *s'enfoncer dans l'eau* (d'où l'idée d'arrêt intempestif). Il est issu du latin **calare,** *abaisser,* également terme de marine, emprunté au grec **khalan,** *relâcher,* en particulier *relâcher les voiles, abaisser les voiles ou le mât.*

GRABATAIRE, de GRABAT ← lat. **grabatus** ← gr. **krabbatos,** *petit lit.*

TISANE ← lat. **ptisana,** ← gr. **ptisanê,** *tisane d'orge décortiqué,* de **ptissein,** *décortiquer.*

ASILE ← lat. **asylum,** *lieu inviolable* ← gr. **asulos,** *qu'on n'a pas le droit de piller,* d'où *inviolable* (**a-** privatif + **sulan,** *piller*).

DIPLÔME : voir p. 45. GAZ : voir p. 96.

SIPHON ← **siphôn,** *tuyau.*

CANAL ← lat. **canalis** (qui a donné aussi CHENAL, par traitement différent), *tube, conduite d'eau,* de **canna,** *roseau* ← gr. **kanna,** *roseau.* **Canna** a donné également CANNE, et l'italien *cannone,* gros tube → CANON. Ne pas confondre avec le CANON de l'Église, d'origine également grecque, mais différente : voir p. 215.

POULIE : le mot suppose une forme latine ***polidium,** transcription du grec ***polidion,** *petit pivot,* diminutif de **polos,** *pivot;* voir PÔLE, p. 83.

PALAN ← italien *palanco* ← lat. **palanca** ← gr. **phalanx, phalangos;** voir PHALANGE, p. 130.

MARMELADE ← portugais *marmelada,* confiture de coing, de *marmelo* ← lat. **melimelum** ← gr. **melimêlon,** sorte de pomme très sucrée (**meli,** *miel* + **mêlon,** *pomme*).

AMPOULE ← lat. **ampulla,** *petit récipient,* diminutif de **ampora** ou **amphora** ← gr. **amphoreus;** voir AMPHORE, p. 168.

GREFFE : voir p. 174. PLACE : voir p. 89. ENCRE : voir p. 229 CALMEMENT.

LUXER ← lat. **luxare,** *déboîter* ← gr. **loxoun,** *rendre oblique,* de **loxos,** *oblique.*

COLLER, de COLLE ← gr. **kolla,** *colle.*

TIMBRE ← lat. **tympanum,** *tambourin* ← gr. **tumpanon,** *tambour.* Voir TYMPAN, p. 130. TIMBRE signifia d'abord « cloche », puis par analogie de forme, « casque », puis « casque d'armoiries », puis « emblème imprimé » représentant l'autorité, puis « cachet » et « vignette officielle ».

RETROUVÉ, de TROUVER : voir p. 70.

GOMME ← lat. **gumma / cumma / cummi** ← gr. **kommi,** *gomme,* mot emprunté à l'égyptien.

DRAGÉES ← lat. **tragemata,** *friandises* ← gr. **tragêma, tragêmatos,** *dessert,* dérivé de **tragein,** *manger.*

JALOUX ← lat. ***zelosus,** de **zelus,** *émulation, jalousie* ← gr. **zêlos,** *ardeur, émulation, envie,* qui a donné par transmission savante ZÈLE.

MAGICIEN, de MAGIQUE ← gr. **magikos,** *relatif à la magie;* MAGIE ← **mageia,** *sorcellerie,* art pratiqué par le MAGE ← **magos,** *prêtre de la religion perse.*

TALISMAN ← arabe *tilasm* ← gr. **telesma,** *rite mystérieux.*

MACHIN, de MACHINE : voir p. 193. CRISE : voir p. 224.

GOND ← lat. **gomphus** ← gr. **gomphos,** *cheville, clou.*

CHAMEAU ← lat. **camelus** ← gr. **kamêlos.**

TYPE : voir p. 196. IDIOT : voir p. 157. ENRHUMÉ, de RHUME : voir p.133.

BULBE ← lat. **bulbus** ← gr. **bolbos,** *oignon.*

ACCABLÉ : voir p. 224.

LAMPISTE, de LAMPE ← lat. **lampada,** de **lampas, lampadis** ← gr. **lampas, lampados,** *lampe,* de **lampein,** *briller.* Le dérivé latin **lampadarius,** *porte-flambeau,* a donné LAMPADAIRE.

S'ENGOUFFRER, de GOUFFRE : voir p. 83.

BOURSE ← lat. **bursa** ← gr. **bursa,** *cuir,* d'où *outre.*

ANCRE ← lat. **ancora** ← gr. **ankura,** *ancre,* littéralement *objet recourbé.*

CAMOMILLE : voir p. 150.

REPLÂTRER, de PLÂTRE : voir p. 111. BOLIDE : voir p. 223.

PLAGE ← lat. médiéval **plagia,** *pente, côteau,* sûrement issu du grec **plagios,** *oblique* (voir PLAGIAIRE, p. 35).

TOURISME ← anglais *tourism,* de *tour,* voyage, emprunté au français TOUR, dérivé de TOURNER ← lat. **tornare,** de **tornus** ← gr. **tornos,** *tour de potier.*

PÂTÉE, de PÂTE ← lat. **pasta** ← gr. **pastê,** *sauce à la farine,* de **passein,** *verser, saupoudrer.*

MOINEAU. Le nom de cet oiseau est tiré de MOINE, à cause de sa couleur, semblable à celle de l'habit du moine; voir MOINE, p. 43.

CHÈRE ← lat. **cara,** *visage* ← gr. **kara,** *tête.* Faire bonne chère, c'est d'abord faire bon visage, ce qui est généralement le cas au cours d'un repas savoureux.

MOUSTACHE ← napolitain *mustaccio* ← gr. **mustakion,** de **mustax, mustakos,** *lèvre supérieure,* d'où *moustache.*

PÉDANT : voir p. 155.

POMPEUX ← lat. **pomposus,** *grave, majestueux,* de **pompa,** *procession, apparat* ← gr. **pompê,** *escorte, procession.*

VIII. Reflets du mythe et de l'histoire

Un cas particulier de dérivation est celui où le point de départ est un nom propre. Hommes et héros, dieux et lieux de l'Antiquité grecque voient encore leurs noms évoqués chaque jour, traités sans égards, mais vivants.

ACADÉMIE ← **Akadêmia,** *sanctuaire d'Académos* **(Akadêmos).** A Athènes, dans les jardins consacrés au héros Académos, Platon installe en 387 avant J.-C. son école, l'Académie. Il y dispense savoir et philosophie. Platon avait quarante ans quand il fonda l'Académie et les premiers Académiciens étaient des étudiants.

AMMONIAC ← **ammôniakon,** *du temple d'Ammon,* de **Ammôn,** *Ammon.* C'est près du temple du dieu solaire Ammon, en Libye, que l'on préparait une substance âcre, dite « sel ammoniac ». D'AMMONIAC les chimistes ont tiré AMIDE et AMINE.

APHRODISIAQUE ← **aphrodisiakos,** *sexuel,* de **Aphroditê,** *Aphrodite,* déesse de l'amour, qui suscitait les plus ardents transports. Aphrodite n'est plus, mais poudres et parfums « aphrodisiaques » réveillent encore parfois les sens les plus assoupis.

ATLAS ← **Atlas,** *Atlas;* ATLANTIQUE ← **atlantikos,** *d'Atlas.* Platon, dans le *Timée,* parle d'une mer lointaine, près de la demeure d'Atlas : l'« Atlantique ». Le géant Atlas avait aidé les Titans dans leur révolte contre les Dieux. Zeus le châtia. C'est lui qui désormais soutiendrait de ses épaules

la voûte du ciel. Pour cela, il s'installerait à l'extrême Occident des Grecs, là où commence l'Océan qui borne le monde. Au XVIe siècle, le géographe Mercator publia un recueil de cartes. Au frontispice de l'ouvrage figurait une image d'Atlas portant le monde. Le livre fut couramment désigné par l'expression « L'Atlas de Mercator ». Il fut imité et ATLAS devint nom commun.
Par ailleurs, la première vertèbre cervicale, sur laquelle s'appuie directement la tête, s'appelle l'ATLAS.

BORÉAL, BOURRASQUE, de **Boreas,** *Borée.* Borée gouvernait les vents du nord, impétueux et glacés. Il était juste que l'hémisphère nord portât son nom : hémisphère BORÉAL. Et la BOURRASQUE ← italien *burrasca* ← lat. **boreas,** même quand elle ne vient pas du nord, souffle toujours en rafales.

CHIMÉRIQUE, de **Khimaira,** *Chimère.* Poitrail de lion, ventre de chèvre, queue de dragon, deux têtes plus une à la pointe de la queue : la Chimère de la légende, que tua Bellérophon, était un monstre fantastique et aberrant... aussi peu réel que les élucubrations « chimériques » qui nous font aujourd'hui divaguer.

COING ← lat. **cotoneum** ← gr. **kudônea,** *qui vient de Kudônia (Candie).* Chez les Kydônes, au nord de la Crète, se trouvaient les plus parfumés de ces fruits : les coings.

COLOPHANE ← lat. **colophonia** ← gr. **kolophônion,** *résine de Colophon.* Dans cette ville d'Asie Mineure se distillait la résine de pin la plus pure.

CUIVRE ← lat. **cuprium,** *cuivre,* littéralement *métal chypriote* ← gr. **Kuprios,** *de Chypre :* l'exploitation du cuivre était importante à Chypre sous l'Empire Romain.

DÉDALE ← **Daidalos,** *Dédale.* Ce héros, père du malheureux Icare, était le plus habile des artisans. Sa renommée le fit choisir pour construire le fameux Labyrinthe de Crète. Le nom de l'architecte finit par désigner son œuvre.

DRACONIEN, de **Drakôn,** *Dracon.* Vers 600 avant J.-C., Dracon impose à Athènes un code de lois impitoyables, « écrites dans le sang » disait-on, modèles de ces règlements draconiens qu'il est si difficile et si nécessaire de tourner.

ÉOLIENNE, de **Aiolos,** *Éole.* Le dieu des vents, Éole, faisait tourner de la seule puissance de son souffle ces roues haut perchées semblables à de frêles moulins : les éoliennes.

FAISAN ← lat. **phasianus** ← gr. **phasianos,** *(oiseau) du Phase.* Non loin du fleuve Phase, au pied du Caucase, s'ébattaient de gros oiseaux au plumage mordoré : les faisans.

HERMAPHRODITE ← **Hermaphroditos,** *Hermaphrodite.* Une nymphe s'éprit du chaste Hermaphrodite, fils d'Hermès et d'Aphrodite. Elle s'unit à lui. Pour exaucer la prière des amants, les dieux les réunirent en un seul corps, masculin et féminin ensemble.

HERMÉTIQUE, de **Hermês,** *Hermès.* Dieu du commerce et des voyageurs, dieu des échanges, Hermès est aussi dépositaire des mystères de l'univers : les alchimistes en firent leur maître, sous le nom de Trismégiste ← **Trismegistos,** *trois fois très grand.* La fermeture hermétique est un procédé alchimique d'occlusion totale. Et les textes hermétiques guident l'initié dans l'« art royal » de la transmutation du plomb en or, de l'homme-matière en homme-lumière.

JAIS ← lat. **gagates** ← gr. **gagatês,** *pierre de Gagas.* Près de Gagas, en Asie Mineure, on extrayait cette pierre dont le nom évoque un noir très éclatant.

LACONIQUE ← **lakônikos,** *laconien.* La Laconie **(Lakônia)** était la région de Sparte, qui portait aussi le nom de Lacédémone **(Lakedaimôn).** Les Spartiates étaient peu bavards. Philippe de Macédoine leur avait envoyé une lettre par laquelle il demandait à être reçu dans leur cité. La lettre de réponse contenait un seul mot : « Non ». Philippe voulut lui aussi faire bref et écrivit : « Si j'entre en Laconie, je vous détruirai. » La réponse des Lacédémoniens fut : « Si... »

LAIUS, nom latinisé de **Laios,** père d'Œdipe. Laios et Œdipe se rencontrèrent un jour à un carrefour. Chacun ignorait qui était l'autre, car Œdipe avait été abandonné alors qu'il était nouveau-né. Ils se disputèrent le passage. Le fils tua le père. Mais ce n'est pas tout. En 1804, les malheureux élèves de l'École Polytechnique furent invités à se mettre à la place de Laius et à lui faire tenir un discours en trois parties. Ce fut la deuxième mort du roi de Thèbes, dont le nom est devenu synonyme de discours sans grâce.

LESBIENNE, de **Lesbos,** *Lesbos.* Au large des côtes d'Asie Mineure, l'île grecque de Lesbos devient au VIe siècle avant J.-C. le centre d'une civilisation raffinée. Poètes et musiciens exaltent très librement leurs élans amoureux. Parmi eux, plusieurs femmes. Sapho, la plus connue, chante dans ses poèmes l'amour dont d'autres femmes l'ont blessée.

LYCÉE ← **Lukeion,** *Lycée.* C'est dans le quartier du Lycée, à Athènes, en 335 avant J.-C., qu'Aristote installe son école de philosophie. Ce n'est malheureusement pas l'enseignement de la philosophie qui distingue les premiers lycées français en 1808, mais une administration rigoureuse et une discipline quasi militaire.

MACÉDOINE ← **Makedonia,** *Macédoine.* Au hasard des conquêtes de son roi, Alexandre le Grand, la Macédoine s'agrandit au IVe siècle avant J.-C. de provinces et de peuples très divers, hâtivement mélangés en un seul royaume. Un plat de divers fruits ou légumes dont chacun garde sa couleur et son goût : telle est la macédoine.

MAGNÉSIE ← **Magnêsia,** *pierre de Magnésie,* c'est-à-dire la magnésie. MAGNÉTIQUE ← lat. **magneticus (lapis)** ← gr. **magnêtis (lithos),** autre *pierre de Magnésie,* c'est-à-dire l'aimant. Près de Magnésie, en Asie Mineure, on trouvait un talc brillant aux reflets d'argent, doué de vertus purgatives : la pierre de Magnésie. On y trouvait surtout une pierre étrange qui attire naturellement le fer... L'effet en est dit « magnétique ».

MARATHON ← **Marathôn,** *Marathon.* Pour annoncer la victoire grecque sur l'armée perse à Marathon, en 490 avant J.-C., un messager partit en courant vers Athènes, distante d'une quarantaine de kilomètres; arrivé au but, il mourut d'épuisement. Le « marathon » moderne est une course à pied d'un parcours de 42,195 km; c'est aussi, moins sportivement, toute séance qu'on ne lève pas avant d'avoir épuisé l'ordre du jour ou les participants.

MAUSOLÉE ← **mausôleion,** *tombeau de Mausole,* de **Mausôlos,** *Mausole.* Mausole était un roitelet d'Asie Mineure. Lorsqu'il mourut en 353 avant J.-C, sa veuve lui fit ériger à Halicarnasse un tombeau immense et somptueux. Ce monument, le Mausolée, était l'une des Sept Merveilles du Monde.

MÉANDRE ← **Maiandros,** *Méandre.* Le fleuve Méandre, en Asie Mineure, décrit tant de courbes et de replis que les géographes de la Renaissance appelèrent « méandres » les sinuosités des fleuves.

MÉDUSE, MÉDUSER ← **Mêdousa,** *Méduse.* La tête de Méduse, l'une des trois sœurs Gorgones, était hérissée de serpents : de la même façon, les méduses marines étalent dans l'eau leurs tentacules. Aucun homme ne pouvait soutenir le regard de Méduse qui immobilisait et transformait en pierre tous ceux sur qui il se fixait... Seul l'astucieux Persée ne fut pas médusé.

MÉGÈRE ← **Megaira,** *Mégère,* l'une des trois sœurs Érinyes. Ces divinités infernales poursuivaient sans relâche les auteurs de crimes familiaux, les harcelant parfois jusqu'à la folie. Dans la vie quotidienne, les mégères harcèlent aussi les innocents.

MOLOSSE ← **Molossos,** *Molosse.* On a oublié les Molosses, peuple d'Épire à demi-barbare. Mais on se souvient des chiens particulièrement féroces qu'ils élevaient et qui perpétuent leur nom.

MORPHINE, de **Morpheus,** *Morphée* (litt. *celui qui reproduit les formes*, de **morphê,** *forme*). Fils d'Hypnos, dieu du sommeil, Morphée caresse le dormeur d'une fleur de pavot et donne forme aux rêves. Extrait du pavot, l'opium fait dormir ; la morphine en est la quintessence.

MUSÉE ← **mouseion,** *temple des Muses.* MUSIQUE ← **mousikê,** *art des Muses.* Athènes avait consacré un temple aux neuf Muses **(Mousai),** protectrices des arts et des sciences. Au troisième siècle avant J.-C., Ptolémée Ier réunit dans son palais d'Alexandrie philosophes et savants ; il y installe aussi une riche Bibliothèque et la consacre aux Muses : c'est le premier Musée. Alliant la grâce de l'invention à la précision du savoir, la musique est, par excellence, l'art des Muses.

NARCISSE ← **Narkissos,** *Narcisse.* La nymphe Écho s'éprend de Narcisse à la beauté parfaite. Mais il la dédaigne. Son indifférence est punie ; il s'éprend éperdument de sa propre image reflétée dans l'eau, mais insaisissable. Il meurt de désespoir et se transforme en fleur.

ODYSSÉE ← **Odusseia,** *voyage d'Ulysse,* de **Odusseus,** *Ulysse.* Au retour de la guerre de Troie, Ulysse erre de longues années au gré des tempêtes, avant de retrouver son royaume d'Ithaque : naufrages et vents contraires le conduisent en des lieux dangereux ou étranges : chez le monstrueux Cyclope, chez Circé la magicienne... il pénètre même au séjour des morts.

ORPHÉON, de **Orpheus,** *Orphée.* Fils de la Muse Calliope « à la belle voix » (ou sorcier thrace ayant réellement charmé les foules ?), Orphée envoûtait hommes et bêtes féroces aux accents de sa lyre. Les trompettes et les grosses caisses des orphéons exercent-ils le même charme ?

PANIQUE ← **panikos,** *de Pan.* Pauvre Pan, dieu des troupeaux ! Il poursuit amoureusement bergères et bergers ; mais lorsqu'il surgit dans sa laideur terrible, tous fuient en proie à une frayeur sans pareille... une terreur panique.

PARCHEMIN ← lat. **pergaminus** ← gr. **pergamênos,** *de Pergame* **(Pergamon).** La ville de Pergame, en Asie Mineure, avait le monopole de la transformation des peaux de chèvres en minces rouleaux pour l'écriture.

PHARE ← **Pharos,** *Pharos.* Trois cents ans avant J.-C., Ptolémée Philadelphe fait édifier sur l'île de Pharos, au large d'Alexandrie, une tour de marbre blanc haute de 180 m. Cette construction remarquable, l'une des Sept Merveilles du Monde, guidait les bateaux dans la nuit grâce à des feux toujours entretenus.

PHÉNIX ← **phoinix,** *phénix.* Le Phénix, oiseau fabuleux, était unique : il vivait plusieurs siècles puis se consumait pour renaître de ses cendres. Son plumage brillait d'un éclat sans égal. Aucun des « phénix » de l'esprit n'a découvert le secret de son immortalité.

PLÉIADE ← **Pleias,** *constellation des Pléiades.* Atlas et Pléioné eurent sept filles, les Pléiades. Pour les soustraire aux assiduités du chasseur Orion, Zeus les plaça dans le ciel en une brillante constellation. A plusieurs reprises, le ciel de la poésie s'est illuminé d'une pléiade de sept poètes : la première à Alexandrie, sous Ptolémée Philadelphe ; la plus éclatante à la Renaissance : Ronsard et Du Bellay y brillèrent d'un éclat tout particulier.

PROTÉIFORME, de **Prôteus,** *Protée.* Fils de Poséidon et gardien des troupeaux de monstres marins, le dieu Protée refuse d'utiliser son don de divination. On l'y contraint parfois en l'enchaînant pendant son sommeil. Il tente alors de s'échapper en prenant soudain les formes les plus inattendues et les plus insaisissables, comme l'eau et le feu.

PYTHON ← **Puthôn,** *Python.* Apollon, dieu du Soleil, tua à Delphes le serpent Python, né de la terre et doué d'un pouvoir magique redoutable. Les pythons, les plus gros serpents qui soient, ont le pouvoir redoutable de tuer leur proie d'une seule étreinte de leurs anneaux.

SARDINE ← lat. **sardina** ← gr. **sardênê,** *de Sardaigne* **(Sardô).** SARDONIQUE a été fait d'après **sardonios,** *de Sardaigne.* La Sardaigne, jadis Sardô, était célèbre pour ses poissons savoureux : les sardines. D'autre part, on y cueillait une herbe toxique dont l'ingestion provoquait une crispation des mâchoires en un rictus douloureux, comme une parodie *sardonique* du rire.

SIRÈNE ← **seirên,** *sirène.* Au large de Capri, des démons marins au séduisant visage de femme, les Sirènes, attiraient de leur chant étrange les navigateurs sur les écueils où elles les dévoraient. Le hululement des sirènes dans les villes n'est pas un chant moins étrange.

SYNCRÉTISME ← **sunkrêtismos,** *union des Crétois,* de **Krêtê,** *la Crète.* Au premier siècle après J.-C., Plutarque mentionne une particularité des cités crétoises : celles-ci, lorsqu'il s'agit de s'unir pour combattre un ennemi commun, abandonnent sur-le-champ les querelles qui les opposent ordinairement l'une à l'autre. De la même façon, le syncrétisme religieux ou philosophique s'efforce d'unir des cultes ou des doctrines.

TITANESQUE, de **Titan,** *Titan.* Fils du Ciel et de la Terre, les Titans se révoltent contre les Dieux. Dans leur audace, ils renversent, déplacent et entassent les montagnes avec l'espoir d'escalader le ciel. Zeus foudroie les impudents et réduit à néant cette entreprise démesurée, titanesque.

TRITON ← **Tritôn,** *Triton.* Fils d'Amphitrite et de Poséidon, déesse et dieu de la mer, Triton vit dans l'eau. C'est en souvenir de son corps mi-homme mi-poisson que certains batraciens munis de pattes et de queue sont appelés tritons.

IX. En grec dans le texte

Un certain nombre de mots ont été empruntés au grec par le français sans aucun changement de forme sinon la transcription de **k** par C et de **u** par Y. Ces mots sont masculins en français, quel que soit le genre du mot en grec, sauf PARANOIA et DIASPORA restés féminins.

L'anatomie

AMNIOS ← **amnios,** *membrane entourant le fœtus,* de **amnos,** *agneau.* D'où AMNIOTIQUE.
EPIPLOON ← **epiploon,** *membrane qui recouvre les intestins* (**epi,** *sur* + **-ploon,** élément apparenté à une racine signifiant *peau*).
IRIS ← **iris,** *partie colorée de l'œil,* d'après **iris,** *arc-en-ciel.*
LARYNX ← **larunx, larungos,** *gorge.*
MASSÉTER ← **masêtêr,** littéralement *mâcheur.*
PANCRÉAS ← **pankreas,** littéralement *tout en viande* (**pan,** *tout* + **kreas,** *viande*).
PHARYNX ← **pharunx, pharungos,** *gosier.*
SPHINCTER ← **sphinktêr,** littéralement *celui qui enserre.*
TROCHANTER ← **trokhantêr,** littéralement *celui qui fait courir.*
Voir aussi : PÉRONÉ, p. 130; PLASMA, p. 111; RACHIS, p. 127; THORAX, p. 130.

La médecine

ANTHRAX ← **anthrax,** *charbon, braise;* **anthrakitês** (variété de charbon) → ANTHRACITE.
CATHÉTER ← **kathetêr,** *sonde,* de **katheinai,** *enfoncer.*
CORYZA ← **koruza,** *rhume.*
ÉPISTAXIS ← **epistaxis,** *saignement de nez* (**epi,** *sur* + **staxai,** *couler goutte à goutte*).
PHIMOSIS ← **phimôsis,** *rétrécissement du prépuce,* de **phimoun,** *museler.*
PSORIASIS ← **psôriasis,** *éruption galeuse,* de **psôrian,** *avoir la gale.*
PYROSIS ← **purôsis,** *brûlure,* de **puroun,** *brûler,* de **pur,** *feu.*
Voir aussi COMA, p. 138; CHOLÉRA, p. 118; ECZÉMA,

p. 138 ; ÉLÉPHANTIASIS, p. 207 ; PARANOIA, p. 61 ; SATYRIASIS, p. 207 ; TÉTANOS, p. 139.

La botanique

AMPÉLOPSIS ← **ampelopsis,** littéralement *plante ayant l'aspect d'une vigne* (**ampelos,** *vigne* + **opsis,** *aspect*).

COSMOS ← **kosmos,** *univers* ; l'appellation de la plante semble arbitraire.

DROSÉRA ← **drosera,** féminin de **droseros,** *humide,* dérivé de **drosos,** *rosée.* La DROSOPHILE est un insecte aimant l'humidité (+ **philein,** *aimer*).

IRIS ← **iris,** fleur nommée d'après **iris,** *arc-en-ciel.*

THUYA ← **thuia,** nom désignant plusieurs végétaux à feuilles persistantes.

Voir aussi ASTER, p. 79 ; MYOSOTIS, p. 151.

Divers

COSMOS ← **kosmos,** *univers,* voir p. 79.

DIASPORA ← **diaspora,** *dispersion* (**dia-,** *en séparant* + **spora,** *action de semer,* voir p. 112).

ÉCHO ← **êkhô,** *bruit retentissant.*

HALO ← **halô,** accusatif de **halôs,** *aire circulaire à battre le grain,* d'où *cercle autour de la lune.*

HÉROS ← **hêrôs,** *demi-dieu* (dont un seul des parents est dieu), *homme divinisé, prince.*

LYNX ← **lunx.**

MAGMA ← **magma,** *pâte,* de **maxai,** *pétrir.*

SCHÉMA ← **skhêma,** *attitude, position,* de **skhein,** *avoir, tenir, se tenir.*

SYNOPSIS ← **sunopsis,** *vue d'ensemble* (**sun,** *ensemble* + **opsis,** *vue*). C'est un tableau d'ensemble, ou le schéma d'un scénario de film. Le mot fut d'abord employé en théologie sous la forme francisée SYNOPSE. La synopse est une édition qui présente simultanément les textes des Évangiles de Matthieu, Marc et Luc (Évangiles SYNOPTIQUES ← **sunoptikos,** *qui voit* ou *qui est vu d'un coup d'œil*), en rapprochant le plus possible les différents passages évoquant les mêmes faits.

TRÉMA ← **trêma,** *petit trou,* en particulier *trou sur un dé,* de **trêsai,** *trouer.*

Voir aussi DELTA, p. 23 ; SÉPIA, p. 147.

X. Le monde en grec

Les Grecs furent de grands géographes, de grands conquérants, de grands fondateurs de villes. De vastes régions du monde en portent encore l'empreinte dans leur toponymie. Nous ne parlerons pas de la Grèce actuelle, que le monde entier s'obstine à appeler d'un nom dont ses habitants ne se sont jamais servi, eux qui nommaient et nomment leur pays « l'Hellade » (**Hellas** en grec ancien, *Elladha* aujourd'hui). Montagnes, fleuves, villes, villages y portent souvent le même nom qu'au temps de Platon ou d'Homère, encore que Turcs et Slaves en aient rebaptisé, depuis, quelques-uns. Nous parlerons un peu de la Turquie, où tout fut grec jadis, et où résonnent encore, obscurcis en syllabes nouvelles, les noms de tant de cités superbes. La CAPPADOCE, but de milliers de touristes, porte encore, pour les Occidentaux, son nom ancien : **Kappadokia.** ANKARA elle-même ne change pas beaucoup d'**Ankura,** *Ancyre.* Oui, mais CONSTANTINOPLE, autrefois **Kônstantinoupolis,** *la ville de Constantin,* ne répond plus à son nom. On l'appelle aujourd'hui ISTANBUL. C'est pourtant du grec encore : les habitants de la Seconde Rome prononçaient peu son nom interminable. Ils disaient « à la ville », **es tên polin** en langage châtié, **stin bolin** dans la langue de tous les jours. Ce sont ces mots que les Turcs ont entendus et dont ils ont fait STANBUL ou ISTANBUL.

Nous signalons ici, classés par continents, les noms géographiques tirés du grec ou composés d'éléments grecs[1] :

---

1. Lorsque ces noms désignent des pays, fleuves, montagnes, etc. situés hors du terroir grec, ils transcrivent la plupart du temps les noms que les Grecs entendaient prononcer par les populations locales. Le grec a servi d'intermédiaire entre ces langues locales et les langues européennes modernes.

L'Asie (← **Asia**)

Pour passer d'Europe en Asie, on traverse le BOSPHORE ← lat. **Bosphorus** ← gr. **Bosporos,** *le passage du bœuf ou de la vache* (de **bous,** *bœuf* ou *vache* + **poros,** *passage*), ainsi nommé peut-être parce que la princesse Io, transformée en vache et harcelée par un taon, l'a traversé un jour dans sa fuite.

États :
ARABIE ← **Arabia ;** INDE ← **India ;** LIBAN ← **Libanos ;** SYRIE ← **Suria.**

Régions :
ANATOLIE, de **anatolê,** *lever du soleil, pays du soleil levant ;* ARMÉNIE ← **Armenia ;** MÉSOPOTAMIE ← **Mesopotamia,** *pays entre les fleuves,* c'est-à-dire entre le Tigre et l'Euphrate (**mesos,** *au milieu* + **potamos,** *fleuve*) ; PALESTINE ← **Palaistinê.**

Fleuves :
EUPHRATE ← **Euphratês ;** GANGE ← **Gangês ;** INDUS ← **Indos ;** JOURDAIN ← **Iordanês ;** TIGRE ← **Tigris.**

Montagnes :
CAUCASE ← **Kaukasos ;** TAURUS ← **Tauros.**

Mers :
Mer CASPIENNE, de **Kaspia ;** golfe PERSIQUE ← **Persikos.**

Villes :
ANKARA, voir p. 247 ; BEYROUTH ← **Bêrutos ;** DAMAS ← **Damaskos ;** GAZA ← **Gaza ;** ISTANBUL, voir p. 247 ; NAPLOUSE ← **Neapolis,** voir NAPLES p. 250 ; TYR (nom arabe actuel : *Sour*) ← **Turos.**

L'Afrique

États :
ÉGYPTE ← **Aiguptos ;** ÉTHIOPIE ← **Aithiopia,** de **Aithiops, Aithiopos,** *Éthiopien* (littéralement *visage brûlé ;* de **aithein,** *brûler* + **ôps,** *visage*) ; LIBYE ← **Libuê.**

Région :
ÉRYTHRÉE ← **Eruthraios** (**pontos**), *mer Rouge*; par extension le littoral de la mer Rouge.

Fleuve :
NIL ← **Neilos.**

Montagne :
ATLAS ← **Atlas,** montagne baptisée par les Romains du nom d'Atlas, géant qui demeurait aux confins de l'Océan et de la Méditerranée (voir p. 237).

Villes :
ALEXANDRIE ← **Alexandreia,** baptisée du nom de son fondateur, Alexandre le Grand. Alexandre a fondé beaucoup d'Alexandries qui ont, pour la plupart, perdu leur nom aujourd'hui. Mais d'autres fondateurs, trouvant de bon augure un nom aussi glorieux, l'ont donné à de nouvelles cités : ALESSANDRIA en Italie, ALEXANDRIA aux États-Unis.
TRIPOLI ← **Tripolis,** littéralement *(réunion de) trois villes* (**tri-**, *trois* + **polis,** *ville*).

L'Europe (← **Eurôpê**)

Eurôpê était le nom de la jeune fille qui fut enlevée par Zeus transformé en taureau. Il signifie littéralement *aux larges yeux* (**eurus,** *large* + **ôps,** *œil*). Le lien entre l'héroïne et le continent n'est pas clair.

Régions :
MACÉDOINE ← **Makedonia.**
GÉORGIE : le nom fait penser à l'agriculture (**geôrgia**). Mais cette République de l'URSS ne doit pas son nom aux Grecs de l'Antiquité, qui nommaient cette contrée **Ibêria.** C'est au Moyen Age que des voyageurs ont commencé à parler de la **Geôrgia,** à propos de certaines vallées du pays dont le nom local avait vaguement cette consonance ; peut-être crurent-ils reconnaître là le pays des Scythes Laboureurs (**Geôrgoi**) dont parlait l'historien Hérodote. Ce nom a eu beaucoup de succès auprès des Occidentaux, mais il fallut attendre le XVIIIe siècle pour le voir s'imposer.

Mers et Océans :
ADRIATIQUE ← **Adriatikê.**
TYRRHÉNIENNE, de **Turrênikos,** *Étrusque.*
IONIENNE, du lat. **Ionium mare,** *mer grecque,* d'après le grec **Iones,** *Ioniens,* nom d'un peuple grec.
ATLANTIQUE ← **Atlantikos** (voir p. 237).

Villes :
SOFIA ← **Sophia,** *Sophie,* voir p. 257, baptisée ainsi en l'honneur de sainte Sophie.
TARENTE ← **Taras, Tarantos.**
MESSINE ← **Messênê.**
PALERME ← **Panormos.**
SYRACUSE ← **Surakousa.**
TAORMINE ← **Tauromenion.**
NAPLES ← **Neapolis,** littéralement *Villeneuve* (**neos,** *neuf* + **polis,** *ville*).
AGDE ← **Agathê Tukhê,** *Bonne Fortune;* ANTIBES ← **Antipolis,** *la ville (située) en face de (Nice),* (**anti,** *en face* + **polis,** *ville*).
GRENOBLE ← **Gratianopolis,** *ville de l'empereur Gratien.*
MARSEILLE ← **Massalia.**
NICE ← **Nikaia,** *victorieuse* (de **nikê,** *victoire*).
Le nom d'un quartier de Paris évoque directement la Grèce. MONTPARNASSE : le mont Parnasse (**Parnassos**) surplombe Delphes ; il était la demeure d'Apollon et des Muses. C'est un peu ironiquement que, sous Louis XIV, on appela « mont Parnasse » une butte de Paris où les élèves des Universités avaient l'habitude de se divertir. Si MONTMARTRE n'évoque pas la Grèce, ce n'est pas faute d'avoir du grec dans son nom, autrefois **Mons Martyrum,** *Mont des Martyrs* : le latin **martyr** n'est que la copie du grec **martur** : voir p. 213. La colline fut ainsi nommée après que saint Denis et saint Éleuthère y furent martyrisés.
L'ODÉON ← **ôideion,** *lieu où l'on chante* (de **ôidê,** *chant*), avait été spécialement construit à Athènes pour ceux qui désiraient s'exercer à chanter. Au XVIIIe siècle, à Paris, on appela Odéon le théâtre qui porte encore ce nom.
Le PANTHÉON pose sa coupole en rivale de celle du Panthéon de Rome, temple de tous les dieux ← **pantheion,** voir p. 38.

L'Amérique

Région :
GÉORGIE. Pas plus que la République d'URSS (voir p. 249) cet État des États-Unis ne doit son nom à sa richesse agricole. Il fut ainsi nommé en l'honneur de Georges II (1683-1760), roi d'Angleterre. C'est le prénom Georges qui évoque le travail de la terre : voir p. 255.

Fleuve :
AMAZONE. C'est en souvenir des Amazones guerrières de l'Antiquité (**Amazones**) qu'en 1541 des conquérants espagnols appelèrent « fleuve des Amazones » un fleuve d'Amérique du Sud où ils se heurtaient à des populations hostiles qui, femmes comprises, les accueillaient avec des volées de flèches.

Villes :
Certaines villes américaines ont pris directement le nom d'une ville glorieuse de l'Antiquité :
ALEXANDRIA, voir p. 249 ; ATHENS ← **Athênai,** *Athènes ;* SPARTA ← **Spartê,** *Sparte;* SYRACUSE (voir p. 250).
Assez souvent, les noms ont été composés sur le modèle des nombreuses villes grecques dont le nom se terminait par **-polis** : citons FLORIANOPOLIS, au Brésil; INDIANAPOLIS et MINNÉAPOLIS aux États-Unis (voir **polis,** *ville,* p. 157).
Parfois le nom grec était choisi en raison de son sens symbolique : la ville fondée en 1682 par le Quaker Penn fut baptisée PHILADELPHIA ← **philadelphia,** *fraternité* (**philein,** *aimer* + **adelphos,** *frère*).

L'Océanie (d'après OCÉAN ← **ôkeanos**)

Plusieurs archipels de cette partie du monde ont été baptisés par les géographes modernes au moyen de noms comportant l'élément -NÉSIE tiré du mot **nêsos,** *île :*
L'INDONÉSIE est l'archipel baigné par l'Océan Indien.
La MÉLANÉSIE est peuplée d'habitants à la peau foncée (**melas, melanos,** *noir*); la MICRONÉSIE est un ensemble d'îles minuscules (**mikros,** *petit*); la POLYNÉSIE est une poussière d'îles très nombreuses (**polus,** *nombreux*).

BAPTISTE

XI. Baptisés en grec

Dans l'Antiquité, chaque Grec portait un nom unique. Pour éviter les confusions, on pouvait préciser « fils d'Untel » ou « originaire de tel endroit ». Les anthroponymes grecs étaient linguistiquement motivés : même si leur sens n'était pas toujours clairement perceptible, ils comportaient un et souvent deux éléments signifiants.
Deux attitudes ont présidé au choix des noms grecs comme prénoms français : la référence chrétienne, plaçant le baptisé sous le patronage d'un saint des premiers siècles, et la référence humaniste-héroïque, par laquelle on se réclame d'un héros historique ou légendaire.

ACHILLE ← **Akhilleus,** héros grec de la guerre de Troie, guerrier fougueux et quasi invulnérable.

AGATHE ← **Agathê,** nom de femme : *bonne* (**agathos,** *bon*).

ALEXIS ← **Alexis,** nom d'homme : *défenseur* (**alexein,** *repousser, défendre*).

ALEXANDRE ← **Alexandros,** nom d'homme, porté en particulier par le roi de Macédoine (356-323 avant J.-C.), un des plus grands conquérants du monde : *défenseur d'hommes* (**alexein,** *repousser, défendre* + **anêr, andros,** *homme*).

AMBROISE ← **Ambrosios,** nom d'homme : *immortel* (**a-** privatif + **(m)brotos,** *mortel :* **brotos** est l'aboutissement phonétique de *** mrotos,** où l'on reconnaît la racine indo-européenne du latin **mors, mortis,** *mort*).

AMÉLIE ← **Amelia,** nom de femme : *insouciante* (**amelês,** *insouciant*).

ANASTASIE ← **Anastasia,** nom de femme : *vouée à la résurrection* (**ana-,** *de nouveau* + **stênai,** *se dresser).*

ANDRÉ ← **Andreas,** nom d'homme : *viril* (**anêr, andros,** *homme*).

ANGÈLE ← lat. **Angela,** fém. de **Angelus** ← gr. **angelos,** *ange.*

ARIANE ← **Ariadnê,** nom d'héroïne, signifiant *la très pure.* Fille du roi de Crète Minos, Ariane imagina de tenir l'extrémité d'un fil que Thésée déroula derrière lui au fur et à mesure de sa descente dans le Labyrinthe ; il put ainsi tuer le Minotaure et retrouver, sain et sauf, le chemin du retour.

ARISTIDE ← **Aristeidês,** nom d'homme, porté en particulier par un homme d'État athénien renommé pour sa justice : *excellent* (**aristos,** *le meilleur*).

ARSÈNE ← **Arsênios,** nom d'homme : *mâle* (**arsên,** *mâle*).

BAPTISTE ← **Baptistês,** surnom de Jean, qui baptisa le Christ : *celui qui immerge, qui baptise* (**baptizein,** *immerger*).

BARBARA ← **Barbara,** nom de femme : *barbare* (**barbaros,** *barbare*) ; l'emprunt latin **Barbara** a donné par transmission populaire Barbe, nom d'une sainte autrefois très vénérée.

BASILE ← **Basileios,** nom d'homme : *royal* (**basileus,** *roi*).

CATHERINE ← **Katharinê,** nom d'une martyre probablement fictive, tiré de l'adjectif **katharos,** *pur.* La légende situe son martyre sous l'empereur Maximin au IIIe siècle, mais son nom semble inconnu avant le IXe siècle où il apparaît sous la forme **Hêkatharinê** (**Hê** est sans doute l'article féminin *la*) ; d'où, en russe, *Ekaterina.*

CHLOÉ ← **Khloê,** nom de l'héroïne d'un roman grec (*Daphnis et Chloé*) ; appropriation du nom commun **khloê,** *jeune pousse, gazon.*

CHRISTIAN, CHRISTIANE ← **Khristianos, Khristianê,** noms d'homme et de femme : *chrétien, chrétienne.* CHRISTINE ← **Khristinê,** nom de femme : *vouée au Christ.*

CHRISTOPHE ← lat. **Christophorus** ← gr. **Khristophoros,** nom d'homme : *porteur du Christ* (**Khristos** + **phorein,** *porter*). Saint Christophe fut martyrisé au IIIe siècle, mais durant le Moyen Age sa légende s'enfla démesurément. L'histoire fabuleuse du portage du Christ est évidemment inspirée par l'étymologie du nom du saint et n'apparaît pas dans les textes avant le XIIe siècle.

CYRILLE ← **Kurillos,** nom d'homme : *seigneur* (**kurios,** *seigneur*).

DAPHNÉ ← **Daphnê,** nom d'une nymphe aimée d'Apollon et transformée en laurier, appropriation du nom commun **daphnê,** *laurier.*

DELPHINE ← lat. **Delphina,** nom de femme inspiré du nom de Delphes (**Delphoi**), sanctuaire d'Apollon.

DENIS ou DENYS ← lat. **Dionysius** ← gr. **Dionusios,** nom d'homme : *fidèle du dieu Dionysos.*

DIMITRI ← **Dêmêtrios,** nom d'homme : *fidèle de la déesse Déméter.*

DOROTHÉE : voir THÉODORE.

ÉTIENNE ← lat. **Stephanus**[1] (d'où aussi STÉPHANE) ← gr. **Stephanos,** *couronne,* donc *fleuron, orgueil d'une famille ou d'une cité.*

EUGÈNE ← **Eugenês** ou **Eugenios,** nom d'homme : *bien né* (**eu,** *bien* + **genos,** *naissance*).

EULALIE ← **Eulalia,** nom de femme : *au beau langage* (**eu,** *bien* + **lalein,** *parler*).

EUSÈBE ← **Eusebios,** nom d'homme : *pieux* (**eusebês,** *pieux*).

EUSTACHE ← lat. **Eustachius** ou **Eustacius,** contamination de **Eustakhios,** *aux belles moissons* (**stakhus,** *épi*) et de **Eustathios,** *ferme* (**eustathês,** *ferme*).

GEORGES ← **Geôrgos,** nom d'homme : *celui qui travaille la terre* (**gê,** *terre* + **org,** racine signifiant *travail,* voir p. 163).

---

1. Stephanus → * Stefanu → * Estevanu → Estievene → Estienne → Étienne.

Index des mots cités

B

C

D

E

F

I

J

K

L

M

N

O

P

Q

R

S

T

U

V

X

Z

Index des noms propres

Index des racines

E

G

H

I

K

L

M

N

R

S

T

U

X

Y

Z

Table des matières

Imprimé en France par l'Imprimerie Moderne de l'Est
25110 Baume-les-Dames
Dépôt légal : Août 1989
N° d'édition : 0383-07 - N° d'impression : 7314